Monika Wilke
Übungsbuch Einfühlsame Kommunikation
Mit sich selbst ins Reine kommen ...
Die Grundlagen der Methode ESPERE in zehn Schritten

Ausführliche Informationen zu jedem unserer lieferbaren und geplanten Bücher finden Sie im Internet unter www.junfermann.de. Dort können Sie auch unseren kostenlosen Mail-**Newsletter** abonnieren und sicherstellen, dass Sie alles Wissenswerte über das **JUNFERMANN**-Programm regelmäßig und aktuell erfahren.

Besuchen Sie auch unsere e-Publishing-Plattform www.active-books.de!

Monika Wilke

Übungsbuch
Einfühlsame Kommunikation

Mit sich selbst ins Reine kommen ...
Die Grundlagen der Methode ESPERE in zehn Schritten

Mit Illustrationen von Christian Martial

Junfermann Verlag • Paderborn
2008

© Junfermannsche Verlagsbuchhandlung, Paderborn 2008
Covergestaltung/Reihenentwurf: Christian Tschepp
Coverfoto: © Roman Milert FOTOLIA.com
Illustrationen: Christian Martial

Alle Rechte vorbehalten.

Das Werk einschließlich aller seiner Teile ist urheberrechtlich geschützt. Jede Verwendung außerhalb der engen Grenzen des Urheberrechtsgesetzes ist ohne Zustimmung des Verlages unzulässig und strafbar. Dies gilt insbesondere für Vervielfältigungen, Übersetzungen, Mikroverfilmungen und die Einspeicherung und Verarbeitung in elektronischen Systemen.

Satz: JUNFERMANN Druck & Service, Paderborn

Bibliografische Information der Deutschen Bibliothek

Die Deutsche Bibliothek verzeichnet diese Publikation in der Deutschen Nationalbibliografie; detaillierte bibliografische Daten sind im Internet über http://dnb.ddb.de abrufbar.

ISBN 978-3-87387-702-3

Inhalt

Vorwort von Jacques Salomé 10
Vorwort von Monika Flörchinger 12

I. Die Einfühlsame Kommunikation 15
Eine neue Sicht auf die Beziehung zu uns selbst und zu anderen 15
Unsere alltäglichen zwischenmenschlichen Beziehungen 17
Die Methode ESPERE und die Gewaltfreie Kommunikation 19
Die Methode ESPERE als komplementäre „Beziehungslehre" 20

II. So können Sie dieses Buch nutzen 21
Zum inhaltlichen Aufbau des Buches 23
Hinweis zum Lesen des Buches 24
Praktische Hinweise zum Üben 25
Wie kam es zu diesem Übungsbuch? 26

III. Eine neue „Beziehungssprache" 29
Vom „Homo SAPPIERUS" zum „Homo ESPERUS" 29
Einige grundlegende Fragen der BEZIEHUNGS-ÖKOLOGIE
    der Methode ESPERE 32

IV. Das Beziehungsmodell als Grundlage der Methode ESPERE 33
Unterwegs zum Homo ESPERUS 33
Das Beziehungsmodell 35
Der Beziehungsschal als erster ESPERE-Wegbegleiter 37
Die externe Visualisierung als zweiter ESPERE-Wegbegleiter 39
Die Symbolisierung als dritter ESPERE-Wegbegleiter 41

V. Zehn Schritte zum Einfühlsamen Kommunizieren 45

Schritt 1: Den Beziehungsschal anwenden lernen 47
Übung 1: Beziehungs-Mind-Mapping............................. 54
Übung 2: Eine bestimmte Beziehung auswählen 54
Übung 3: Die Beziehungsschal-Übung 55
Übung 4: Die Anerkennungsschachtel als erste Symbolisierungsübung 57
Übung 5: Die Beziehungsqualität 57

Schritt 2: Alte Sprachanteile loslassen, die Ihre Beziehungen beschädigen 60
Übung 6: Die Kommunikationssaboteure in unserem Leben entdecken 66
Übung 7: Ich-Botschaften entwickeln 70
Übung 8: Zwingende Befehlssätze loslassen 71

Schritt 3: Alte Sprachanteile vermeiden, die Ihre Beziehungen bedrohen 76
Übung 9: Drohungen und gefühlsmäßige Erpressungen im Alltag entdecken . 82
Übung 10: Drohungen und gefühlsmäßige Erpressungen ersetzen.......... 84

Schritt 4: Zwischen einer Person und ihrem Verhalten unterscheiden 88
Übung 11: Ihre Mitmenschen und ihr unterschiedliches Verhalten 95
Übung 12: Die Aufmerksamkeit auf die Person richten.................. 98
Übung 13: Ich und mein Verhalten................................. 99
Übung 14: Mein Verhalten in verschiedenen Altersabschnitten............ 100

Schritt 5: Zwischen den Gefühlen und der Beziehungsqualität unterscheiden 103
Übung 15: Die innere Kraft symbolisieren 110
Übung 16: Beziehung und Gefühle in Partnerschaft oder Freundschaft...... 110
Übung 17: Gefühle in der Eltern-Kind-Beziehung 112
Übung 18: Zur Benutzung der ESPERE-Wegbegleiter 113

Schritt 6: Unsere verschiedenen Rollen oder „Hüte" unterscheiden 116
Übung 19: Ihre Beziehungen und die damit verbundenen Rollen 125
Übung 20: Rollen bewusst machen 126
Übung 21: Hüte bewusst aufsetzen 128

Schritt 7: Unsere Beziehungsbedürfnisse erkennen und befriedigen 131
Übung 22: Ihre Beziehungen und Ihre Beziehungsbedürfnisse............. 141
Übung 23: Der Barometerbaum Ihrer Beziehungsbedürfnisse 142
Übung 24: Mich um meine Beziehungsbedürfnisse kümmern............. 143
Übung 25: Die Bedürfnisse nach Zustimmung und danach,
    sich selbst treu zu sein, ausgleichen............................ 144

*Schritt 8: Zwischen spontanen Empfindungen, tiefen Gefühlen
und Emotionen unterscheiden* 148
Übung 26: Spontane Empfindungen und tiefe Gefühle feststellen.......... 157
Übung 27: Ihre Emotionen beobachten 157
Übung 28: Emotionen und damit verbundene Bedürfnisse extern visualisieren 158
Übung 29: Eine Emotion symbolisieren und zu Wort kommen lassen 159

Schritt 9: Heilsame Symbolarbeit in der Beziehung zu sich und zu anderen 164
Übung 30: Ein Symbolisierungsthema finden 176
Übung 31: Externe Visualisierung als Entscheidungshilfe 177
Übung 32: Sich um ein Symbol kümmern 179
Übung 33: Einen Wunsch als Projekt konkret verwirklichen................. 179

*Schritt 10: Sich einfühlsam durch das Leben begleiten – und
sich dabei liebevoll um das „innere Kind" kümmern*...................... 183
Übung 34: Ihr inneres Kind symbolisieren 191
Übung 35: Zwingende Befehlssätze und alte Prägungen loslassen 194

VI. Sich von Ihrem ESPERE-Coach beraten lassen 203
Wie geht es Ihnen jetzt?.. 203
Sich mit Ihrem inneren ESPERE-Coach beraten............................... 203
Was Sie mit Ihrem ESPERE-Coach besprechen können 204
Überblick zu möglichen Fragestellungen und dazu geeigneten Übungen..... 205
Jeden kleinen Fortschritt wertschätzen und feiern 211

VII. Wenn ich mich selbst genügend schätze 213
Sich selbst genügend schätzen und lieben, um andere lieben zu können...... 213
Das ESPERE-Schema und seine Erklärung 215
Vorsicht: Das Blind-Taub-System SAPPE meldet sich wieder zu Wort 218

VIII. Ein paar Worte zum Schluss 219
Ihr erster Grundkurs in der Sprache des Homo ESPERUS 219
Was in vielen Ratgebern und Übungsbüchern nicht steht: 219
Trotz aller möglichen Widerstände – es lohnt sich............................. 221
Haben Sie Interesse daran, Ihre neuen Sprachkenntnisse zu vertiefen? 222

**IX. Mut haben, sich selbst ein guter Begleiter,
eine gute Begleiterin zu sein**... 223

Danksagung 225

Anhang.. 227
Anmerkungen 227
Liste von „Tiefen Gefühlen" bei der Methode ESPERE................. 234
Beispiele für Übergänge zwischen tiefen Gefühlen und Emotionen 235
Liste von „Emotionen" bei der Methode ESPERE..................... 236
Überblick zu den zehn Übungsschritten, nach Kapiteln geordnet 238
Literatur 248
Kontaktadressen 249

Für Josette Colpaert,
die mir geholfen hat, die Regie in meinem Leben
selbstverantwortlich, einfühlsam und effizient zu übernehmen
und anderen anzubieten, es ebenfalls zu tun ...

Vorwort von Jacques Salomé

Mit großer Freude unterstütze ich Dr. Monika Wilke bei ihrem Weg, die Methode ESPERE durch dieses Übungsbuch praktisch zugänglich zu machen. Ich habe die Methode ESPERE vor mittlerweile zwanzig Jahren auf der Basis lebendiger zwischenmenschlicher Beziehungen entwickelt. Lebendige menschliche Beziehungen beruhen auf gleichberechtigter Gegenseitigkeit und lassen Machtverhältnisse, Verhältnisse zwischen Herrschen und Beherrscht-Werden sowie Tätlichkeiten im Miteinander hinter sich.

Die Methode ESPERE ist eine Einladung, das Austeilen und Einstecken, das es in vielen Beziehungen gibt, zu überwinden und zu einer neuen Beziehungsqualität zu gelangen, in der das menschliche Miteinander auf Respekt, Authentizität, Ehrlichkeit und Toleranz beruht. Die Aussicht auf ein respektvolleres, ehrlicheres Miteinander soll die Leserinnen und Leser dieses Buches ermutigen, aktiv ihre eigenen Beziehungen zu verändern.

Ich möchte an dieser Stelle betonen, wie sehr ich die Arbeit von Monika Wilke schätze. Als Wissenschaftlerin von Rang misst sie den „Wissenschaften des Menschen", wie sie im französischen Sprachgebrauch genannt werden, einen sehr hohen Stellenwert bei. Und das, obwohl die Forschung diesen Bereich oft als „unwissenschaftlich" abtut. Denn obgleich rational erfassbar, sind die „Wissenschaften des Menschen" auch geprägt durch Irrationales, durch die Existenz des Unterbewusstsen, das ständig unsere Entscheidungen beeinflusst, durch eine unglaubliche Komplexität von Verhaltens- und Herangehensweisen und durch frühe Prägungen, die bestimmen, welche Beziehungen wir mit unserer Umgebung eingehen oder vermeiden.

Das vorliegende Übungsbuch wird dabei helfen, die Methode ESPERE zu verstehen und in das tägliche Miteinander von Partnerschaft, Familie, sozialen Beziehungen und Berufsleben zu integrieren. Es wird mit Sicherheit auch Lehrerinnen und Lehrern und anderen Menschen, die im Bereich der Fort- und Weiterbildung tätig sind, bei ihrer Arbeit helfen. Ich bin der Überzeugung, dass die Sprachlosigkeit, welche die Beziehung zwischen Kindern und Erwachsenen oft dominiert, eine Quelle von viel Gewalt und Verletzungen ist. Das Erlernen einer einfühlsamen Kommunikation erscheint mir das einzige gewaltfreie Heilmittel gegen die Krankheit der Gewalt zu sein.

Die konkreten und belebenden Übungen, die in diesem Buch vorgestellt werden, sind für jede und jeden machbar. Sie werden es Ihnen ermöglichen, sich in Beziehungen besser zurechtzufinden und auch sich selbst besser als bisher zu verstehen und auch anzunehmen, oder anders ausgedrückt: Ihre Kommunikation bewusst zu leben und zu gestalten!

Jacques Salomé
Frühjahr 2008

Vorwort von Monika Flörchinger

Zum ersten Mal kam ich mit der Methode ESPERE in Kontakt, als ich im Januar 2005 Monika Wilke bei einem Einführungsworkshop in die Gewaltfreie Kommunikation (GFK) mit Marshall Rosenberg kennenlernte.

Wir fuhren im gleichen Zug nach Hause und hatten daher viel Zeit, uns über die Methode ESPERE und die Gewaltfreie Kommunikation auszutauschen. Wir waren begeistert von dem, was wir an Gemeinsamkeiten entdeckten, und inspiriert von den Unterschieden, die uns dabei klar wurden.

Diese Fahrt war der Beginn einer sehr faszinierenden und fruchtbaren Zusammenarbeit und ich freue mich, dass nun mit diesem Übungsbuch eine Ergänzung zu dem Grundlagenwerk „Einfühlsame Kommunikation" von Jacques Salomé vorliegt, das wesentliche Elemente der Methode ESPERE direkt erfahrbar macht.

Das Buch von Monika Wilke bietet eine gelungene Kombination aus theoretischen Inputs, anschaulichen Beispielen, praktischen Übungen und visuellen Darstellungen, die sich sehr gut für Menschen eignet, die die Einfühlsame Kommunikation kennenlernen wollen. Aber auch Menschen mit Erfahrung in empathischer und gewaltfreier Kommunikation finden – neben manchen sicher bekannten Aspekten – viele überraschende Einsichten und Herangehensweisen und vor allem eine Fülle von Anregungen für die konkrete Umsetzung.

Ich selbst habe die Methode ESPERE im Rahmen eines Seminars mit Monika Wilke erlebt. TeilnehmerInnen waren GFK-TrainerInnen und andere GFK-erfahrene Menschen und wir alle waren beeindruckt von der Wirkung der Arbeit mit Symbolen und Visualisierungen. Sie bietet die Möglichkeit, Themen jenseits der Sprache sichtbar zu machen und so die Ebene des Unbewussten und Symbolhaften mit einzubeziehen. Und wir konnten erleben, wie Bilder eine wunderbare Ergänzung zum verbalen Ausdruck darstellen und manchmal einen viel direkteren Zugang zu unseren Gefühlen und zu unserer inneren Weisheit ermöglichen.

Wie Marshall Rosenberg legt Jacques Salomé den Schwerpunkt darauf, die Ursache von Konflikten in sich selbst zu finden und zu erkennen, dass Veränderungen nur auf der eigenen Seite der Beziehung möglich sind. Beiden geht es darum, Menschen darin zu unterstützen, die Verantwortung für die eigenen Gefühle und Bedürfnisse zu übernehmen und sich aktiv für die Anerkennung und Erfüllung der eigenen Wünsche einzusetzen.

Während in der GFK der zwischenmenschliche Austausch zur Lösung von Konflikten eine große Rolle spielt, liegt der Schwerpunkt der Methode ESPERE vor allem darin, Menschen darin zu unterstützen, sich selbst in allen Aspekten anzunehmen und so sich selbst einE guteR LebensbegleiterIn und FreundIn zu werden.

Hierfür stellt ESPERE eine Fülle von ganz unterschiedlichen Ansätzen und Methoden bereit, die noch weit über die in diesem Buch erläuterten hinausgehen. Sie ermöglichen eine aktive Bearbeitung der eigenen Themen, die nicht abhängig ist von der Beteiligung anderer Menschen, und die auch Themen und Muster, die wir aus unseren Kindheitserfahrungen in aktuelle Situationen einbringen, mit einbezieht.

Wie schön, dass es mit Monika Wilke eine Trainerin der Methode ESPERE gibt, die durch ihre Übersetzung des Buches von Jacques Salomé, durch dieses Übungsbuch, aber auch durch ihre Seminare viel dazu beiträgt, dass diese Methode auch im deutschsprachigen Raum erleb- und erfahrbar wird.

Ich freue mich sehr auf unsere weitere Zusammenarbeit, weil ich es für wichtig und sinnvoll halte, dass sich die unterschiedlichen Ansätze zur Entwicklung einer friedvollen, einfühlsamen Kommunikation gegenseitig ergänzen und bereichern.

Monika Flörchinger
Im Mai 2008

I. Die Einfühlsame Kommunikation

Eine neue Sicht auf die Beziehung zu uns selbst und zu anderen

Mit dem vorliegenden Übungsbuch zur Einfühlsamen Kommunikation nach der Methode ESPERE® biete ich Ihnen an, Ihre Beziehungen zu anderen Menschen und Ihre Verbindung zu sich selbst neu zu betrachten. Die Einfühlsame Kommunikation ist eine Kommunikations- und Beziehungslehre, die Jacques Salomé[1] entwickelt hat, um Menschen in allen Lebensbereichen zu helfen, ihre äußeren und inneren Konflikte zu lösen. Zur Unterstützung dieser Lösungsprozesse bietet Salomé konkrete visuelle Hilfsmittel an. Diese erlauben es, die oft vielschichtigen Beziehungen und Abhängigkeiten zwischen Menschen zu „sehen" und dadurch besser zu verstehen. Denn erfahrungsgemäß reichen Worte allein meist nicht aus, um uns mit anderen wirksam zu verständigen. Es kommt immer wieder vor, dass wir nicht erfassen, was ein anderer Mensch uns wirklich mitteilen will. So entstehen unangenehme Missverständnisse und manchmal auch Verletzungen, die wir mit einer einfühlsameren Kommunikation hätten vermeiden können.

Jacques Salomé zeigt uns mit Hilfe der von ihm entwickelten Konzepte und Regeln, wie hilfreich es ist, über wichtige Dinge nicht nur zu reden, sondern auch zeigen zu können, was wir meinen. Bei der Methode ESPERE[2] benutzten wir dazu unter anderem „externe Visualisierungen" und „Symbolisierungen". Diese Hilfsmittel ermöglichen es, einzelne Aspekte einer komplexen Beziehungskonstellation besser zu erfassen und damit wirksame Lösungen für Missverständnisse und Konflikte zu finden. ESPERE ist eine zusammengesetzte Abkürzung, die im Französischen immer in Großbuchstaben geschrieben wird – sie steht für „Ecologie Spécifique Pour une Ecologie Relationelle". Frei übersetzt bedeutet das: „Die besondere Energie für eine freundliche Beziehungsumwelt". In ESPERE steckt auch das französische Verb „esperer" (hoffen). Es drückt die Hoffnung aus, dass die Methode ESPERE eines Tages als Kommunikationslehre an den Schulen eine Selbstverständlichkeit wird, so wie Lesen, Rechnen und Schreiben.

Die Hintergründe der Methode ESPERE als „Kommunikations- und Beziehungslehre" erklärt Jacques Salomé in dem Grundlagenbuch „Einfühlsame Kommunikation"[3], das 2006 auf Deutsch erschien. Mit dem vorliegenden Übungsbuch möchte ich Ihnen die praktischen Einsatzmöglichkeiten und Anwendungen der Methode ES-PERE für Ihr eigenes Leben und für den Umgang mit anderen Menschen vorstellen: mit Ihrem Partner oder Ihrer Partnerin, mit Ihren Kindern, Ihren Eltern, Freunden und Bekannten sowie mit den Menschen in Ihrem Arbeitsalltag. Das Besondere der Methode ESPERE liegt jedoch in der Verbesserung der Beziehung, die wir mit uns selbst haben. Sie erfahren, was Ihnen ganz konkret helfen kann, mit sich selbst ins Reine zu kommen.

Vielleicht haben Sie die Einfühlsame Kommunikation mit der Methode ESPERE schon durch das Buch von Jacques Salomé, den Besuch eines der Grundlagenseminare oder im Rahmen eines Gesprächskreises kennengelernt. Aber auch ohne solche Vorkenntnisse finden Sie in diesem Übungsbuch einen klar strukturierten Aufbau, der Ihnen helfen wird, die Vorgehensweise bei dieser Kommunikationslehre kennenzulernen und einzuüben. Um Ihnen die Anwendung zu erleichtern, habe ich grundlegende Regeln der Methode ESPERE ausgewählt und schlage Ihnen vor, diese in zehn einfachen Schritten zu trainieren. Sie können auf diese Weise mit Hilfe zahlreicher Beispiele, Zeichnungen und konkreter Übungen die Kommunikationslehre schrittweise in Ihr tägliches Leben integrieren.

Unsere alltäglichen zwischenmenschlichen Beziehungen

Viele Menschen haben den dringenden Wunsch und ein tief empfundenes Bedürfnis, sich ihren Mitmenschen verständlich machen zu können. Auch wollen sie andere Menschen verstehen, um auf diese Weise ein dauerhaftes harmonisches Miteinander erleben zu dürfen. Aber die Wirklichkeit unseres Alltags mit seinen familiären, schulischen oder sozialen Beziehungen sieht meist anders aus. In unseren Partnerschaften beispielsweise führt der Mangel an Kommunikationsfähigkeit häufig dazu, dass sich ehemals Liebende nicht mehr verstehen und sich, oft genug nach Enttäuschungen und Verletzungen, gegenseitig bekriegen. Andere Beispiele der heutigen Beziehungswirklichkeit lassen sich Tag für Tag in den Schulen beobachten, wo sich Lehrer und Lehrerinnen immer häufiger von der wachsenden Unruhe und Gewaltbereitschaft ihrer Schüler überfordert fühlen. Die Schüler ihrerseits fühlen sich von ihren Lehrern nicht gehört und in ihren Bedürfnissen übergangen. Oder nehmen wir die Eltern-Kind-Beziehung, in der Väter und Mütter vielfach nicht mehr wissen, wie sie ihre Elternrolle erfüllen sollen, und in der Kinder das Verhalten ihrer Eltern häufig nicht verstehen und sich Widersprüchen hilflos ausgesetzt fühlen. Und nicht zuletzt die Beziehungen, die wir in unserem Berufsleben haben: Wie oft müssen wir mit Menschen arbeiten, mit denen wir vielfältige Konflikte haben? Oder wir wissen nicht, wie und ob wir eine Arbeit finden können, bei der wir uns wirklich wohlfühlen, eine Arbeit, bei der wir unsere Fähigkeiten und Talente entfalten können und Anerkennung erhalten.

Wenn wir kleine Kinder mit Geduld und mit der Bereitschaft zuzuhören begleiten, ahnen wir, dass der aufrichtige Wunsch danach, sich mitzuteilen und auszutauschen, von klein auf vorhanden ist. Frühe Verletzungen und Frustrationen lassen ihn verkümmern. Wie wohltuend und hilfreich wäre es, wenn wir in der Schule nicht nur Rechnen, Schreiben und Lesen lernten, sondern wenn auch „Kommunikationslehre" auf dem Stundenplan stünde. Wenn wir schon in der Schule übten, wie wir eine „Beziehung" aufbauen, nähren und kreativ leben können. Wenn wir erführen, dass in gegenseitigem Respekt verschiedene Meinungen und Lebenseinstellungen auch nebeneinander stehen bleiben können. Wenn wir lernten, dass wir einem anderen Menschen zuhören können, ohne selbst sofort reagieren zu müssen, und dass wir uns nicht angegriffen oder entwertet fühlen müssen. Wie schön wäre es, persönliche Gefühle und heftige Emotionen so äußern zu können, dass sie nicht verletzend wirken.

Die Methode ESPERE und die Gewaltfreie Kommunikation

Die Methode ESPERE und das Netzwerk „Institut ESPERE International"[4] sind im französischen Sprachraum seit vielen Jahren bekannt. Die Kommunikationslehre wird dort von Menschen aller Gesellschaftsschichten angewendet und als wertvolle Hilfe geschätzt. In den deutschsprachigen Ländern beginnen wir erst, sie bekannt zu machen. Dabei haben wir im Netzwerk festgestellt, dass die Methode ESPERE und die in Deutschland bekanntere Lehre der Gewaltfreien Kommunikation nach Marshall Rosenberg, oft auch als GFK abgekürzt, viele Gemeinsamkeiten aufzeigen. Grundlage der Gewaltfreien Kommunikation ist die Beobachtung, dass zwischenmenschliche Konflikte und damit zusammenhängende destruktive Verhaltensweisen und Gewalt dann entstehen, wenn wichtige Bedürfnisse in unserem Leben nicht befriedigt sind. Über das von Marshall Rosenberg entwickelte „Vier-Schritte-Modell"[5] können wir lernen, Wege zu finden, unsere eigenen Bedürfnisse und die Bedürfnisse unserer Mitmenschen anzuerkennen und sie über ehrlich ausgesprochene Bitten gegenseitig zu befriedigen.

Der Ausgangspunkt der Methode ESPERE ist ähnlich und besagt, dass hinter starken Gefühlsäußerungen ungehörte Wünsche und Bedürfnisse stehen. Im Unterschied zur Gewaltfreien Kommunikation strebt sie jedoch an diesem Punkt nicht zuerst eine Lösung im zwischenmenschlichen Austausch an. Sie lädt vielmehr dazu ein, in einem ersten Schritt mit Hilfe von visuellen Kommunikations-„Werkzeugen" die eigenen Gefühlsäußerungen oder Emotionen anzuschauen und zu akzeptieren, dass diese oft mit unserem persönlichen Erleben und unseren früheren Erfahrungen in Verbindung stehen. Die Beschäftigung mit unseren Gefühlen und Emotionen hilft uns dabei, uns mit allem, was zu uns gehört, besser anzunehmen und schätzen zu lernen. In diesem Prozess können wir gleichzeitig erleben, wie unsere äußeren Konflikte mit unseren Mitmenschen und Wiederholungen ähnlicher Konfliktsituationen seltener werden. Die Methode ESPERE zeigt uns, dass unsere eigene Wertschätzung und unsere Fähigkeit, einfühlsame und friedvolle Beziehungen mit anderen einzugehen, eng miteinander verbunden sind.

Die Methode ESPERE als komplementäre „Beziehungslehre"

Seit der Veröffentlichung der deutschen Übersetzung des Grundlagenbuchs zur Methode ESPERE bekommen wir viele begeisterte Zuschriften von Lesern und Leserinnen, die die Gewaltfreie Kommunikation bereits kennen und anwenden. Diese Reaktionen sowie viele Rückmeldungen zufriedener Teilnehmer und Teilnehmerinnen der ersten ESPERE-Seminare in Deutschland haben bestätigt: Die besondere sicht- und greifbare Herangehensweise der Methode ESPERE, ihre visuellen Beziehungs-Darstellungen[6] und ihr Schwerpunkt darauf, sich selbst ein guter Lebensbegleiter, eine gute Lebensbegleiterin zu sein, ergänzen auf harmonische Weise die Gewaltfreie Kommunikation. Sie bieten eine neue effiziente Hilfe für all diejenigen, die ihre Beziehungen zu sich und anderen Menschen besser verstehen und auf der Basis dieses neuen Verständnisses kreativer und schöner gestalten wollen. Die Methode ESPERE ist in dieser Hinsicht besonders hilfreich für Menschen, die eine echte Beziehungskommunikation mit ihren Mitmenschen erlernen wollen. Nach meinen Erfahrungen ist die Methode ESPERE ganz besonders für jene Menschen ein Gewinn, die sich entschließen, Lasten loszuwerden, die sie schon lange auf ihren Schultern tragen. ESPERE unterstützt all jene, die mit sich selbst ins Reine kommen wollen und ihren Weg zu mehr innerem und äußerem Frieden beständig weitergehen wollen. Sie ermutigt Menschen, die, wie Jacques Salomé es ausdrückt, die „Lebendigkeit Ihres Lebens"[7] und Ihre Lebensfreude vergrößern wollen.

Viel Freude, Inspiration und Erfolg mit diesem ersten deutschen Übungsbuch zur Einfühlsamen Kommunikation mit der Methode ESPERE wünscht Ihnen Ihre

Monika Wilke
Weil-am-Rhein, Juli 2008

II. So können Sie dieses Buch nutzen

Sie können dieses Buch unterschiedlich nutzen, je nachdem, wo Ihre derzeitigen Interessen liegen und mit welcher Motivation Sie es in die Hand genommen haben. Sie können es unter folgenden Gesichtspunkten lesen:

Sie wollen mehr über die Einfühlsame Kommunikation mit der Methode ESPERE erfahren.

Auch wenn der Titel des Buches „Übungsbuch Einfühlsame Kommunikation" heißt und dazu einlädt, die Anwendung der Methode ESPERE einzuüben, ist das Buch gleichzeitig als Einführung in die theoretischen Aspekte der Methode geeignet. Sie können sich also beim Lesen auf die ersten fünf Kapitel und die Einführungsteile zu Anfang jedes Übungsschrittes konzentrieren. Auf diese Weise erhalten Sie eine allgemeine Vorstellung davon, welche Veränderungen die Methode ESPERE vorschlägt, um zu lernen, einfühlsamer mit sich selbst und mit anderen Menschen zu kommunizieren.

Sie suchen ein Lehrbuch, um die Methode ESPERE anzuwenden.

Sie können dieses Buch für die Praxis nutzen. Es ist vorrangig als Anwendungs- und Übungsbuch gedacht. Sie können mit ihm praktisch und konkret lernen, wie Sie mit Hilfe der Methode ESPERE sich selbst und andere Menschen einfühlsamer durch das Leben begleiten können. Wenn Sie das Buch als Übungsbuch benutzen wollen, empfehle ich Ihnen, es ein erstes Mal von Anfang bis Ende zu lesen, bevor Sie mit den Übungen beginnen. Es kann sein, dass eine spezielle Übung Sie über eine längere Zeit begleiten wird. Es wäre schade, wenn Sie sich diese Zeit nicht nehmen würden, nur weil Sie wissen wollen, wie es weitergeht. Im zweiten Durchgang schlage ich Ihnen vor, die Kapitel nacheinander durchzuarbeiten, dabei zu versuchen, sich behutsam mit den vorgeschlagenen Übungen vertraut zu machen – und anzufangen, sie anzuwenden.

Das Trainingsbuch ist in zehn Schritte unterteilt, die einfach nachzuvollziehen sind. Sie erlauben Ihnen, einige der wichtigsten grundlegenden Regeln und Konzepte der Methode ESPERE kennenzulernen und diejenigen, die Ihnen gerade am besten weiterhelfen, in Ihrem Alltag anzuwenden. Die vorgeschlagenen Übungen haben zwei Schwerpunkte:
1. Ihnen neue praktische Wege zu zeigen, einfühlsamer mit sich selbst umzugehen und zu lernen, achtungsvoll zu sich, Ihren Wünschen und Bedürfnissen zu stehen.
2. Ihnen zu zeigen, welche Möglichkeiten die Methode ESPERE anbietet, Ihre Beziehungen zu anderen Menschen gewaltfrei und einfühlsam zu gestalten, die Beziehungen behutsam von altem Ballast zu befreien und sie dadurch auf eine klarere und sicherere Grundlage zu stellen.

Sie möchten neue Ideen und Techniken ausprobieren und mit anderen gemeinsam üben.

Sie haben die Möglichkeit, das Trainingsbuch so zu nutzen, dass Sie die Übungen als zusätzliche neue Ideen und Techniken ansehen, die Ihnen beim Umgang mit sich und anderen helfen können. In diesem Fall schlage ich Ihnen vor auszuprobieren, welche der Übungen Sie für sich persönlich entdecken und anwenden möchten. Dabei ist es sicherlich auch hilfreich, wenn Sie jemanden finden, mit dem Sie Ihre Erfahrungen teilen können – beispielsweise mit einem guten Freund oder einer Freundin. Sie können auch versuchen, sich mit einer Person regelmäßig auszutauschen, die ebenfalls das Übungsbuch durcharbeitet, und vielleicht Übungen, die Ihnen beiden zusagen, parallel oder auch zusammen durchzuführen. Es hat sich in den französischsprachigen Ländern, wo die Methode ESPERE seit inzwischen über 20 Jahren erfolgreich gelehrt wird, für viele ESPERE-Interessierte als besonders hilfreich herausgestellt, an regelmäßigen Gesprächskreisen und Übungsgruppen teilzunehmen. Wenn Ihnen die Idee des gemeinsamen Einübens zusagt, können Sie im Anhang blättern, wo Sie Informationen über Gesprächskreise und Gleichgesinnte für ESPERE-Übungsgruppen im deutschsprachigen Raum finden.

Zum inhaltlichen Aufbau des Buches

Die ersten fünf Kapitel stellen eine Einführung in die Grundideen der Methode ESPERE dar. Anschließend finden Sie weitere zehn Kapitel mit den Übungsschritten. In diesen Kapiteln habe ich folgende Struktur eingehalten:

- Zu Beginn jedes Kapitels ist der **Inhalt in wenigen Stichpunkten** dargestellt. Das Thema des Kapitels wird mit einer Zeichnung illustriert.
- Jeder Übungsschritt beginnt mit einem **theoretischen Teil**, der in das konkrete Thema einführt. Weiterhin hebe ich wichtige Zusammenhänge als **„Regeln der Beziehungshygiene"**[8] und **„Grundsätze der Beziehungsökologie"**[9] besonders hervor.
- Zum leichteren Verständnis folgen darauf eine oder mehrere **Fallgeschichten** zu dem Thema des jeweiligen Übungsschrittes. Die erzählten Beispiele lehnen sich an Erlebnisse von realen Personen an. Alle Namen und Situationen wurden jedoch so verändert, dass jede Ähnlichkeit mit einer Person, die den gleichen Vornamen und eine ähnliche Situation erlebt hat, rein zufällig ist.
- An verschiedenen Textstellen benutze ich die *Kursivschrift*, um Zusatzinformationen zu dem theoretischen Teil abzugrenzen und insbesondere, um in den Fallgeschichten zu zeigen, welche Konfliktlösungen gefunden wurden oder möglich wären.
- Nach den Fallgeschichten beginnen die praktischen Übungen unter dem Titel **„ESPERE-Übungsteil"**.
- Am Ende jedes Kapitels finden Sie unter **„Das Wichtigste in Kürze"** eine kurze Zusammenfassung dessen, was Sie in dem Übungsschritt lernen konnten. Dabei stelle ich besonders heraus, was Sie zur einfühlsameren Gestaltung Ihrer Beziehungen zu anderen Menschen und für Ihre Beziehung zu sich selbst erfahren konnten.

Anmerkungen: Wichtige Zusatzinformationen und Inhalte der Methode ESPERE finden Sie in ausführlichen Anmerkungen im Anhang.

Hinweis zum Lesen des Buches

Als ich nach vielen Jahren des Lebens in Südfrankreich nach Deutschland zurückkam, wurde ich von einer guten Freundin darauf hingewiesen, dass ich hier – anders als in der französischen Sprache – darauf achten müsse, im Text sowohl die männliche als auch die weibliche Form zu benutzen. Da mir dies durchaus gerechtfertigt erschien, habe ich also begonnen, in den ersten Kapiteln des Buches jeweils er/sie, seine/ihre, Leser/in ... zu schreiben. Bald darauf bestätigten jedoch meine ersten Korrekturleser/leserinnen meinen eigenen Eindruck, dass diese integrierte Geschlechterschreibweise das flüssige Lesen und das Verständnis deutlich erschwert. Daher habe ich mich entschlossen, darauf zu verzichten. Stattdessen wechsle ich zwischen der männlichen und der weiblichen Form. Natürlich beziehe ich dabei immer auch das jeweils andere Geschlecht mit ein.

Eine besondere sprachliche Unterscheidung bei der Methode ESPERE

Bei der Methode ESPERE unterscheiden wir im Gegensatz zur Umgangssprache zwischen den Begriffen **Gefühl** und **Emotion**. Im alltäglichen Sprachgebrauch nutzen wir die Begriffe meist als Synonyme. Bei der Methode ESPERE bezeichnen Gefühle tiefe, dauerhafte Empfindungen (zum Beispiel Zuneigung oder Liebe), die so tief verankert sind, dass sie über längere Zeit zur Persönlichkeit gehören. Emotionen (zum Beispiel Ärger oder Traurigkeit) hingegen werden bei ESPERE als eine eigene Verhaltenssprache angesehen, mit der wir kurzfristig auf aktuelle Situationen reagieren und die uns Hinweise auf innere Notsituationen geben können. Im Verlaufe dieses Buches werden Sie diesen beiden Begriffen immer wieder begegnen. Ich weise hier auch auf den Schritt 8 (ab Seite 148) und auf den Anhang des Buches (ab Seite 227) hin.

Praktische Hinweise zum Üben

Als Zeitrahmen für die Übungen schlage ich Ihnen vor, sich so oft Sie wollen zehn Minuten mit einer Übung zu beschäftigen. Wenn Sie sich damit wohlfühlen und es für Sie zeitlich möglich ist, können Sie anschließend auch schrittweise auf 20 bis 30 Minuten erhöhen. Bitte kritisieren Sie sich nicht, wenn Sie kürzer oder Ihrer Meinung nach zu selten mit dem Buch arbeiten. Es ist normal, dass innere Widerstände auftreten, die Sie unbewusst daran hindern können, sich mit den ESPERE-Übungen zu beschäftigen. Manchmal verlegen Sie vielleicht auch das Buch, stellen abends fest, dass Sie ganz vergessen haben, Ihre Übungen zu machen, und jetzt viel zu müde dafür sind. Oder Sie haben eine wichtige Arbeit, einen dringenden Anruf oder ein Hausaufgabenproblem Ihrer Kinder, die dazwischen kommen ... und vieles mehr. Machen Sie sich bitte keinen „Erfolgsstress": Sie können zu jeder Zeit neu damit anfangen, die Methode ESPERE stärker in Ihr Leben zu integrieren! Und so sieht es auch in der Praxis aus: Selbst wenn die zehn Übungsschritte so geschrieben sind, dass sie innerhalb einer gewissen Zeit (beispielsweise von einigen Wochen) aufeinander aufbauend geübt werden könnten, werden Sie feststellen, dass Sie mit einigen Themen und Übungen vielleicht nur kurze Zeit verbringen. Andere Themen werden Sie abhängig von der Art Ihrer persönlichen Probleme und Fragen jedoch vielleicht über einen längeren Zeitraum beschäftigen.

Ich schlage Ihnen vor, sich zu einer Tageszeit, zu der Sie ungestört sein können, einen „sicheren" und angenehmen Ort zu suchen oder zu schaffen. Dies kann in Ihrer Wohnung sein oder wo immer Sie üben wollen. Für viele Übungen benötigen Sie Papier sowie ein- oder mehrfarbige Stifte. Für die meisten Menschen ist es sehr hilfreich, die Gedanken, Ideen und Gefühlseindrücke aufzuschreiben, die sie während der Übungen erleben. Dies hilft ihnen, neue Zusammenhänge und Konzepte leichter zu verstehen. Manche Fragen können Sie direkt in dem dafür vorgesehenen Platz im Buch beantworten. In den meisten Fällen lohnt es sich jedoch eher, die Fragen in einem speziell dazu angelegten ESPERE-Übungsheft zu beantworten, um die freie Entfaltung und Niederschrift Ihrer Gedanken nicht unnötig einzuschränken. Sie könnten sich auch einen ESPERE-Ordner anlegen, in dem Sie Skizzen, Tabellen, Zeichnungen und vieles mehr sammeln. Sie können ihn kreativ nach Ihren Vorstellungen gestalten. Ihr Übungsbuch darf auch zu einem echten Arbeitsbuch werden, in das Sie hineinschreiben, Randnotizen machen, farbig illustrieren und völlig nach Lust und Bedarf schreiben und malen.

Wie kam es zu diesem Übungsbuch?

Viele Fallgeschichten und Beispiele in den Übungen der folgenden Kapitel fußen sowohl auf meinen eigenen Erfahrungen als auch auf einem gemeinsamen Erfahrungsschatz mit der Methode ESPERE. Ich habe über 14 Jahre vor allem in Südfrankreich mit der Methode ESPERE im privaten und beruflichen Bereich gearbeitet und die meisten der beschriebenen Fallgeschichten so oder so ähnlich erlebt. Andere Erfahrungen stammen von Jacques Salomé, von Kollegen unseres Netzwerks „Institut ESPERE International" und von meiner französischen Ausbilderin und Kollegin Josette Colpaert. Ein großer Teil der theoretischen Grundlagen zu Regeln und visuellen Hilfswerkzeugen werden in ähnlicher Form in den verschiedenen Trainerausbildungen des Instituts ESPERE International vermittelt.

Grundlage dieser Ausbildungen sind das Buch „Pour ne plus vivre sur la Planète TAIRE"[10] von Jacques Salomé und diverse Supervisionen, die wir mit Jacques Salomé hatten und noch immer haben. Viele dieser Erfahrungen und Gespräche sind in das vorliegende Buch eingeflossen, und ich freue mich, die deutschsprachigen Leserinnen und Leser an diesen Erfahrungen teilhaben zu lassen.

Zurzeit sind wir noch wenige Trainerinnen im deutschsprachigen Raum und können unsere ESPERE-Seminare nicht flächendeckend anbieten. Daher ist dieses Übungsbuch ein Angebot an
- Menschen, die bereits ESPERE-Erfahrungen haben und diese vertiefen und Verschiedenes nachlesen und besser verstehen wollen;
- Menschen, die aus verschiedenen Gründen nicht an Seminaren, Workshops oder Gesprächskreisen teilnehmen und mit Hilfe eines deutschsprachigen Grundlagen- und Übungsbuchs die Methode ESPERE kennenlernen möchten.

III. Eine neue „Beziehungssprache"

Vom „Homo SAPPIERUS" zum „Homo ESPERUS"

Wir leben in einer Welt, in der sich immer mehr Menschen alleingelassen und einsam fühlen. Und dies selbst dann, wenn sie mit ihren Familien und anderen Menschen, die ihnen nahestehen, zusammenleben. Dieses Gefühl der Einsamkeit, das wir manchmal tief in unserem ganzen Körper spüren können, macht sich auch in unserer Beziehungskultur breit. Wir müssen uns nicht erst Schlagwörter wie „Beziehungwüsten" in den Städten oder die Statistiken der jährlichen Trennungen und Scheidungen ins Gedächtnis rufen, um zu verstehen, was diese Einsamkeit im täglichen Miteinander bedeutet. Das System, in dem wir aufgewachsen sind und in dem auch unsere Eltern und Großeltern aufwuchsen, hat dazu geführt, dass wir uns oft mit unseren Mitmenschen und ganz besonders mit uns selbst nicht wirklich wohlfühlen. Wir sind unsicher, manches Mal auch ärgerlich und verzweifelt über unsere eigenen Unzulänglichkeiten und die unserer Mitmenschen. Unsere tagtägliche beziehungsfeindliche Sprache erschafft Gewalt gegen uns selbst und gegen andere.

Marshall Rosenberg bezeichnet diese Art der Anti-Kommunikation, die unsere Eltern und Großeltern gelernt und an uns weitergegeben haben, als „Wolfssprache". Für Jacques Salomé leben wir im „System SAPPE"[11], einem „Blind-Taub-System". Der Begriff SAPPE setzt sich aus den Anfangsbuchstaben französischer Wörter zusammen, und zwar **sourd** (taub), **aveugle** (blind), **pervers** (unnatürlich), **pernicieux** (schädlich), **und energetivore** (energieraubend). In diesem Blind-Taub-System sehen, hören und erleben wir nicht mehr, was zwischenmenschliche Beziehungen wirklich ausmacht und wie sie funktionieren könnten. Wir sind blind geworden für unsere eigenen Beziehungsbedürfnisse und die unserer Mitmenschen. So nehmen Einsamkeit und Unzufriedenheit einen immer größeren Platz in unserem Leben ein.

Die Einfühlsame Kommunikation nach Jacques Salomé ist eine wunderbare Möglichkeit, aus unseren Beziehungswüsten und der Unzufriedenheit mit uns selbst Schritt für Schritt herauszufinden. Sie ist eine neue Sprache, die Ihnen, genau wie jede andere neu zu lernende Fremdsprache, neue Regeln, ein neues Lebensgefühl und eine neue Lebenskultur vermitteln will. Je mehr Regeln Sie beispielsweise von der französischen Sprache gelernt haben, desto leichter wird es Ihnen fallen, eine echte Kommunikation mit Menschen der französischen Kultur aufzubauen. Genauso verhält es sich mit der Einfühlsamen Kommunikation: Sie umfasst die Gesamtheit von sogenannten „Regeln der Beziehungshygiene", die zusammen mit den verschiedenen visuellen Kommunikationswerkzeugen die neue ESPERE-Sprache ausmachen.

In seinem bereits erwähnten Buch („Pour ne plus vivre sur la Planète TAIRE") verdeutlicht Jacques Salomé mit einer humorvollen Zeichnung seine Vision einer neuen „ökologischen Beziehungskultur", in der Menschen sich nicht mehr einsam und unzulänglich fühlen. Im Gegensatz zum vereinsamten und antikommunikativen „Homo SAPPIERUS" (von System SAPPE), plagen den Homo ESPERUS nicht mehr Selbstzweifel, Ärger über andere und das Gefühl der Einsamkeit. Er hat gelernt, sich selbst ein guter Lebensbegleiter zu sein, und ist in seinem Selbstbild nicht mehr vom Urteil anderer Menschen abhängig. Er fühlt sich mit sich selbst so wohl, dass er die Fröhlichkeit und das Selbstbewusstsein eines Menschen ausstrahlt, der zu sich steht. Und wie es der Zufall will: Andere Menschen, die noch nicht vollständig von der alten Haut des Homo SAPPIERUS' befreit sind, fühlen sich von ihm wie magisch angezogen und versuchen, so viel Zeit wie möglich mit ihm zu verbringen ...

Mit den Übungen zur Einfühlsamen Kommunikation möchte ich Ihnen anbieten, sich auf Ihren eigenen Weg zur Beziehungsökologie und -kultur des Homo ESPERUS zu machen. In diesem Buch möchte ich Sie mit den ersten grundlegenden zehn Schritten der Methode ESPERE vertraut machen. Manche dieser Schritte werden Ihnen leichter fallen und bekannter vorkommen, andere zunächst eher neu und seltsam. Bitte seien Sie geduldig mit sich, wenn es am Anfang nicht gleich klappt: Auch Englisch oder Französisch lernen wir, wie jede andere neue Sprache, nur über das ständige Einüben uns bislang unbekannter Vokabeln und Grammatikregeln. Die Engländer und Franzosen schätzen es, wenn Besucher aus anderen Ländern, obgleich zunächst auch etwas unbeholfen, versuchen, sich in ihrer Landessprache zu verständigen. Sie kommen ihnen entgegen. So ähnlich ist es auch beim Einfühlsamen Kommunizieren: Es lohnt sich, diese neue Form von Beziehungshygiene und ihre Regeln zu erlernen, denn Schritt für Schritt wird Ihre Verständigung in den zwischenmenschlichen Beziehungen leichter und angenehmer. Das Besondere an der Methode ESPERE ist, dass Sie mit dieser neuen Sprache gleichzeitig lernen, sich mit sich selbst besser zu verständigen. Sie lernen, zu Ihrem „logischen Bewusstsein" zu sprechen und ebenso, sich mit Hilfe der visuellen Werkzeuge auch mit Ihrem Unterbewusstsein kreativ auszutauschen.

Abb. 1: Homo SAPPIERUS und Homo ESPERUS[12]. Jacques Salomé schreibt dazu: „Der Homo ESPERUS ist eine Mutation des Homo SAPPIERUS. Er ist gegen Ende des 20. Jahrhunderts das erste Mal als eine sich neu etablierende Art in verschiedenen geselligen Inseln und in einigen Beziehungsoasen aufgetaucht. Er charakterisiert sich durch einen durch nichts zu erschütternden Glauben in die menschlichen Beziehungen. Er verfügt über eine besondere Fähigkeit, zu sich zu stehen und sich selbst zu definieren, indem er sich auf die visuellen Kommunikationswerkzeuge und Beziehungshygiene-Regeln bezieht. Er ruft da, wo er auftaucht, ambivalente Kritiken und ein bestimmtes Unwohlsein bei manchen Menschen hervor, aber gleichzeitig auch eine gewisse Hoffnung. Er ist in allen Bereichen der zwischenmenschlichen Beziehungen gegenwärtig: dem Gesundheitswesen, der Rechtsprechung, dem Erziehungsbereich und in allen Berufssparten. Gleichzeitig ist er vollkommen abwesend auf der politischen Bühne."

Einige grundlegende Fragen der BEZIEHUNGS-ÖKOLOGIE der Methode ESPERE

- Wie kann ich meine wichtigen und lebensnotwendigen Beziehungen mit anderen Menschen nähren, unterhalten und lebendig gestalten?
- Wie kann ich den anderen dazu motivieren, sich ebenfalls auf diese Art und Weise um seine zwischenmenschlichen Beziehungen zu kümmern?
- Wie kann ich meine Beziehungen zu anderen Menschen davor bewahren, sich mit der Zeit abzunutzen und glanzlos zu werden?
- Wie kann ich verhindern, meine Beziehungen zu misshandeln, sie zu sabotieren oder durch beziehungsfeindliches Verhalten zu zerstören?
- Wie kann ich in meinem kommunikativen Austausch mit anderen Menschen dafür sorgen, dass Energie und Lebendigkeit erhalten bleiben?
- Wie kann ich meine Beziehung zu mir selbst so gestalten, dass ich mich in meiner eigenen Gesellschaft richtig wohlfühle und achtungsvoll und behutsam mit mir umgehe?

Mit der Methode ESPERE gibt Jacques Salomé darauf Antworten und schlägt verschiedene Wege vor. Um diese auf einer tieferen Ebene verstehen zu können, lädt er dazu ein[13], das kritische Hinterfragen („Warum?" „Ich frage mich, was, ob, wie ..." oder „Wenn ich doch nur ...") erst einmal zu vermeiden. Dies ist ein eher ungewöhnlicher Vorschlag, da wir es gewohnt sind, auf der Grundlage ständigen Nachfragens und vielfacher Erklärungen zu kommunizieren.

Die Methode ESPERE bietet mit ihrer „Beziehungs-Ökologie" eine neue Form der Verständigung an, deren Grundlagen aktives Zuhören, Empathie, das heißt Einfühlungsvermögen, und die Übernahme von Verantwortung für das eigene Befinden und Empfinden sind. Wir lernen mit dieser Beziehungs-Ökologie, offen und urteilsfrei auf *unser* Gegenüber zuzugehen und zu hören, was wir uns jenseits der benutzten Worte wirklich mitteilen wollen. Die Einfühlsame Kommunikation lädt dazu ein, mit Hilfe der eigenen inneren Ressourcen im Austausch mit dem anderen für das zu sorgen, was uns wichtig ist. Sie ermutigt uns, kreative Mittel und Wege zu finden, unsere Wünsche zu realisieren und unsere Bedürfnisse zu befriedigen.

IV. Das Beziehungsmodell als Grundlage der Methode ESPERE

Unterwegs zum Homo ESPERUS

Immer mehr Menschen sind für das Abenteuer bereit, auf eine neue Art mit sich selbst und mit anderen zu leben und umzugehen. Der Begriff „Homo ESPERUS" ist, wie weiter vorn schon erwähnt, angelehnt an das französische Wort „esperer" = „hoffen". Jacques Salomé will uns damit zeigen, dass es Grund zu berechtigter Hoffnung auf wohltuende Veränderungen in unserem Leben gibt. Die vielen Menschen, die den Weg zu einem einfühlsameren Sein und Miteinander schon begonnen haben und diesen Weg weitergehen, helfen uns, darauf zu vertrauen, dass auch wir in der Lage sind, schrittweise die Haut des Homo SAPPIERUS abzustreifen und das Blind-Taub-System SAPPE zu verlassen.

Wir wurden jedoch über viele Jahre und Generationen von unserem alten beziehungsfeindlichen System geprägt. Der Weg aus ihm heraus ist nicht immer leicht. Jacques Salomé zeigt uns, dass wir diesen Weg nicht ohne Hilfe gehen müssen. So wie den Helden alter Märchen und Sagen bei ihren Abenteuern oft Zauber-Gegenstände helfen, gibt es auch für uns Hilfsmittel in Form von visuellen Kommunikationswerkzeugen, die uns den Weg zur Einfühlsamen Kommunikation erleichtern. Drei dieser Hilfsmittel möchte ich Ihnen mit diesem Übungsbuch der Methode ESPERE besonders nahe bringen: Das erste ist der so genannte „**Beziehungsschal**", mit dem wir bei der Methode ESPERE das Modell zwischenmenschlicher Beziehungen sichtbar machen können. Zweiter und dritter „ESPERE-Wegbegleiter" sind die „**Externe Visualisierung**" und die „**Symbolisierung**". Wie wir sehen werden, hilft uns jede Form von Objekten bei der Anwendung der ESPERE-Wegbegleiter. Und im Unterschied zu unseren Märchenhelden, die ihre Zaubergegenstände meist nur ein einziges Mal benutzen konnten, können wir bei der Methode ESPERE die nützlichen Wegbegleiter immer wieder hilfreich einsetzen, ohne dass sie ihre Kraft verlieren.

Aufbauend auf dem Beziehungsmodell der Methode ESPERE möchte ich Ihnen im Folgenden diese drei besonderen visuellen Hilfsmittel der Einfühlsamen Kommunikation vorstellen und erste Hinweise auf ihre Benutzung geben. Sie werden Ihnen im

Laufe des Buches immer wieder begegnen, so dass Sie ihre Anwendung schrittweise immer besser verstehen und einüben können.

Das Beziehungsmodell

Bei der Einfühlsamen Kommunikation mit der Methode ESPERE steht die **zwischenmenschliche Beziehung** im Mittelpunkt. Deshalb wird sie auch oft als „Beziehungslehre" bezeichnet. Dabei meinen wir mit „Beziehung" jede Form von Verbindungen zu einem anderen Menschen, zu unseren Kindern, Eltern, Freundinnen, Kollegen, Partnern ... sowie die Verbindung zu uns selbst.

Doch was genau ist eigentlich die „Beziehung" in meiner Verbindung zu einem anderen Menschen? Ich möchte Ihnen zum leichteren Verständnis vorschlagen, sich eine bestimmte Person aus ihrem Leben, zum Beispiel Ihr Kind, ihre Partnerin, Ihren Vater oder Ihre Mutter bildhaft vorzustellen, sie innerlich zu „visualisieren". Die von Ihnen ausgewählte Person sollte sich in Ihrer Vorstellung in einem Abstand von ein bis zwei Metern zu Ihnen befinden. Zwischen Ihnen beiden stellen Sie sich nun eine sichtbare Verbindung vor, zum Beispiel in Form eines Schals, eines Seils oder eines Schlauches, von dem Sie ein Ende in der Hand halten. Das andere Ende hält Ihr „Beziehungspartner". Es ist diese materialisierte Verbindung zwischen Ihnen, die wir bei der Methode ESPERE als **„Beziehung"** bezeichnen. Sie kann eine bestimmte Textur, Form oder Farbe haben und stellt eine Art **Kanal zwischen zwei Personen** dar, durch den verschiedene Dinge von einer Seite zur anderen wandern: Worte, Haltungen, angenehme oder auch weniger angenehme Botschaften und manches andere mehr, das uns auf den ersten Blick gar nicht bewusst ist. Sie können sich diesen Beziehungskanal, der eigentlich ein Doppelkanal ist, so vorstellen, wie ihn Abbildung 2 zeigt:

Die Beziehung

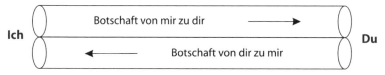

Abb. 2: Darstellung der Beziehung zwischen zwei Menschen als doppelten „Beziehungskanal".

Die Beziehung, die wir in der Abbildung durch den Doppelkanal dargestellt haben, gehört zu jeder Verbindung zwischen zwei Menschen dazu – sie ist gewissermaßen das dritte Element. Wir können uns diesen Zusammenhang merken als Grundsatz der Beziehungsökologie:

> **In einem Beziehungssystem zweier Menschen sind wir nicht zu zweit, sondern zu dritt: du und ich und die Beziehung zwischen uns.**

Bei der Einfühlsamen Kommunikation geht es darum, alle drei Teile zu berücksichtigen. Dies jedoch in unterschiedlicher Form, wie wir zu einem späteren Zeitpunkt sehen werden.

Die Botschaften, die wir aussenden und empfangen, wandern durch den Beziehungskanal von einer Seite auf die andere und beeinflussen unsere Beziehung. Sie wird dadurch entweder genährt oder belastet, heller und schöner oder dunkler und unansehnlich. Der Schal, den ich Ihnen als materialisierte Verbindung zwischen Ihnen und der von Ihnen vorgestellten Person vorgeschlagen habe, wird allgemein bei der Methode ESPERE zur visuellen Darstellung der Beziehung zwischen zwei Menschen benutzt. Jacques Salomé bezeichnet ihn als „Beziehungsschal"[14].

Der Beziehungsschal als erster ESPERE-Wegbegleiter

Merksätze zum Beziehungsschal:

- Der **Beziehungsschal** ist das Basis-Kommunikationswerkzeug der Methode ESPERE. Er macht den doppelten Kommunikationskanal sichtbar, der zwei Menschen als „Beziehung" miteinander verbindet. Durch den Kanal werden positive oder negative Botschaften ausgetauscht.
- Jede Art von Schal, aber auch eine Schnur, ein Kabel oder ein Gürtel können im Sinne des „Beziehungsschals" benutzt werden. Qualität und Farbe des als Beziehungsschal ausgewählten Gegenstandes können Hinweise auf die Qualität der jeweiligen Beziehung mit einem Menschen geben.
→ Mit dem Beziehungsschal machen wir auf einfache Art Folgendes deutlich:
→ Wir zeigen, dass wir in jeder Verbindung zwischen zwei Menschen zu dritt sind: ich, der andere und die Beziehung zwischen uns,
→ Wir zeigen, dass jede Beziehung zwei Seiten hat. Ich bin für meine Seite der Beziehung verantwortlich, für alles, was ich sage, fühle, tue. An meinem Ende kann ich aktiv handeln und verändern. Meine Partnerin ist für ihr eigenes „Beziehungsende", also ihre Seite, verantwortlich – für alles, was sie sagt, fühlt, tut. Dort kann sie aktiv handeln und verändern.
→ Ich kann an meinem Ende der Beziehung entscheiden, wie ich die Botschaft meines Gegenübers aufnehme, ob ich sie beispielsweise als Kritik und Verletzung interpretiere oder nicht.
→ Wir können uns bewusst machen, dass wir beide für unsere Beziehung und für die Qualität unserer Beziehung verantwortlich sind, gleichviel ob wir sie nähren und kreativ gestalten oder ob wir sie vernachlässigen, belasten oder sogar „fallen lassen".

Die externe Visualisierung als zweiter ESPERE-Wegbegleiter

Kennen Sie nicht auch das Gefühl, dass Sie einem anderen Menschen etwas Wichtiges mitteilen wollen, einen Gedanken, eine Überlegung oder eine Befürchtung, und Ihr Gegenüber nicht zu verstehen scheint, wovon Sie sprechen? Die Reaktion, die wir in einer solchen Situation erhalten, zeigt uns, dass wir mit unserem Anliegen nicht wirklich gehört worden sind. Oder haben Sie schon mal erlebt, wie in einer Gruppe das Thema, das Ihnen wirklich wichtig war, unterging? Aus derartigen Gesprächen gehen wir oft unbefriedigt heraus, und nicht selten ärgern wir uns über die Unfähigkeit der anderen, zu verstehen, worum es uns eigentlich ging.

Die Methode ESPERE bietet Ihnen ein sehr effizientes und vielseitig einsetzbares visuelles Hilfsmittel, um derartige Missverständnisse zu klären und zu vermeiden. Dieses Hilfsmittel bezeichnen wir als **externe Visualisierung**. Es erlaubt uns, das, wovon wir reden wollen, zu zeigen, indem wir es durch einen Gegenstand darstellen (siehe Zeichnung). Der gezeigte Gegenstand lenkt die Aufmerksamkeit der Zuhörer darauf, wovon wir wirklich sprechen möchten.

Merksätze zur externen Visualisierung:

- Sie ist ein Vorgang, bei dem wir mit Hilfe eines spontan ausgesuchten Gegenstands – auf den wir zeigen oder den wir in die Hand nehmen – materiell darstellen, wovon wir gerade sprechen wollen.
- Sie ist eine einfache Methode, den wichtigsten Punkt dessen, was wir mitteilen möchten, klarzumachen.
- Durch einen realen Gegenstand, den wir in die Diskussion einbringen, verringern wir die Wahrscheinlichkeit, dass unser Anliegen im Gespräch untergeht. Wir zeigen den anderen diesen Gegenstand und sagen, was er darstellt (zum Beispiel einen Wunsch, ein gemeinsames Projekt, Ziel, ein Gefühl ...). Unsere Botschaft wird leichter verständlich. Lange und vielfach ausschweifende Diskussionen lassen sich dadurch abkürzen.
- Die externe Visualisierung ermöglicht durch das „Ausgliedern" und Darstellen unseres Anliegens, dass wir als Person nicht mit unserem Anliegen verwechselt werden. So kann unser Gegenüber zwar unser Anliegen oder unser Verhalten ablehnen, uns als Person aber weiterhin schätzen. Dieser wichtige Punkt wird im weiteren Verlauf des Buchs vertieft.

Die Symbolisierung als dritter ESPERE-Wegbegleiter

Symbole gehören auf eine ursprüngliche und ganzheitliche Weise wohl zu jedem menschlichen Wesen. Bei ESPERE wird die **Symbolisierung** als Hilfsmittel zu einer einfühlsamen Kommunikation mit uns und mit anderen verwendet. Ähnlich der externen Visualisierung wählen wir dabei einen Gegenstand zur sichtbaren Darstellung eines bestimmten Themas aus. Während die externe Visualisierung eine Art sinnvolle und kurzzeitige Improvisation darstellt, benutzen wir ein als Symbol gewähltes Objekt meistens über einen längeren Zeitraum.

Warum und wann ist es hilfreich zu symbolisieren? Die Symbolisierung ermöglicht uns, einer Sache, die bis dahin unklar oder unvollständig war oder die nie gesagt und mitgeteilt wurde, einen Ausdruck und Sinn zu geben. Die Symbolisierung stellt eine Sprachebene dar, die wir tief in uns tragen, und sie ist präsent sowohl in unserem aktuellen Lebensabschnitt als auch in unserer Vergangenheit und Familiengeschichte. Wenn Sie aufmerksam Ihre alltägliche Umgebung beobachten, können Sie eine Fülle von symbolischen Gegenständen entdecken. Sie haben manchmal religiöse, manchmal gefühlsmäßige Bedeutung, zum Beispiel Amulette, Verlobungs- und Eheringe. Einige dieser Symbole gehören zu unserer Kultur, wie das vierblättrige Kleeblatt, der Schornsteinfeger, das rosa Schweinchen und andere Glücksbringer. Ein weltweites Symbol ist die Friedenstaube. Auch wenn wir die vielen symbolischen Objekte um uns herum, etwa in der Werbung versteckte, oft nicht mehr wahrnehmen, sind wir dennoch ständig in Kontakt mit ihnen.

Merksätze zur Symbolisierung:

- Nach Jacques Salomé ist die Benutzung von Symbolen eine Sprache, die wir zur Verfügung haben, um zu unserem Unterbewusstsein zu sprechen. Sie ist vergleichbar mit Poesie, Märchen und dem künstlerischen Ausdruck.
- Wir können Symbolisierungen nutzen, um unsere zwischenmenschlichen Beziehungen zu klären und zu erleichtern. Wir können sie ebenfalls anwenden, um uns um unsere Gefühle, Wünsche, Bedürfnisse oder auch um psychosomatische Symptome zu kümmern.
- Die Symbolisierung ist eine der machtvollsten Vorgehensweisen, um aus der Opferhaltung herauszutreten und uns mit unserer inneren Kraft zu verbinden. Sie gibt uns ein konkretes Mittel, Lasten, Missionen und Gewalt, die wir empfangen haben und nicht länger in uns tragen wollen, loszulassen.

⇢ Die Symbolisierung kann nur individuell und konkret erfahren werden. Fallgeschichten zu Erfahrungen anderer können das Verständnis für die positiven Symbolwirkungen in den verschiedensten Bereichen unseres Lebens erleichtern.
⇢ Die Symbolisierung ist sicherlich der am weitesten reichende und der faszinierendste Teil der Methode ESPERE, aber auch jener Teil, der viel Zeit und Geduld braucht, um wirklich verstanden und integriert zu werden.

Beispiel für eine Symbolisierung:

Wenn eine Schülerin bei einem Unfall stirbt, kann der Lehrer den Klassenkameraden vorschlagen, gemeinsam ein großes Bild für ihre tote Klassenkameradin zu malen und in der Schule aufzuhängen. Auf diese Weise bleibt eine sichtbare gemeinsame Erinnerung an sie. Die Symbolisierung erlaubt den anderen Kindern, ihre Zuneigung für das gestorbene Mädchen auszudrücken und eine Trauerarbeit zu beginnen. Dürfen die Kinder zum Beispiel einen Brief an sie schreiben und ihn zum Grabstein bringen, erlaubt diese weiterführende Symbolisierung das Loslassen von negativen Gefühlen und Emotionen.

Das Wichtigste in Kürze

Die Grundzüge des Beziehungsmodells der Methode ESPERE

- Im Beziehungsmodell der Methode ESPERE wird die Beziehung zwischen zwei Menschen mit einem Beziehungsschal dargestellt. Dieser verdeutlicht mit seinen beiden Enden, dass es in jeder Beziehung zwei Seiten gibt, unsere eigene und die unseres Gegenübers.
- Die Beziehung zwischen zwei Menschen kann als ein doppelter Kommunikationskanal dargestellt werden, in dem positive und negative Botschaften ausgetauscht werden.
- In jeder Verbindung gibt es drei Partner: mich, den anderen und die Beziehung zwischen uns.

Die Methode ESPERE bietet drei ständige visuelle Begleiter als Kommunikationshelfer an

- Erster ESPERE-Begleiter: der Beziehungsschal. Er hilft uns zu verstehen, dass jeder Mensch für seine Seite der Beziehung zu anderen Menschen verantwortlich ist. Gleichzeitig sind wir auch für die Qualität unserer Beziehungen verantwortlich.
- Zweiter ESPERE-Begleiter: die externe Visualisierung. Sie erlaubt uns, mit Hilfe eines spontan ausgewählten Gegenstandes zu zeigen, wovon wir sprechen oder was uns wichtig ist. Dadurch ist es leichter möglich, die Aufmerksamkeit auf das zu zentrieren, was wir mitteilen wollen. Wir vermeiden auf diese Weise, als Person (als Subjekt) mit dem Thema (Objekt) verwechselt zu werden, von dem wir sprechen.
- Dritter ESPERE-Begleiter: die Symbolisierung. Sie ermöglicht uns, durch einen für einen längeren Zeitraum ausgewählten Gegenstand Dinge sichtbar zu machen, die nie ausgesprochen wurden, nicht zu Ende geführt wurden oder die wir nicht in Worte fassen konnten. Sie ist eine Sprache, mit der wir uns an unser Unterbewusstsein wenden können und mit der unser Unterbewusstsein sich uns mitteilen kann.

V. Zehn Schritte zum Einfühlsamen Kommunizieren

Schritt 1: *Den Beziehungsschal anwenden lernen*
Finden Sie heraus, wie Sie mit Hilfe des Beziehungsschals Verantwortung für Ihre eigene Beziehungsseite und für die Qualität Ihrer Beziehungen zu anderen übernehmen können.

Schritt 2: *Alte Sprachanteile loslassen, die Ihre Beziehungen beschädigen*
Erleichtern Sie Ihr Miteinander und Ihre Beziehungen zu anderen, indem Sie Befehlssätze, Vergleiche und Abwertungen vermeiden und Ich-Botschaften benutzen.

Schritt 3: *Alte Sprachanteile vermeiden, die Ihre Beziehungen bedrohen*
Lernen Sie, Drohungen und gefühlsmäßige Erpressungen schnell zu identifizieren und zu vermeiden. Es geht darum, eigene Emotionen mitzuteilen und bei anderen anzusprechen.

Schritt 4: *Zwischen einer Person und ihrem Verhalten unterscheiden*
Richten Sie bewusst Ihre Aufmerksamkeit auf die Person (das Subjekt) und auf das, was sie fühlt. Verwechseln Sie die Person nicht mit ihrem Verhalten (dem Objekt).

Schritt 5: *Zwischen den Gefühlen und der Beziehungsqualität unterscheiden*
Unterscheiden Sie zwischen dem, was in einer Beziehung mit einem Menschen geschieht, und Ihren Gefühlen zu diesem Menschen. Vermeiden Sie, Zuneigung als Rechtfertigung für Ihr eigenes Verhalten zu benutzen.

Schritt 6: *Unsere verschiedenen Rollen oder „Hüte" unterscheiden*
Nehmen Sie die Rollen, die zu Ihnen als Mann oder Frau gehören, wahr und entscheiden Sie sich dafür, je nach Situation bewusst unterschiedliche „Hüte" aufzusetzen.

Schritt 7: *Unsere Beziehungsbedürfnisse erkennen und befriedigen*
Erkennen Sie Ihre unterschiedlichen Bedürfnisse in den Beziehungen zu anderen Menschen an und beginnen Sie diese einfühlsam und selbstverantwortlich zu befriedigen.

Schritt 8: *Zwischen spontanen Empfindungen, tiefen Gefühlen und Emotionen unterscheiden*
Unterscheiden Sie in Ihren Beziehungen zwischen tiefen Gefühlen (z.B. Zuneigung, Trauer) und Empfindungen (Unwohlsein, Kribbeln, Ungeduld). Lernen Sie Ihre Emotionen als eine eigene Sprache anzuerkennen und ihnen zuzuhören.

Schritt 9: *Heilsame Symbolarbeit in der Beziehung zu sich und zu anderen*
Finden Sie heraus, wo Sie in Ihrem Leben sinnvoll Symbolisierungen einsetzen können und ob es offene Situationen gibt, die Sie mit ihrer Hilfe behutsam beenden können.

Schritt 10: *Sich einfühlsam durch das Leben begleiten – und sich dabei liebevoll um das „innere Kind" kümmern*
Werden Sie sich selbst ein guter Lebensbegleiter, indem Sie sich einfühlsam das geben, was Sie brauchen. Lernen Sie, sich liebevoll und verantwortungsvoll um Ihr „inneres Kind" zu kümmern und alte Lasten verstärkt loszulassen.

Schritt 1: *Den Beziehungsschal anwenden lernen*

In diesem Kapitel erfahren Sie ...

- wie Sie den Beziehungsschal sinnvoll zur Klärung Ihrer zwischenmenschlichen Beziehungen anwenden können;
- was es bedeutet, die Verantwortung für die Qualität Ihrer zwischenmenschlichen Beziehungen zu übernehmen;
- dass Botschaften durch den Beziehungskanal anders bei dem Empfänger ankommen können, als sie losgeschickt wurden;
- wie Sie erste Informationen über die Qualität Ihrer Beziehungen erhalten und wie Sie diese konkret verbessern können.

Die Verantwortung für die eigene Beziehungsseite übernehmen

Was bedeutet es, die Verantwortung für die eigene Seite einer Beziehung zu übernehmen? Wenn wir uns die Zeit nehmen, genauer zu beobachten, wie wir uns mit unseren Mitmenschen verhalten und sie sich mit uns, können wir leicht feststellen: Oft versuchen wir, das Verhalten anderer zu verändern – zu ihrem „eigenen Besten", aber auch, um damit besser zurechtzukommen. Beispiele gibt es dafür viele. Überlegen Sie einmal, wie oft es vorkommt, dass Sie über Ihre Mitmenschen den Kopf schütteln: Wenn Ihr Partner es nicht schafft, seinem Chef endlich zu sagen, wie die Teamarbeit besser funktionieren könnte. Sie würden ihn dann vielleicht am liebsten schütteln oder an seiner Stelle mit dem Chef sprechen. Oder wenn eine Freundin Ihnen erklärt, wie unglücklich sie mit ihrer jetzigen Wohnungseinrichtung ist und was alles nicht so klappt, wie sie es gerne hätte. Und die Ihrer Meinung nach nicht das Richtige tut, um die Probleme zu lösen! Oder Sie meinen vielleicht, dass Ihre Kinder sich in der Schule falsch verhalten oder dass sie zu wenig auf Sie hören. – Wie schön wäre es, wenn man die anderen dazu bringen könnte, sich besser zu verhalten: logischer, einfühlsamer, weniger kindisch, kooperativer ... Nur: Es funktioniert einfach nicht! Der Druck und die Energie, die wir aufwenden, um einen Mitmenschen zu verändern, provoziert Gegendruck und Frustration. Oft bewirkt unsere Einmischung das Gegenteil von dem, was wir erreichen wollten. Unser Gegenüber verschließt oder verhärtet sich oder wir geraten in die Dominanzstruktur des Blind-Taub-Systems, in dem sich stets einer der Beteiligten unterwirft. Da bleibt kein Raum mehr für ein einfühlsames und harmonisches Miteinander.

Wir können nicht die Verantwortung für die andere Seite unserer Beziehungen übernehmen. Es tut weder uns noch unserem Gegenüber gut, wenn wir es dennoch versuchen! Mit Hilfe des Beziehungsschals, der dieses Konzept verdeutlicht, können wir die folgende ESPERE-Beziehungsregel formulieren:

ESPERE-Beziehungshygiene-Regel:

Bleiben wir zunächst beim ersten Teil der Regel, **Verantwortung für unsere Seite der Beziehung** zu übernehmen. Zur Erinnerung: Mit dem Beziehungsschal stellen wir unsere Seite durch jenes Ende dar, das wir selbst in der Hand halten. Konkret bedeutet diese Regel für jede unserer Beziehungen mit einem anderen Menschen:

1. Ich bin verantwortlich für alles, was ich meinem Gegenüber zusende, für das, was ich sage, was ich fühle, was ich tue, also für jede verbale und nonverbale Botschaft, die ich losschicke. Ich übernehme aber auch die Verantwortung dafür, was ich mit den Botschaften (Worte, Haltungen, Verhaltensweisen) tue, die ich von meinem Gegenüber durch den Beziehungskanal erhalte. Ich gebe den mir zugesandten Botschaften ihren Sinn und entscheide, ob und wie ich eine bestimmte Botschaft annehme. Es liegt an mir, ob ich mich durch eine Botschaft verletzen oder erfreuen lasse.

2. Das Gleiche gilt umgekehrt auch für mein Gegenüber. Der andere ist verantwortlich für seine Seite der Beziehung und damit für das, was er aussendet: was er sagt, tut, kurz: für sein Verhalten. Er ist ebenfalls verantwortlich dafür, wie er auf die Botschaft reagiert, die er von mir erhält. Er gibt dieser Botschaft eine Bedeutung und entscheidet, ob und wie er sie annehmen will.

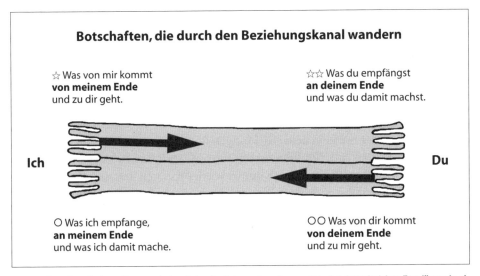

Abb. 3: Eine Botschaft ☆, die von mir durch den Beziehungskanal gesendet wird, kann bei dem Empfänger in einer anderen Form ○, Größe und mit einer anderen Bedeutung ankommen, als ich sie ausgesendet habe.

Die Abbildung 3 verdeutlicht das Weiterleiten von Botschaften durch den Beziehungskanal. Bitte vergessen Sie nicht, dass wir selbst es sind, die jeder erhaltenen Botschaft ihre Bedeutung geben! Auch wenn dies logisch klingen mag, ist dieser Zusammenhang nicht immer einfach nachzuvollziehen, ganz besonders dann nicht, wenn heftige Emotionen ins Spiel kommen. Am einfachsten hilft wahrscheinlich das Bild der „schlechten und guten Laune". Sind wir selbst schlecht gelaunt, interpretieren wir mit Leichtigkeit eine einfache Bemerkung als verletzend und reagieren mit Unwillen. Da kann schon unser „Guten Morgen", das von einem Kollegen nicht freundlich genug erwidert wurde, für uns bedeuten, dass er ärgerlich auf uns ist. Eine humorvoll gemeinte Bemerkung über uns nehmen wir leichter übel usw. Sind wir jedoch gut gelaunt, lachen wir vielleicht und nehmen die Bemerkung nicht krumm. Aber nicht nur unsere aktuelle Laune, sondern auch unsere persönliche Art, unsere Erziehung sowie unsere Erfahrungen in ähnlichen Situationen können beeinflussen, wie wir mit einer Botschaft umgehen und welche Bedeutung wir ihr geben. Natürlich können wir auch umgekehrt nicht verhindern, dass eine von uns ausgesendete Botschaft von unserem Gegenüber ganz anders interpretiert und angenommen wird, als wir es erwartet und gewollt hätten.

Unsere Mitverantwortung für die Qualität der Beziehungen

Nun möchte ich Sie gerne mit dem zweiten Teil der oben zitierten Beziehungshygieneregel vertraut machen: In unserer Verbindung mit einem anderen Menschen sind wir beide mitverantwortlich für die Qualität unserer Beziehung. Ist mir die Beziehung zum Beispiel zu meiner Partnerin, meinen Eltern, Freunden, Kindern wichtig, sollte ich mir überlegen, welche Beziehungsqualität ich möchte. Ich sollte mir überlegen, ob unsere Beziehung klar oder unklar ist, leicht oder belastet, und was ich konkret dafür tue, sie zu nähren und kreativ zu gestalten. Hierfür ist es hilfreich, zu überlegen, welche Art von Botschaften ich durch den Beziehungskanal zu diesen Menschen losschicke (auch wenn ich keine Macht darüber habe, wie sie im Einzelfall interpretiert werden) und ob der Kanal in beide Richtungen überhaupt offen oder nicht vielleicht teilweise durch ungeklärte Konflikte verstopft ist. Wie wir im Laufe des Übungsbuchs sehen werden, schlage ich Ihnen auch immer wieder vor, sich derartige Fragen für die Beziehung zu sich selbst zu stellen. Wie möchten Sie gern mit sich selbst und Ihren verschiedenen Anteilen umgehen? Mit welcher Qualität wollen Sie Ihr eigener Lebensbegleiter sein?

> ### Bitte beachten Sie:
> Der in der Methode ESPERE verwendete Ausdruck „**Verantwortung übernehmen für ...**" bedeutet etwas ganz anderes als der Ausdruck „**Schuld sein an ...**". Bitte setzen Sie ihn nicht damit gleich. Die Methode ESPERE ermutigt uns, unsere innere Kraft zu entdecken und zu nutzen, eigene Verantwortung für unser Leben auf konstruktive, positive Art und Weise zu übernehmen! Sie weist jegliche Schuldzuweisung sich selbst oder anderen gegenüber zurück. Sie hilft uns dabei, Schuldzuweisungen, die wir in der Vergangenheit akzeptiert haben, zu erkennen und loszulassen.

Fallgeschichten zum Beziehungsmodell

Stephanie stand an ihrer Töpferscheibe und beendete gerade eine Vase, als ihr Mann nach Hause kam. Mit Schrecken wurde ihr klar, dass Jürgen, der Berufsschullehrer war, heute früher Schluss hatte – und das Essen noch nicht fertig war. Jürgen sah, dass der Tisch noch nicht gedeckt war und reagierte direkt darauf. Ohne Stephanie auch nur zu begrüßen, schimpfte er: „Du hast ja schon wieder das Essen nicht fertig! Verstehst du nicht, wie wichtig es mir ist, nach meiner Arbeit direkt essen zu können? Ist es dir denn wirklich nicht möglich, mir diesen einen Wunsch zu erfüllen und pünktlich zu sein?" Stephanie, verärgert darüber, dass sie nicht einmal begrüßt worden war, konterte zurück: „Ich bin nicht nur Hausfrau, und du weißt genau, dass ich nicht gerne koche, schon gar nicht, wenn ich unter Zeitdruck bin. Ich habe auch meine eigene Arbeit, für die du dich ja sowieso nicht interessierst. Wieso kannst du nicht wie viele deiner Kollegen in der Schulkantine essen?" Jürgen erwiderte: „Du weißt genau, dass wir vor unserer Hochzeit gesagt haben, dass du dich erst mal um den Haushalt und damit auch um das Essen kümmerst! Du könntest dir endlich mal ein bisschen mehr Mühe geben! Meine Mutter hat es doch auch immer geschafft, sich um den ganzen Haushalt und gleichzeitig um ihren Blumenladen zu kümmern. Und du bekommst es nicht mal hin, das Essen pünktlich auf den Tisch zu stellen ..." Bei diesen Worten wurde Stephanie krebsrot und fing an zu weinen. Sie ertrug es nicht, dass Jürgen sie mit seiner Mutter verglich, und sie verließ – wie schon so oft – wütend und frustriert das Zimmer. Dies war in Variationen regelmäßiges Konfliktthema des Paares.

Partnerschaftsprobleme zu ähnlichen oder anderen Themen sind vielen Paaren bekannt. Man kann das, was die Partner dabei ausleben, als „Pingpong-Spiel" bezeichnen: gegenseitige Anschuldigungen und Erwartungen gehen hin und her. Eine harmonische und effiziente Lösung ist ohne kompetente Hilfe und Anregung von außen nicht in Sicht, aber mit einiger Wahrscheinlichkeit eine Trennung des Paares in den nächsten Monaten oder Jahren ... In unserem Fall machte Stephanie eines Tages, mehr aus „Zufall", ein Seminar zur Methode ESPERE mit und lernte zu ihrem großen Erstaunen, dass Paarbeziehungen auch ganz anders gelebt werden können. Als sie ihre Beziehung mit Jürgen visuell mit Hilfe zweier Teilnehmer und des Beziehungsschals darstellte, sah sie zum ersten Mal, dass ihr Mann und sie selbst ständig versuchten, den anderen zu verändern. Sie erkannte, dass sie vielleicht aus ihrem Paarproblem herauskommen konnte, wenn sie anfing, bei sich selbst etwas zu ändern. Sie verstand, dass sie sich nicht durch die Hochzeit verpflichtet hatte, ihrem Mann jeden Mittag ein gutes Essen auf den Tisch zu stellen.
Stephanie lernte mit Hilfe der Beziehungshygieneregeln der Methode ESPERE, sich auf einfühlsame Art und Weise mit ihrem Mann zu verbinden. Bei einer externen Visualisierung zeigte sie Jürgen, dass ihre Übereinkunft bei der Eheschließung von ihr so nicht mehr eingehalten werden konnte. Sie zeigte ihm mit einem Symbol ihr Bedürfnis, mehr sich und ihren kreativen und beruflichen Wünschen treu zu sein, und bot ihm einen Kompromiss

für die täglichen Mahlzeiten an. Mit dem Beziehungsschal konnte Stephanie ihrem Mann auf behutsame Art und Weise verständlich machen, dass seine Beziehung zu seiner Mutter eine andere war als seine Paarbeziehung mit ihr. Sie bat ihn, diese beiden Beziehungen zu unterscheiden und sie nicht mehr mit seiner Mutter zu verwechseln.

Markus, alleinerziehender Vater, war manchmal ganz krank vor Angst und Sorge um seinen 15-jährigen Sohn Christian. Er quälte sich mit immer heftigeren Magenschmerzen. Vor wenigen Tagen hatte Markus Hasch in Christians Zimmer gefunden und wusste nicht, wie er damit umgehen sollte. Bekam sein Sohn von Schulkameraden Drogen angeboten? Er versuchte Christian darauf anzusprechen, der antwortete achselzuckend: „Du kannst sowieso nichts dagegen machen. Hör auf, mich ständig zu überwachen und zu bemuttern. Such dir doch lieber endlich 'ne andere Frau und lass mich in Ruhe!" Markus fühlte sich durch diesen Spruch seines Sohns verletzt und hilflos. Er dachte daran, wie er all die vergangenen Jahre versucht hatte, Christian ein guter Vater zu sein und sich um alles zu kümmern. Seine Frau, Christians Mutter, war an einer schweren Krankheit gestorben, als Christian sechs Jahre alt war. Markus hatte von da an versucht, mit seinem kleinen Sohn alleine klarzukommen. Er stellte zeitweise eine Haushälterin ein und gab seinen Sohn, solange er klein war, während seiner Arbeitszeit zu einer Tagesmutter. Ansonsten aber versuchte er, so viel Zeit wie möglich mit ihm zu verbringen. Beide hatten ein gutes und vertrautes Verhältnis zueinander gehabt – bis Christian 15 wurde. Markus wusste nicht, was von da an schiefgelaufen war. Sein Sohn warf ihm oft vor: „Papa, du lässt mir überhaupt keine Freiheit mehr. Ich darf weder wie die anderen in die Disko gehen, noch in den Fußballverein. Ich habe keine Lust auf dein Bemuttern!" Markus antwortete darauf häufig, dass er nicht wolle, dass Christian etwas passiere: „Das bin ich deiner verstorbenen Mutter schuldig." Christian rebellierte immer stärker gegen seinen übervorsichtigen Vater. Er ließ sich die Haare lang wachsen, fing an, mit seinen Freunden Bier zu trinken und blieb abends häufig einfach weg, ohne um Erlaubnis zu fragen. Eine wirkliche Verständigung zwischen Vater und Sohn war nicht mehr möglich.

Markus war irgendwann klar geworden, dass er an seinen Sohn nicht mehr rankam und Hilfe brauchte. Er nahm an einer Konferenz über Eltern-Kind-Beziehungen teil und ließ sich danach von dem Trainer, der die Konferenz gehalten hatte, in Coachsitzungen zu seinen Konflikten mit seinem Sohn beraten. Dabei wurde ihm zum ersten Mal bewusst, dass er nicht einmal angefangen hatte, um seine verstorbene Frau wirklich zu trauern. Er hatte sich stattdessen vollkommen auf die Beziehung zu seinem Sohn konzentriert. Mit Hilfe des Beziehungsschal-Modells sah und verstand er, dass er, seit Christian ein Jugendlicher geworden war, ständig versucht hatte, das Verhalten seines Sohnes durch Verbote und Drohungen zu verändern. Er konnte nun sehen, dass es ganz normal war, dass Christian darauf mit Rebellion reagierte. Er begann langsam, den Tod seiner Frau aufzuarbeiten und mit seinem Sohn darüber zu sprechen. Dieser hörte ihm zu seinem großen Erstaunen bereitwillig zu. Er sagte ihm sogar: „Papa, ich versuche schon ganz lange dir zu sagen, dass du

Mama loslassen musst und vielleicht eine neue Partnerin suchen solltest..." Markus verstand auch, dass er seine eigenen Ängste in die Beziehung zu Christian eingebracht und dadurch die vorher schöne und verständnisvolle Vater-Sohn-Beziehung belastet hatte. Als er begann, seinem Sohn mehr Freiheit zu lassen und sich verantwortlich um die eigenen Ängste zu kümmern, hörte Christian ganz von selbst auf, Drogen und Alkohol zu konsumieren. Auch unterhielt er sich wieder regelmäßig mit seinem Vater.

ESPERE-Übungsteil

Übung 1: Beziehungs-Mind-Mapping

Für Ihre ersten ESPERE-Übungen ist es hilfreich, wenn Sie sich zunächst überlegen, welche verschiedenen Beziehungen Sie haben und wie wichtig diese für Sie sind. Dazu schlage ich Ihnen vor, sich als Erstes auf ein Blatt Ihre wichtigsten Beziehungen aufzulisten, und sie zur besseren Übersicht zusätzlich wie in der Abbildung 4 in einer Art Beziehungs-Mind-Mapping[15] darzustellen:

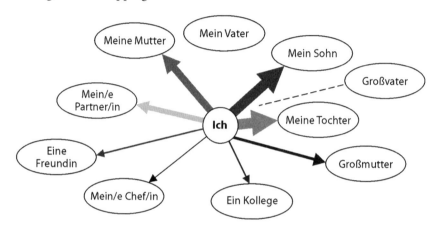

Abb. 4: Die Beziehungen im aktuellen Beziehungskreis: Dieser umfasst die Beziehungen zu allen Menschen, die Ihnen nahestehen oder mit denen Sie regelmäßig zu tun haben. Die Farbe und Dicke der Pfeile kennzeichnen und verdeutlichen die Art und Wichtigkeit der jeweiligen Beziehung.

Übung 2: Eine bestimmte Beziehung auswählen

Bitte wählen Sie für diese Übung eine der Personen aus dem Beziehungs-Mind-Mapping der Übung 1 aus. Ich schlage Ihnen vor, sich im Weiteren mit der Beziehung zu dieser Person besonders zu beschäftigen. Bitte notieren Sie:

Ich möchte mich jetzt genauer mit der Beziehung zu .... beschäftigen.

1) Denken Sie bitte an die Art der Beziehung, die Sie zu dieser Person haben. Wie könnte Ihr Beziehungsschal aussehen? Welches Material und welche Farbe würden Sie wählen, um die Beziehung zu der von Ihnen gerade ausgewählten Person visuell darzustellen?

   Ich wähle zur Darstellung dieser Beziehung als Material (Baumwolle, Kunststoff, Seide, ein Seil, einen Faden, ein Metallkabel) .... in der Farbe .... Beispiele: ein roter Seidenschal, ein blaues Kabel, ein grünes Seil ...

2) Welchen Wert geben Sie heute der Qualität der Beziehung mit der von Ihnen ausgewählten Person? Wählen Sie dazu einen Wert zwischen 1 (wenig einfühlsame gegenseitige Beziehung) und 10 (sehr einfühlsame gegenseitige Beziehung) aus und kreuzen Sie diesen zur besseren Visualisierung auf der Wertskala an.

Meine Beziehung zu _____ hat zurzeit eine Qualität von:

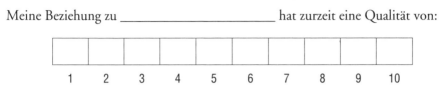

* * *

IHRE FOKUSBEZIEHUNG und FOKUSPERSON

Bitte beachten Sie: Für verschiedene weiterführenden Übungen in diesem und den folgenden Kapiteln werde ich regelmäßig vorschlagen, dieselbe (von Ihnen eben ausgewählte) Person und Ihre Beziehung zu ihr zu betrachten. Die Übungen werden Ihnen helfen, diese Beziehung immer klarer zu sehen, zu verstehen und zu entscheiden, was Sie für die Qualität dieser Beziehung tun möchten. Der sprachlichen Einfachheit halber werde ich im Weiteren diese Person und Ihre Beziehung zu ihr als **Fokusperson** und **Fokusbeziehung** bezeichnen. Sollte eine spezifische Übung Sie eher zur Klärung einer anderen Beziehung ansprechen, können Sie selbstverständlich in diesem Fall eine andere Person wählen.

Übung 3: Die Beziehungsschal-Übung

Für diese Übung schlage ich Ihnen vor, den Beziehungsschal, den Sie in der Übung 1 theoretisch ausgewählt haben, nun auch praktisch zu nutzen. Das heißt, ich möchte Sie bitten, einen Schal oder etwas, das Ihnen dazu geeignet scheint, bereitzulegen.

Das Prinzip der Beziehungsschal-Übung ist folgendes: Während einer Übungszeit von zwei bis vier Wochen versuchen Sie sich jedes Mal, wenn Sie mit Ihrem ausgewählten Beziehungspartner, also Ihrer Fokusperson, zusammentreffen, vorzustellen, dass Sie über den Beziehungsschal verbunden sind. Dazu ist es für viele Menschen hilfreich, den Beziehungsschal auch materiell in einer Tasche bei sich zu tragen. Ich schlage Ihnen vor, auf die eine Seite des Beziehungsschals „ich" und auf die andere Seite „mein Gegenüber" (oder „der andere") zu schreiben oder jeweils einen Zettel anzukleben. Dies erinnert Sie konkret, visuell und taktil an Ihre Übung und Ihre Motivation – und daran, dass Sie versuchen wollen, auf Ihrer Seite der Beziehung zu bleiben.

a) Bitte versuchen Sie sich und Ihre Fokusperson in Ihrem gegenseitigen Austausch möglichst wertfrei zu beobachten und sich regelmäßig die folgenden zwei Fragen zu stellen: **„Auf welcher Seite unserer Beziehung (an welchem Ende des Beziehungsschals) bin ich gerade? Auf welcher Seite ist die andere?"** Das bedeutet konkret, dass Sie während eines Gesprächs oder einer Auseinandersetzung mit der Person überlegen, ob Sie zum Beispiel versuchen, sie zu beeinflussen, oder ob Ihr Gegenüber dies mit Ihnen versucht. Können Sie akzeptieren, dass Ihr Gegenüber so spricht, fühlt, handelt, wie er es gerade tut? Oder wollen Sie ihn dazu bringen, sich so zu verhalten, wie Sie es für richtig halten? Inwieweit fühlen Sie sich in dem, was Sie aussprechen und tun, von dem anderen akzeptiert? Schreiben Sie Ihre Erfahrungen mit diesem und den folgenden Übungsteilen bitte möglichst detailliert auf.

b) Beobachten Sie bitte aufmerksam, welche Botschaften Sie durch den Beziehungskanal von Ihrer Fokusperson erhalten. **Wie oft interpretieren Sie Botschaften (Verhalten, Worte, Gesten ...) als negativ, das heißt als gegen Sie gerichtet?** Ich möchte Ihnen vorschlagen, sich diese Frage auch bei Ihren Beziehungen zu anderen Menschen zu stellen. Wenn Sie die Ergebnisse in Form einer Tabelle notieren, werden Sie vielleicht feststellen, ob Sie es in Ihrem menschlichen Miteinander gewohnt sind, Botschaften von anderen eher als negativ, neutral oder positiv für Sie zu interpretieren. Nach Ihrer Interpretation können Sie auch, wenn es Ihnen möglich ist, Ihr Gegenüber fragen, wie die jeweiligen Botschaften gemeint waren.

c) Nachdem Sie es gelernt haben, Ihre Beziehungen genauer zu beobachten, möchte ich Ihnen im fortgeschrittenen Übungsteil vorschlagen, darauf zu achten, in welchen Situationen Sie versuchen, Ihre Fokusperson in Ihrem Sinne zu beeinflussen. Bitte versuchen Sie, es dann bewusst nicht zu tun. Wenn Sie merken, dass Sie dabei sind, Ihr Gegenüber verändern zu wollen, versuchen Sie bitte kurzfristig – vielleicht nur für fünf oder zehn Minuten – aus der Beziehung herauszugehen und etwas für sich selbst zu tun, etwas, das Ihnen gut tut: trinken Sie einen Tee oder Kaffee, machen Sie ein paar Atem- oder Gymnastikübungen, lesen Sie ein Buch oder eine Zeitung, tun Sie einfach, was immer Ihnen in diesem Moment Wohltuendes einfällt. Zu Anfang wird Ihnen dies vielleicht nicht leichtfallen, da wir durch das Blind-Taub-System einfach anders geprägt sind. Es erscheint uns normal, die anderen verändern zu wollen. Haben Sie daher bitte Geduld mit sich und beglückwünschen Sie sich für jeden kleinen Erfolg. Notieren Sie Ihre Erfahrungen während Ihrer Übungszeit in Ihrem ESPERE-Übungsheft. Bitte schreiben Sie auch auf, wie Sie sich dabei gefühlt haben und was Sie an Gutem für sich selbst gemacht haben.

Übung 4: Die Anerkennungsschachtel als erste Symbolisierungsübung

Erfahrungsgemäß ist eine „Anerkennungsschachtel" eine hilfreiche Unterstützung dabei, sich selbst für jeden kleinen Erfolg zu belohnen. Dazu brauchen Sie eine schöne Schachtel oder einen anderen Behälter (eine Dose, Kiste ...), der Ihnen gut gefällt und den Sie für diese und alle weiteren Übungen benutzen wollen. Nun können Sie folgendermaßen vorgehen: Versuchen Sie bitte jedes Mal, wenn Sie mit sich selbst oder mit anderen einfühlsamer als bisher umgegangen sind, diese Erfahrung auf einen Zettel zu schreiben. Beispielsweise wenn Sie es gerade geschafft haben, sich selbst bewusst etwas Gutes zu tun. Dieses Papier und alle weiteren folgenden können Sie nun in Ihre Anerkennungsschachtel legen. Was fühlen Sie, wenn Sie eine Anerkennung an sich selbst aufschreiben und die wachsende Zahl an Zetteln in Ihrer Kiste sehen? Suchen Sie bitte für Ihre Anerkennungsschachtel einen Platz, auf den Ihr Blick häufig fällt und der Sie regelmäßig daran erinnert, die Schachtel auch zu benutzen.

Übung 5: Die Beziehungsqualität

Nachdem Sie in der Übung 2 trainiert haben, an Ihrem Ende des Beziehungsschals zu bleiben und die Verantwortung für Ihre Seite zu übernehmen, können Sie nun die Qualität Ihrer Fokusbeziehung vertiefend untersuchen. Bitte beantworten Sie dazu folgende Fragen und notieren Sie sich Ihre Gedanken – entweder in Stichpunkten im Buch oder schreiben Sie sie gleich in Ihr ESPERE-Übungsheft.

1) Welche Farbe hat der Beziehungsschal, den Sie ausgesucht hatten? Ist er hell, von freundlicher Farbe oder dunkel, von rauem Material? Was sagt Ihnen dies über die Qualität Ihrer Beziehung? Ist sie eher freundlich und hell oder dunkel und unklar? Welche Qualität wünschen Sie sich für diese Beziehung?

....

....

2) Ist der Kanal Ihrer Fokusbeziehung in beide Richtungen offen und können echte Botschaften gesendet, empfangen und ausgetauscht werden? Oder ist er verstopft mit „Beziehungs-Müll" aus vergangenen Begegnungen?

....

....

3) Wird der Beziehungskanal regelmäßig von Ihnen bzw. von Ihnen beiden gereinigt? Werden Missverständnisse, die in jeder Beziehung immer wieder entstehen, regelmäßig von Ihnen geklärt?

....

....

4) Wird Ihre Fokusbeziehung häufig mit positiven Erlebnissen, Rückmeldungen, Botschaften genährt, unterhalten und mit Leben erfüllt – von beiden Seiten?

....

....

5) Was können Sie tun, um die Qualität dieser Beziehung zu verbessern, sie lebendiger und schöner zu gestalten? Bitte notieren Sie, wenn möglich, mindestens drei konkrete und durchführbare Vorschläge.

....

....

* * *

Mit den Antworten aus den bisherigen Übungen können Sie nun ein zweites Mal überlegen: Welchen Qualitätswert (1–10) geben Sie heute Ihrer Fokusbeziehung? Bitte kreuzen Sie an:

Meine Beziehung zu _____ hat zurzeit eine Qualität von:

1	2	3	4	5	6	7	8	9	10

* * *

> **Bitte beachten Sie:**
> Die in diesem Kapitel vorgestellten Übungen zur Anwendung des Beziehungsschals können Sie natürlich auch zeitlich parallel für mehrere Ihrer zwischenmenschlichen Beziehungen durchführen. Unsere Erfahrung und Rückmeldungen von Seminar- und Coaching-Teilnehmern haben jedoch gezeigt, dass es oft einfacher ist, sich zunächst nur auf eine oder eventuell zwei Fokusbeziehungen zu konzentrieren und deren Qualität aufmerksam zu untersuchen.

Schritt 1: Das Wichtigste in Kürze

Zur Anwendung des Beziehungsschals:

- Der erste Übungsschritt hat Sie mit der Anwendung des Beziehungsschals vertraut gemacht. Dabei haben Sie wahrscheinlich feststellen können, dass die meisten von uns gewohnt sind, häufig am anderen Ende der Beziehung zu agieren.
- Das Beziehungsmodell lehrt uns, die Verantwortung dafür zu übernehmen, was wir an unserem eigenen Beziehungsende tun, und uns zu überlegen, welche Botschaften wir durch den Beziehungskanal senden wollen.
- Dabei hilft es uns, klarzumachen, dass wir auch die Mitverantwortung für die Qualität unserer Beziehungen tragen, dafür, ob wir diese nähren, vernachlässigen oder schädigen.
- Es ist wichtig, nicht zu vergessen, dass **wir** es sind, die ankommende Botschaften interpretieren und ihnen eine Bedeutung geben.

Was Sie erfahren konnten:

Für Ihre Beziehungen zu anderen Menschen:

Je mehr es Ihnen gelingt, auf der eigenen Seite Ihrer Beziehungen zu bleiben, desto weniger Druck üben Sie auf andere Menschen aus. Dadurch, dass sich Ihr Gegenüber nicht in eine Richtung gedrängt fühlt, kann der andere auch leichter die Verantwortung für seine Beziehungsseite übernehmen. Wenn Sie sich bewusster und kreativer als bisher um die Qualität Ihrer Beziehungen kümmern und sich regelmäßig überlegen, welche Art von Botschaften Sie in den Beziehungskanal geben, nähren und verbessern Sie damit Ihre Beziehungen.

Für Ihre Beziehung zu sich selbst:

Indem Sie sich in Ihren Beziehungen verstärkt für Ihre Seite verantwortlich fühlen, erlangen Sie größere Macht über Ihr eigenes Leben. Dies ist ein erster wichtiger Schritt, Opfermentalitäten loszulassen. Die Erkenntnis, dass Sie sich entscheiden können, wie Sie mit einer Botschaft umgehen, ist ein weiterer wichtiger Schritt zu einer besseren Verbindung mit sich selbst und zu einer größeren Freiheit. So lernen Sie auch, sich künftig seltener als bisher von unangenehmen Botschaften verletzen zu lassen.

Schritt 2: Alte Sprachanteile loslassen, die Ihre Beziehungen beschädigen

In diesem Kapitel erfahren Sie ...

---> welche Anteile unserer gewohnten Sprache unsere Beziehungen mit anderen Menschen beschädigen,
---> wie Sie die drei Beziehungssaboteure
  → **Zwingende Befehlssätze,**
  → **Abwertungen und Vergleiche**
  → **Schuldzuweisungen**
  identifizieren und vermeiden können,
---> welche positive Wirkungen Ich-Botschaften und das Sprechen über die eigenen Emotionen und Gefühle haben,
---> wie Sie beginnen können, Definitionen und zwingende Befehlssätze aus Ihrer Vergangenheit loszulassen.

Die Säulen des Blind-Taub-Systems SAPPE

In diesem zweiten Übungsschritt lernen Sie die **Zwingenden Befehlssätze**, **Abwertungen** und **Schuldzuweisungen** kennen. Sie sind die ersten drei von fünf Kommunikations- oder Beziehungssaboteuren, die Jacques Salomé als die Säulen des Blind-Taub-Systems SAPPE bezeichnet. Sie beschädigen unsere zwischenmenschlichen Beziehungen und verschlechtern dadurch ihre Qualität. Die zwei anderen, zum System SAPPE gehörenden Saboteure[16] unseres harmonischen Miteinanders, die **Drohungen** und **gefühlsmäßigen Erpressungen** lernen Sie im nachfolgenden Kapitel kennen.

Zwingende Befehlssätze

Zwingende Befehlssätze sind einfach zu identifizieren. Wir benutzen sie meist dann, wenn wir mit unserem Gegenüber in Du-Botschaften *über* ihn sprechen, anstatt zu ihm. Das hört sich zum Beispiel so an: „Du interessierst dich wohl wenig für deine Eltern. Sonst würdest du öfter anrufen." „Hast du nicht gesehen, wie spät es schon ist. Geh sofort ins Bett!" „So kannst du doch nicht rumlaufen, mit den Kleidern und den viel zu langen Haaren ... Zieh dich sofort um!" Oder auch: „Du solltest mir wirklich mehr zu Hause helfen. Heute Abend bei meiner Freundin hast du mal wieder den strahlenden Helden spielen müssen und zu Hause lässt du mich alles allein machen."

Mit zwingenden Befehlssätzen definieren wir andere Menschen, verteilen Etiketten und üben Druck aus: Du musst ..., du solltest ..., es ist notwendig, dass du ... .

Dabei ist es recht einfach zu lernen, Du-Botschaften zu vermeiden, wenn wir anfangen, von uns selbst zu sprechen, indem wir „du" durch „ich" ersetzen. Ein erster Schritt dazu ist herauszufinden, wie wir uns mit dem Verhalten unseres Gegenübers fühlen, besonders dann, wenn dieser Mensch etwas tut, was wir nicht richtig finden. Daraufhin versuchen wir das, was wir fühlen, dem anderen mitzuteilen. So ist es möglich, in den oben genannten Beispielen zu sagen: „Ich bin traurig, dass du uns so selten anrufst." Oder: „Ich habe Angst, dass du bei dem Vorstellungsgespräch mit langen Haaren und unordentlichen Kleidern einen schlechten Eindruck hinterlässt."

Das Vermeiden von zwingenden Befehlssätzen und das Verwenden von Ich-Botschaften gehören zu den essenziellen Beziehungshygiene-Regeln der Methode ESPERE. Sie sind direkt mit dem Konzept des Beziehungsschals verbunden.

ESPERE-Beziehungshygiene-Regel:

Ich bleibe auf meiner Seite der Beziehung und spreche davon, was ICH denke, fühle ... Ich ermutige mein Gegenüber, auf seiner Seite unserer Beziehungen zu bleiben und von sich zu sprechen und dem, was er fühlt.

Zu dieser Regel gehört auch, dass ich lerne, andere Menschen nicht mehr **über** mich sprechen zu lassen, sondern **zu** mir. Ich lasse nicht mehr zu, dass andere mein Bild von mir bestimmen, dass sie an meiner Stelle denken und besser wissen wollen, was für mich wichtig und richtig ist. Ich nehme mir die Zeit und den Mut, von meinen Empfindungen zu sprechen. Dies ist keine narzisstische Einstellung, sondern ein Schritt auf dem Weg, mir selbst treu zu sein.

Abwertende Aussagen und Vergleiche

Abwertende Aussagen und Vergleiche sind Beziehungssaboteure, die in unserem alltäglichen Umgang mit unseren Mitmenschen leicht zu identifizieren sind. Wir erkennen sie, wenn wir den Eindruck haben, von anderen als kleiner, weniger wertvoll oder als unzureichend be- oder verurteilt zu werden. Besonders leicht sind **Abwertungen** zu erkennen, wenn **negative Vergleiche** benutzt werden, zum Beispiel: „Bist du denn nicht einmal in der Lage, dein Bett selbst zu machen? Deine Schwester, die zwei Jahre jünger als du ist, hat damit überhaupt keine Probleme." Sehr beliebt sind Vergleiche auch bei manchen Lehrern: „Schau dir mal das Heft von Annemarie an, **sie** hat alles ordentlich eingeklebt und nicht **wie du** überall Eselsohren!" Oder im beruflichen Bereich: „Nehmen Sie sich ein Beispiel an Frau Sauer! Sie hat vier Kinder zu versorgen und erscheint dennoch immer pünktlich zur Arbeit!"

Zu den Abwertungen gehören auch negative Vergleiche und Urteile, die wir über uns selbst abgeben. Diese haben gleichzeitig den „Vorteil", uns in der in unserer Gesellschaft sehr beliebten „Opferhaltung" zu bestärken: „Du schaffst das ja alles spielend mit deinen Kindern, dem Haushalt und deinem Beruf. Ich, mit meiner schlimmen Kindheit hatte ja gar keine Chance zu lernen, wie man Kinder erzieht und dabei auch noch arbeiten soll. Das schaffe ich nie!"

Wenn wir andere Menschen abwerten, haben wir in der Regel den Wunsch, ihr Verhalten irgendwie zu ändern. Eine Verletzung des Gegenübers nehmen wir dabei – oft unbewusst – in Kauf. Menschen, die Abwertungen ausgesetzt sind, bekommen häufig Zweifel an sich selbst und an ihren Fähigkeiten. Oft bewirken Abwertungen, dass die so behandelten Personen beginnen, sich selbst negative Botschaften zu senden („Ich bin wirklich nicht besonders intelligent/aufmerksam/hilfsbereit ..."). Wir verwenden Abwertungen auch uns selbst gegenüber, beispielsweise um eigenes „mangelhaftes" Verhalten zu rechtfertigen und um es nicht ändern zu müssen. In dem System der Abwertungen wird meist Richtiges und Erfolgreiches übersehen und nur das Unrichtige oder „Schlechte" bemerkt: „Du kannst ja nicht einmal richtig den Tisch decken mit deinen zehn Jahren" (aber vielleicht schon den Tee kochen und abtrocknen ...). „Du hast ja schon wieder fünf Fehler in deinem Diktat gemacht. Lernst du denn nie richtig zu schreiben?" (das Kind kann aber vielleicht schon richtig gut lesen oder rechnen).

Um unsere Beziehungen zu anderen Menschen, und natürlich auch die Beziehung zu uns selbst nicht durch abwertende Aussagen zu belasten, können wir uns als Erstes vornehmen, Vergleiche zu vermeiden. Jede zwischenmenschliche Beziehung ist einzigartig und nicht austauschbar. Jede Person ist einzigartig mit dem, was sie als Person ausmacht, und dem, was sie tut und erlebt. Wir können trainieren, abwertende Aussagen zu vermeiden – über uns und andere –, indem wir uns angewöhnen, unsere Aufmerksamkeit auf das zu wenden, was der andere alles richtig gemacht hat, und nicht auf das, was unserer Meinung nach falsch ist: „Mama, Papa, wenn ich euch immer wieder sagen höre, wie viele Fehler ich im Diktat gemacht habe, wünsche ich mir wenigstens einmal zu hören: Herzlichen Glückwunsch, mein Junge, dass du von 40 Diktatwörtern 35 richtig geschrieben hast!"

Schuldzuweisungen

Schuldzuweisungen werden unter anderem häufig in Paarbeziehungen und im Kontakt mit Kindern benutzt. Sie belasten und schwächen unsere zwischenmenschlichen Beziehungen häufig besonders stark und nachhaltig. Bei Schuldzuweisungen schieben wir anderen Menschen die Verantwortung für unsere (schlechten) Gefühle, unser Unwohlsein und Leid zu. Beispiele: „Wegen all der Sorgen, die sich deine Mutter um dich gemacht hat, ist sie krank geworden und schafft es kaum, wieder auf die Beine zu kommen." „Hast du daran gedacht, welchen Kummer du deinem Vater machst, wenn du mit dem Studium aufhörst, wo er doch all die Jahre gespart hat, um es dir bezahlen zu können!" Oder aus der Paarbeziehung: „Nach allem, was ich für dich getan habe, dankst du mir so? Ich hätte besser getan, dich nicht zu heiraten!" Damit sich unser Gegenüber auch wirklich schuldig fühlt, werden oft heftige Übertreibungen benutzt. Diese Art von Schuldzuweisungen und Vorwürfen erschwert es, dass der andere auf einfache Weise Stellung bezieht und zu den eigenen Erwartungen und Wünschen stehen kann.

Wir können lernen, Schuldzuweisungen anderen gegenüber zu vermeiden, indem wir uns noch einmal bewusst machen, dass nur wir selbst für unsere Emotionen und Gefühle verantwortlich sind. Niemand anderem kann die Schuld daran gegeben werden, was wir heute aus unserem Leben machen. Zur Erinnerung: Wir interpretieren an unserem Ende des Beziehungsschals die Botschaften, die andere uns zukommen lassen. Wir entscheiden selbst, ob wir uns davon verletzen lassen oder nicht. Wir entscheiden ebenfalls, ob wir bereit sind, die Verantwortung für alles, was wir tun und aussenden, zu übernehmen und ob wir damit die Qualität unserer Beziehung nähren oder sie belasten.

Fallgeschichten zu den drei Beziehungssaboteuren

Die dreizehnjährige Susanne saß am frühen Abend noch an ihren Hausaufgaben, als ihre Mutter sie ärgerlich rief: „Susanne, komm endlich runter und hilf mir! Wenigstens abends, wenn ich noch so viel zu tun habe, könntest du dich ohne Aufforderung um deine jüngeren Brüder kümmern. Ich bin ständig müde, weil du mir so wenig hilfst!" Seufzend stand Susanne auf und ging die Treppe runter, wo ihre beiden Brüder im Wohnzimmer rumtobten. „Warum helfen die beiden nicht mal mit und dürfen stattdessen hier spielen?" „Du bist das Mädchen und außerdem die Älteste", bekam sie immer wieder von ihrer Mutter zu hören. Mit demselben Spruch rechtfertigten ihre Eltern viele Verbote: wenn Susanne mit ihren Freundinnen im Park hinter dem Haus spielen oder mit ihren Brüdern auf Bäume klettern wollte. Oder wenn sie das ganze Wochenende ihrer Mutter im Haushalt helfen musste und nichts mit Gleichaltrigen unternehmen konnte. Trotz aller Mühe konnte es Susanne der Mutter nicht recht machen, sie wurde ständig kritisiert: „Nichts kannst du ordentlich machen! In deinem Alter wusste ich schon längst, wie man Wäsche richtig zusammenlegt." Und: „Du machst mich noch ganz krank wegen all der Sorgen, die ich mit dir habe." Auch von ihrem Vater bekam Susanne ähnliche Ermahnungen: „Mädchen müssen brav sein!" Er forderte sie auch ernsthaft dazu auf, sich vor allem darum zu kümmern, dass es ihren beiden Brüdern gut ginge.

Als Susanne erwachsen war, wusste sie nicht, was sie eigentlich von ihrem Leben wollte. Sie war es von klein auf gewohnt, sich unterzuordnen und ihre Wünsche hinter die Wünsche der anderen zu stellen. Sie traute sich nicht, anderen „Nein" zu sagen aus Angst, ihr Gegenüber zu verärgern oder dessen Liebe und Zuneigung zu verlieren. Die vielen entwertenden Worte, Vergleiche und Schuldzuweisungen ihrer Mutter hatten sich tief in ihr Gedächtnis gegraben. Bevor sie als Erwachsene kreative Beziehungen mit anderen Menschen aufbauen konnte, musste sie erst lernen, sich von diesem Selbst-Bild zu befreien. Erst dann konnte sie es wagen, in Beziehungen für eigene Wünsche einzustehen und ehrlich „Ja" und „Nein" zu sagen. Eines Tages las sie darüber, wie es gelingen könnte, sich von den erlittenen verbalen und nonverbalen Abwertungen symbolisch zu befreien. Sie nahm all ihren Mut zusammen und setzte dies für sich selbst in die Tat um: Sie sammelte einen großen Sack voll schwerer Steine, schrieb auf jeden Stein eine der vielen Abwertungen, Schuldzuweisungen, Vergleiche und Befehlssätze aus ihrer Kindheit und warf über mehrere Wochen einen Stein nach dem anderen in einen tiefen Fluss. Nach und nach merkte sie, wie sie ihr Leben mit mehr Leichtigkeit leben konnte.

„Habe ich dir eigentlich mal erzählt, dass ich am liebsten Medizin studiert hätte?", fragte Martina ihre Studienfreundin, als sie zufällig mit ihr vor dem Informationsbrett der Medizinischen Fakultät stand. „Ich habe als Mädchen einen tollen Film von Entwicklungshelfern in Afrika gesehen. Danach habe ich immer davon geträumt, später selbst als Ärztin nach Ostafrika zu gehen." Ihre Freundin sah sie erstaunt an: „Warum studierst du dann schon seit zwei Jahren Jura?" Martina wusste nicht genau, was sie auf diese Frage antworten sollte, und meinte nur achselzuckend „Ach, meine Eltern meinten, Ärztin sei nichts für mich, und sie haben wohl recht." Später dachte sie, wie so oft in den letzten Monaten darüber nach, ob es wirklich richtig gewesen war, mit Jura ein Studium anzufangen, das ihr so wenig lag. Wann immer sie konnte, schaute sie sich Filme über Afrika und Entwicklungshilfe an. Sie sehnte sich danach, etwas zu tun, was ihr wirklich sinnvoll erschien. Aber war es dazu nicht zu spät? Und wie sollte sie es ihren Eltern erklären? Als kleines Mädchen war Martina oft krank gewesen und Ihre Eltern waren auch heute noch sehr besorgt um ihre Gesundheit. So hatten sie ihr immer wieder ihren Wunsch auszureden versucht, einmal als Ärztin in Ostafrika zu arbeiten: „Du bist zu klein und nicht stark genug für so eine schwierige Aufgabe, und schon gar nicht in einem Entwicklungsland." Nur ihre Patentante, selbst Ärztin, hatte versucht, Martina in ihrem Wunsch nach einem Medizinstudium zu bestärken. Gegen den Willen ihrer Eltern hatte ihre Nichte jedoch nicht den Mut dazu aufgebracht, obwohl ihr hervorragendes Abitur ihr jedes Studium erlaubt hätte.

Drei Jahre lang studierte Martina ohne große Freude Jura, bis sie eines Tages in einem Buch den folgenden Absatz las: „Viele Kinder sind ihren Eltern und deren Wünschen, Ideen und Ängsten auch noch als Erwachsene ‚treu' und wagen es nicht, den Beruf zu ergreifen, von dem sie immer geträumt haben." Dieser Satz war für Martina ein tiefes persönliches AHA-Erlebnis. Sie erkannte, dass auch sie zu den noch als Erwachsene „treuen Kindern" gehörte. Sie brach ihr Jura-Studium ab. Zunächst, wusste sie nicht, woher sie die Kraft nehmen sollte, ihren nach wie vor starken Wunsch zu verwirklichen, Ärztin zu werden. In ihrem Kopf hörte sie immer wieder die Worte ihrer Mutter: „Du bist zu schwach! Das ist kein Beruf für dich …" Aber sie spürte auch, dass sie dennoch alles versuchen sollte, um ihren Kindheitstraum zu verwirklichen. Und sie schaffte es letztendlich mit Hilfe ihrer Tante. Diese half ihr, durch eine symbolische Arbeit die prägenden Worte ihrer Mutter loszulassen und dadurch die Kraft zu finden, ihren eigenen beruflichen Weg einzuschlagen (siehe dazu auch Übung 8 im ESPERE-Übungsteil).

ESPERE-Übungsteil

Bitte gönnen Sie sich bei den Übungen zu den Kommunikationssaboteuren ungeteilte, freundliche, geduldige und vor allem urteilsfreie Aufmerksamkeit. Erfahrungsgemäß gelingen die Übungen am einfachsten mit einem offenen und spielerischen Herangehen. Leistungsdruck und Eigenabwertungen führen oft dazu, dass Motivation und Freude an Ihrem abenteuerlichen Weg zum Homo ESPERUS schnell nachlassen. Die Beziehungssaboteure des Blind-Taub-Systems SAPPE und die systemtypischen Verhaltensweisen sind in den meisten von uns so gut verankert, dass es viel Behutsamkeit und Geduld braucht, sie langsam zu verringern und den Weg in Richtung einer einfühlsameren Kommunikation zu beschreiten. Ein hilfreiches Bild ist es, sich vorzustellen, wie ein Mensch nach langer Krankheit wieder anfangen muss, gehen zu lernen. Dafür muss er sich beispielsweise langsam angewöhnen, von Zeit zu Zeit das Bett oder den Rollstuhl zu verlassen und erste eigene Schritte zu gehen. So ähnlich kann es Ihnen mit der Abgewöhnung der Sprache des Homo SAPPIERUS und der Angewöhnung der Sprache des Homo ESPERUS ergehen!

Bitte benutzen Sie für alle folgenden Übungen Ihre Anerkennungsschachtel aus Übung 4 des vorigen Kapitels, um jeden auch noch so kleinen Schritt nach vorn anzuerkennen. Jeder Erfolg dabei, alte und eingefahrene Sprachgewohnheiten loszulassen, verdient es, anerkannt zu werden. Wenn Sie dazu nicht eine Anerkennungskiste benutzen wollen, finden Sie bitte Ihre eigene Form, für sich selbst Anerkennung nicht nur zu **denken** („Okay, das hast du ganz gut gemacht"), sondern diese auch **sichtbar darzustellen**.

Übung 6: Die Kommunikationssaboteure in unserem Leben entdecken

a) Für diese Übung empfehle ich Ihnen, in Ihrem ESPERE-Übungsheft eine Tabelle anzulegen mit Spalten dafür, wann und wie Sie zwingende Befehlssätze, Vergleiche, Abwertungen und Schuldzuweisungen benutzen (s. Tabelle auf Seite 67). Suchen Sie sich bitte aus der Liste Ihrer zwischenmenschlichen Beziehungen, die Sie in Übung 1 des vorherigen Kapitels angelegt haben, drei oder vier für Sie aktuell wichtige Beziehungen aus. Notieren Sie während mehrerer Wochen möglichst häufig in die jeweiligen Spalten, welche Wörter und Sätze Sie benutzen, um andere zu definieren, sie zu vergleichen, abzuwerten oder ihnen Schuld zuzuweisen. Diese Übung hilft Ihnen, aufmerksamer mit anderen Menschen umzugehen. Sie hilft Ihnen, sich bewusst zu machen, welche Elemente der alten beziehungsfeindlichen Sprache Sie regelmäßig selbst geliebten und Ihnen wichtigen Menschen als Botschaft zuschicken.

IHRE FOKUSBEZIEHUNG und FOKUSPERSON

Schreiben Sie in Ihrem ESPERE-Heft bitte gesondert auf, ob und welche Kommunikationssaboteure Sie in Ihrem Austausch mit Ihrer **Fokusperson** benutzen. Auch diese Beobachtungen geben Ihnen Hinweise über die Qualität dieser Beziehung. Falls Sie Ihre Fokusperson regelmäßig treffen, können Sie sie in Ihrer Tabelle zur Übung a) an jedem Wochentag durch eine eigene Zeile („Fokusbeziehung", siehe Tabellenbeispiel) berücksichtigen. Auf diese Weise können Sie sehen, wie häufig Sie, im Vergleich zu Ihren anderen zwischenmenschlichen Beziehungen, in der Kommunikation mit Ihrer Fokusperson Beziehungssaboteure benutzen.

Tabellenbeispiel:

Datum	Zwingende Befehlssätze	Vergleiche	Abwertungen	Schuldzuweisungen
1. Juni	Mit Klara, die recht unordentlich aussieht. Ohne nachzudenken sagte ich ihr recht bestimmt: „Du solltest echt mal wieder zum Friseur gehen!"			War heute Morgen ärgerlich wegen kalter Wohnung und habe Paul angeschimpft. „Deinetwegen muss ich frieren ..." (Er hatte schon wieder vergessen, den Handwerker anzurufen.)
Fokusbeziehung			Habe (meiner Fokusperson) ... gesagt.	
2. Juni	Konflikt mit Thomas: Er will sein Zimmer nicht aufräumen. Habe mit Ärger gesagt: „Du bist zu unordentlich."	Habe Thomas' Flötenspiel mit dem besseren seines Freundes verglichen; Thomas hat dies offensichtlich gekränkt.	Habe zu Thomas gesagt: „Du kannst deine Hausaufgaben nicht ein einziges Mal ohne Fehler machen."	
Fokusbeziehung				

3. Juni		Habe im Büro Elisa mit Lore verglichen, um sie zu motivieren, ebenso schnell und effizient wie Anita zu arbeiten.	Wieder mit Thomas: „Du bist offensichtlich nicht in der Lage, auch nur einmal an deine Schulsachen zu denken …"	Habe Mama vorgeworfen, dass ich wegen ihrer Rücksichtslosigkeit nicht gelernt habe, mehr auf meine Kinder einzugehen (Puh, das ist heftig!).
Fokusbeziehung				

b) Wenn Sie gelernt haben zu beobachten, wie Sie Beziehungssaboteure anderen gegenüber benutzen, schlage ich Ihnen nun vor, eine neue Tabelle mit den gleichen Kolonnen wie im ersten Übungsteil anzulegen (siehe Tabellenbeispiel Seite 69). Diesmal geht es jedoch darum zu notieren, wann, wie oft und in welcher Situation Sie zwingende Befehlssätze, Vergleiche, Abwertungen und Schuldzuweisungen sich selbst gegenüber benutzen und sich auf diese Weise selbst sabotieren. Eine gute und wichtige Erweiterung dieser Übung ist es, wenn Sie in einer fünften Spalte Ihre Emotionen bei Eigenkritik, Eigenabwertung und Vergleichen mit anderen notieren, also zum Beispiel, ob Sie sich ärgerlich, traurig oder enttäuscht fühlen. Unsere Erfahrungen haben gezeigt, dass viele Menschen anfangs Schwierigkeiten haben, sich an ihre spontane Reaktion zu erinnern und daran, wie sie sich in diesem Moment fühlten. Im Laufe der Übung wird diese Aufmerksamkeit für die eigenen Reaktionen und Emotionen jedoch zunehmen. Eine Liste der verschiedenen menschlichen Emotionen, die Sie im Anhang des Buches finden (Seite 236), kann Ihnen dabei helfen. So gelingt es Ihnen, behutsam einen leichteren Zugang zu Ihren eigenen Emotionen aufzubauen.

Bitte beachten Sie: Wie im zweiten Kapitel schon angedeutet, haben die Begriffe „Emotion" und „Gefühle" bei der Methode ESPERE unterschiedliche Bedeutungen. In unserer Alltagssprache existieren diese Unterschiede in der Regel nicht. Genauere Hinweise, wie sie zu unterscheiden sind, finden Sie zu Schritt 8 ab Seite 148 und im Anhang auf den Seiten 234 und 237.

Tabellenbeispiel:

Datum	Zwingende Befehlssätze	Vergleiche	Abwertungen	Schuldzuweisungen	Emotionale Reaktionen
15. Juni					
16. Juni					
17. Juni					
18. Juni					

c) Wenn Sie feststellen, dass Sie inzwischen häufig auf Ihren eigenen Einsatz von abwertenden Äußerungen achten, möchte ich Ihnen einen dritten Übungsteil vorschlagen. Beobachten und notieren Sie aufmerksam, wenn andere Menschen zwingende Befehlssätze, Vergleiche, Abwertungen und Schuldzuweisungen Ihnen gegenüber benutzen. In welchen Situationen und wie häufig geschieht dies? Wie fühlen Sie sich, wenn Sie von anderen Menschen auf diese Weise behandelt werden? Bitte legen Sie wieder eine Tabelle an mit den fünf Spalten: zwingende Befehlssätze, Vergleiche, Abwertungen, Schuldzuweisungen und Ihre eigenen Emotionen als Reaktion darauf. Gibt es Menschen, bei denen Sie sich häufiger betroffen oder verletzt fühlen, und andere, bei denen Sie sich kaum oder gar nicht betroffen fühlen? Notieren Sie bitte wieder während mehrerer Wochen möglichst häufig Ihre Beobachtungen und Ihre verschiedenen emotionalen Reaktionen (wütend, traurig, frustriert ... Sehen Sie bitte auch die Liste Seite 236), insbesondere diejenigen, die sich oft wiederholen.

Tabellenbeispiel:

Datum	Zwingende Befehlssätze	Vergleiche	Abwertungen	Schuldzuweisungen	Emotionale Reaktionen
9. Juli					
10. Juli					
11. Juli					
12. Juli					

Übung 7: Ich-Botschaften entwickeln

Es ist eine wertvolle Aufgabe und ein schöner Wunsch, Beziehungssaboteure einfach nicht mehr benutzen zu wollen. Dies ist jedoch in der Praxis nicht so leicht umzusetzen, besonders dann nicht, wenn wir keine Alternativen eingeübt haben. Die wirksamste Alternative, die uns auch in allen weiteren Übungsteilen helfen wird, ist es, Ich-Botschaften bewusst und immer häufiger im Umgang mit unseren Mitmenschen einzusetzen. Dabei versuchen Sie, das bei den Beziehungssaboteuren auftretende „du" durch ein „ich" zu ersetzen. Das heißt, Sie versuchen, nicht mehr über den anderen, sondern von sich zu sprechen und von dem, was Sie fühlen.

Bitte erinnern Sie sich, dass wir abwertende Beziehungssaboteure als Reaktion auf ein uns unangenehmes Verhalten und auf negativ interpretierte Aussagen unseres Gegenübers einsetzen. Dieses Verhalten und diese Aussagen rufen in uns eine Reaktion hervor, die wir als Angriff werten und mit einem Gegenangriff beantworten. Mit Ich-Botschaften reden wir über uns selbst und gehen nicht durch eine Abwertung des anderen und die Benutzung von Du-Botschaften in die Gegenreaktion über.

Es braucht ein längeres Training dafür, sich „du sollst, du musst, du bist..." abzugewöhnen und Ich-Botschaften („Ich fühle mich gerade ..., für mich ist es wichtig, dass ...") anzugewöhnen. Um das Prinzip klarer werden zu lassen, möchte ich Ihnen zum Üben vorschlagen, die folgenden Du-Botschaften in Ich-Botschaften umzuformulieren. Bitte beachten Sie dabei, dass es nicht darum geht, das „du" einfach nur sprachlich zu vermeiden und alle Sätze mit „ich" zu beginnen. Es geht darum, dass Sie wirklich von sich und Ihren Emotionen und Gefühlen sprechen. Sie finden meine Vorschläge für mögliche Ich-Botschaften auf der nächsten Seite.

Du-Botschaften:
a) Du kannst doch jetzt nicht einfach mit deiner Ausbildung aufhören. Was soll denn dann noch aus dir werden? (Eltern-Kind-Beziehung).
b) Du bist noch viel zu jung, um mit einem Mofa zur Schule zu fahren. Du machst mich ganz krank mit dieser Vorstellung (Eltern-Kind-Beziehung).
c) Es ist halt so, du musst heute Abend eben allein auf die Party gehen. Und lass mich in Ruhe mit deinen vorwurfsvollen Blicken (Paarbeziehung).
d) Im Rechnen bist du wirklich eine Null. Eine Klassenarbeit ist schlimmer als die andere. Was soll bloß aus dir werden? (Lehrer-Schüler-Beziehung).
e) Ich gebe mir aber doch Mühe zu verstehen, was Sie erklären! (Lehrerin-Schülerin-Beziehung. Auch wenn der Satz mit „ich" beginnt, ersetzt er eine Du-Botschaft, die lauten könnte: „Sie sehen ja überhaupt nicht, wie sehr ich mir Mühe gebe!" Diesen Satz wagt die Schülerin jedoch nicht auszusprechen.)

f) Du solltest dich mit dem Bericht besser mal beeilen. Sonst muss ich dir schon wieder helfen, obwohl ich selbst so viel anderes zu tun habe (berufliche Beziehung unter Kollegen).
g) Ihnen kann ich es ja sowieso nicht recht machen. Alles was ich vorschlage, lehnen Sie ab (berufliche Beziehung zur Chefin).

Ich-Botschaften (zu den vorhergehenden Du-Botschaften)
a) Ich bin sehr enttäuscht darüber, dass du deine Ausbildung mittendrin abbrechen möchtest. Ich schlage dir vor, mir zu erzählen, was du gerne weiter machen möchtest.
b) Ich habe Angst, dass du einen Unfall hast, wenn du mit dem Mofa zur Schule fährst. Als ich in die Schule ging, hatte meine beste Freundin auf dem Schulweg einmal einen schweren Unfall mit dem Fahrrad. Ich bin danach immer zu Fuß zur Schule gegangen ...
c) Ich fühle mich wegen der Party heute Abend sehr unwohl. Ich weiß, dass du dich darauf gefreut hast, mit mir dorthin zu gehen, und jetzt kann ich nicht mitkommen. Es fällt mir sehr schwer, deswegen keine Schuldgefühle zu haben ...
d) Ich fühle mich als deine Lehrerin unglücklich, zu sehen, wie große Schwierigkeiten du hast, in Mathematik gute Noten zu bekommen. Ich frage mich, ob ich dir den Lernstoff nicht richtig vermitteln konnte. Ich schlage vor, dass wir gemeinsam überlegen, was dir helfen könnte ...
e) Jedes Mal, wenn Sie mir sagen, dass ich wieder nichts verstehe, fühle ich mich total schlecht und als Versagerin ...
f) Ich fühle mich nicht wohl, wenn ich deine Arbeiten zusätzlich übernehmen muss. Mir fällt es schwer, mit meiner eigenen Arbeit fertig zu werden, ich fühle mich durch deine häufige Bitte nach Unterstützung unter Druck gesetzt und gestresst.
g) Wenn Sie meine neuen Vorschläge wieder ablehnen, fühle ich mich machtlos. Ich schlage Ihnen vor, mir Ihre Vorstellungen von meiner Arbeit und dem gemeinsamen Projekt genauer darzulegen. Ich habe kreative Ideen, die ich gerne umsetzen würde, und sehe im Moment nicht, in welchem Rahmen dies möglich ist ...

Übung 8: Zwingende Befehlssätze loslassen ...

a) Lesen Sie bitte aufmerksam die Befehlssätze aus der folgenden Liste. Gibt es Sätze, die Sie gut aus Ihrem eigenen Leben kennen? Bitte kennzeichnen oder notieren Sie diese Sätze.

Liste von häufig benutzten zwingenden Befehlssätzen:
 1: Behalte deine Gefühle für dich! Bei uns zu Hause zeigte man auch keine Gefühle!
 2: Denk nicht immer nur an dich! Du musst zuerst an die anderen denken!

3: Du bist viel zu schwach dafür und wirst immer gleich krank!
4: Hör auf, ständig zu grübeln! Tue endlich was!
5: Du bist und bleibst mein kleiner Junge/mein kleines Mädchen! (in manchen Familien auch: Du bist mein Baby).
6: Für dich wird sich sowieso nie jemand interessieren!
7: Du taugst genauso wenig wie der Rest deiner Familie ... Der Apfel fällt nicht weit vom Stamm!
8: Du kannst ja gar nichts! Dumm geboren und nichts dazugelernt ...
9: Du wirst mich immer brauchen! Ohne mich bist du ein Nichts!
10: Lass andere nicht zu nah an dich ran! Sonst wirst du doch nur verletzt!
11: Immer machst du nur Unsinn! Werd' endlich vernünftig!
12: Sei nicht kindisch!
13: Dir kann man nicht vertrauen!
14: Du solltest eigentlich ein Mädchen/ein Junge werden!
15: Es ist besser, du fasst erst gar nichts an. Du kannst es ja doch nicht!
16: Ich bin auch als ... glücklich geworden. Greif nicht nach den Sternen!
17. Dir soll es mal besser gehen als mir!
18: Mädchen müssen brav sein!
19: Du kannst nur deiner Familie trauen!
20: Du bist zu klein/zu groß!
21: Du findest sowieso keinen Mann/keine Frau!
22: Du bringst es nie zu etwas!
23: Du bist zu dumm!
24: Du bist unordentlich/schlampig!
25: Du kannst deine Herkunft nicht verleugnen!
26: Du bist ein echter Angsthase!
27: Jungen weinen nicht!
28: Du sollst deinen Bruder/deine Schwester lieben!
29: Du brauchst gar nicht zu versuchen, glücklich zu sein, es geht sowieso nicht!
30: Halt dich von den Jungen/Männern fern! Männer denken nur an das eine!

b) Symbolisierungsvorschlag: Haben Sie Sätze wiedergefunden, die Sie aus Ihrer Kindheit kennen, Sätze, mit denen Sie von Erwachsenen definiert wurden und vielleicht sich heute noch definieren lassen? In diesem Falle möchte ich Ihnen eine erste intensive Symbolarbeit vorschlagen: Schreiben Sie bitte den Ihnen derzeit wichtigsten zwingenden Befehlssatz, der Sie in Ihrer Kindheit festgelegt hat, auf ein Blatt. Es kann natürlich auch ein Befehlssatz oder ein sonstiger abwertender Satz sein, der nicht oder nur in ähnlicher Form auf dieser Liste steht, der Ihnen aber bei dieser Übung als prägend eingefallen ist! Wie erleben Sie heute diesen Satz? Identifizieren Sie sich mit ihm und haben Sie den Eindruck, wirklich so zu sein, wie Sie als Kind oder später definiert wurden? Oder denken Sie, dass es an der Zeit ist, sich von diesem Satz zu verabschieden, ihn bewusst loszulassen oder zu verändern? Wenn Sie diese Definition von sich verändern wollen, schreiben Sie bitte den Satz als Erstes auf ein Blatt Papier. Übrigens: Erfahrungsgemäß bekommen viele Menschen leichteren Zugang zu teils auch verdrängten Erinnerungen, wenn sie beim Aufschreiben die linke Hand benutzen. Mein Tipp: Probieren Sie aus, ob es für Sie emotional einen Unterschied macht, wenn Sie Ihren zwingenden Befehlssatz einmal mit rechts und einmal mit links schreiben. Sie haben nun verschiedene Möglichkeiten, weiter vorzugehen:

- Sie legen das Blatt mit Ihrem Satz an einer Stelle Ihrer Wohnung sichtbar hin und versuchen zu spüren, was dies bei Ihnen auslöst. Wie fühlen Sie sich, wenn Sie das Blatt sehen und den Satz lesen? Können Sie sich vorstellen, sich von dieser Aussage über Sie zu trennen? Wenn Sie sich nicht sicher sind, was Sie damit anfangen sollen, lassen Sie es doch einfach eine Zeit lang in Ihrer Wohnung liegen (wenn möglich nicht in Ihrem Schlafzimmer). Sie werden wahrscheinlich irgendwann spüren, ob Sie sich vorstellen können, sich von diesem alten Begleiter aus Ihrer Vergangenheit zu trennen oder nicht. Wenn Sie merken, dass Sie ihn noch behalten möchten, behalten Sie ihn! Versuchen Sie bitte keine Veränderung zu erzwingen, zu der Sie zu diesem Zeitpunkt noch nicht bereit sind.
Wenn Sie merken, dass Sie sich von der aufgeschriebenen Aussage verabschieden können, sollten Sie eine Vorgehensweise finden, die Ihnen entspricht und die Sie in dieser Situation für angemessen halten. Fühlen Sie bitte in sich hinein, ob es für Sie am wirkungsvollsten und besten ist, das Blatt zum Beispiel zu verbrennen, zu vergraben oder dem Wasser (einem Fluss, See, dem Meer) anzuvertrauen. Sie können dazu auch ein kleines Ritual veranstalten, allein oder gemeinsam mit einem vertrauten Menschen, oder das Blatt auch einfach zerreißen und wegwerfen.

- Selbstverständlich können Sie sich auf diese Weise auch von weiteren zwingenden Befehlssätzen sowie von Vergleichen, Abwertungen und Schuldzuweisungen verabschieden, die Sie nicht mehr mit sich herumtragen wollen. Es ist möglich, für jeden einzelnen Satz einen Weg zu finden, ihn loszulassen. Sie können auch alle abwertenden Sätze, die Sie nicht mehr behalten wollen, in einem bewussten Akt auf einmal loslassen. Übertreiben Sie aber bitte nicht, vielleicht ist Ihr Kopf schon bereit, Ihr Unterbewusstsein jedoch noch nicht! Schreiben Sie bitte auf, wie Sie diese Symbolarbeit erlebt haben.

c) Ich schlage Ihnen vor, nun eine **positive Formulierung für jeden gefundenen Befehlssatz** zu finden und diese in Ihr ESPERE-Heft zu schreiben. Auch wenn Sie sich damit heute vielleicht noch nicht identifizieren können, beginnen Sie auf diese Weise, ein neues, wohltuendes Bild von sich zu erschaffen. Sie können diese positiven Sätze ebenfalls auf ein Blatt schreiben und diesem einen sichtbaren Platz in Ihrer Wohnung geben. Eine positive Formulierung oder Affirmation zum Beispiel zu „Lass andere nicht zu nah an dich heran! Sonst wirst du doch nur verletzt" wäre: „Ich erlebe die Nähe zu anderen Menschen als wohltuend und fühle mich sicher mit ihnen." Der Befehlssatz „Du hättest ein Junge/ein Mädchen sein sollen!" lässt sich umformulieren in: „Ich fühle mich vollkommen richtig und wohl als Mann/als Frau." Martina, deren Mutter in der Fallgeschichte immer wieder sagte, „Du bist zu schwach, um Ärztin zu werden", könnte positiv formulieren: „Ich habe die nötige Kraft und alle Fähigkeiten, um eine gute Ärztin zu sein." Wenn es Ihnen schwerfällt, die für Sie richtige Formulierung zu finden, können Sie auch eine Freundin, die Partnerin oder den Partner oder einen anderen vertrauten Menschen bitten, Ihnen dabei zu helfen[17].

d) **„Neue" Befehlssätze und negative Botschaften loslassen:** Nicht nur während unserer Kindheit kommen negative Botschaften in Form von Befehlssätzen, Vergleichen, Abwertungen und Schuldzuweisungen durch den Kommunikationskanal zu uns. Auch im heutigen Alltag erleben wir dies häufig. Das Beziehungskonzept der Methode ESPERE zeigt uns, dass wir Botschaften, die uns verletzen können, nicht mehr annehmen oder behalten müssen. Wir können sie direkt symbolisch demjenigen zurückgeben, der sie ausgesendet hat.

Konkret bedeutet dies: Wenn jemand Ihnen etwas sagt, das unangenehm oder verletzend für Sie ist, können sie diesen Satz direkt oder auch nachträglich aufschreiben und der Person zurückgeben, die ihn aussprach. Dies kann beispielsweise mit den Worten geschehen: „Dieser Satz, den du (gerade, gestern ...) gesagt hast, war nicht gut für mich/ hat mich verletzt. Ich will ihn nicht behalten und gebe ihn dir zurück." In den meisten Fällen – und vor allem dann, wenn keine böse Absicht dahintersteckte – werden Sie erfahrungsgemäß eine überraschte, aber meist positive Reaktion auf diese symbolische Rückgabe erhalten. Vor allem Kinder sind oft besonders erleichtert, wenn sie dieses „Werkzeug" kennenlernen und in ihr Leben integrieren können. Sie haben plötzlich eine Möglichkeit bekommen, aus ihrer Machtlosigkeit gegenüber Verletzungen herauszutreten und aktiv das, was nicht gut für sie war, (symbolisch) zurückgeben zu können.

Schritt 2: Das Wichtigste in Kürze

Zur Identifizierung und zum Loslassen alter Sprachanteile:

- Im zweiten Übungsschritt haben Sie gelernt, **zwingende Befehlssätze**, **Abwertungen** und **Schuldzuweisungen** in Ihrem Leben zu identifizieren und zu erkennen, wie sie vermieden werden können. Dabei haben Sie vielleicht festgestellt, dass diese Beziehungssaboteure „alte Bekannte" sind, die oft wie eine zweite Haut an uns kleben.
- Wir brauchen viel Verständnis und Geduld mit uns selbst, um diese schädigenden alten Sprachanteile seltener zu benutzen. Dabei hilft es, aufmerksam unseren Umgang mit anderen und mit uns selbst zu beobachten und unsere Beobachtungen regelmäßig aufzuschreiben.
- Eine erste wohltuende Übung, uns von alten, verinnerlichten Befehlssätzen zu befreien, ist, sie zu notieren und zu dem für uns richtigen Zeitpunkt loszulassen.

Was Sie erfahren konnten:

Für Ihre Beziehungen zu anderen Menschen:

Wenn Sie die Beziehungssaboteure bewusst seltener anwenden, verbessern Sie eindeutig die Qualität Ihrer Beziehungen. Ihre Mitmenschen können Ihnen mehr Vertrauen schenken und werden sich wohler mit Ihnen fühlen. Durch Vermeiden von Befehlssätzen, Abwertungen und Schuldzuweisungen stärken Sie auch das Selbstvertrauen Ihrer Mitmenschen.

Für Ihre Beziehung zu sich selbst:

Indem Sie lernen, die Beziehungssaboteure durch Ich-Botschaften zu ersetzen und von sich und dem, was Sie fühlen, zu sprechen, beginnen Sie achtungsvoller mit sich und mit den anderen umzugehen. Wenn Sie alte Befehlssätze loslassen, fangen Sie einen heilsamen Prozess an, sich von alten Lasten und Blockaden zu befreien.

Schritt 3: Alte Sprachanteile vermeiden, die Ihre Beziehungen bedrohen

In diesem Kapitel erfahren Sie ...

- wie Sie **Drohungen** und **gefühlsmäßige Erpressungen** identifizieren können, die Ihre Beziehungen zu anderen belasten;
- was Sie tun können, um Drohungen und gefühlsmäßige Erpressungen zu vermeiden und zu verstehen, warum sie benutzt werden;
- wie wichtig es ist, dass Sie sich selbst für jede Anstrengung und jeden Erfolg loben, wenn es Ihnen gelingt, Beziehungssaboteure nicht zu verwenden;
- wie notwendig es ist, Geduld mit Ihrem eigenen Verhalten und dem Verhalten anderer zu haben.

Wirkliche oder erfundene Drohungen

Vielen von uns ist folgende Situation gut bekannt: Unser Kind, unsere Partnerin oder ein anderer uns sehr nahestehender Mensch will partout nicht machen, was wir für unbedingt notwendig, wichtig und richtig halten. Wir werden ärgerlich oder fühlen uns verzweifelt. Wie oft erscheint es uns dann als einzige Lösung, mit einer Drohung Druck auszuüben, um unseren Willen durchzusetzen. Besonders häufig werden Drohungen von verärgerten Eltern als Mittel gegenüber ihren „ungehorsamen" Kindern eingesetzt: „Wenn du nicht in zehn Minuten dein Zimmer aufgeräumt hast, darfst du das ganze Wochenende kein Fernsehen schauen." Oder: „Du hast ja schon wieder zehn Fehler in deinem Diktat. Wenn du dir nicht mehr Mühe gibst, wirst du sitzen bleiben!" Und: „Wenn du mir jetzt nicht hilfst, gehst du morgen auch nicht ins Kino." Besonders schlimm für Kinder sind die Drohungen mit Zeitbombeneffekt: „Warte nur, bis dein Vater heimkommt, dann wirst du schon sehen, was dir blüht!" Aber auch in anderen Beziehungen werden Drohungen oft eingesetzt. In der Paarbeziehung kann zum Beispiel die Frau zu ihrem Mann sagen: „Du bist ja sowieso nie da, wenn ich dich brauche. Du wirst schon sehen, was passieren wird." Und auf der Arbeit unter Kolleginnen: „Du solltest ordentlicher arbeiten, sonst bekommst du schon wieder Schwierigkeiten mit dem Chef."

Jacques Salomé weist darauf hin, wie wichtig es ist zu lernen, trotz eines Gefühls der Hilflosigkeit und Frustration nicht zu versuchen, Interessenskonflikte mit Drohungen lösen zu wollen. Denn mit Drohungen bremsen wir die freie Entfaltung und Ausdruckskraft unseres Gegenübers, verringern seine Lebensfreude und Vitalität und halten Abhängigkeiten aufrecht. Besonders für Kinder ist es schwierig, mit Drohungen umzugehen. Aus Angst vor der angedrohten Konsequenz vermeiden sie es, Neues zu entdecken, und gehen ihren Weg in die Selbständigkeit nur zögernd. Es fällt ihnen oft auch schwer, zwischen echten Gefahren und übertriebenen, erfundenen und unklaren Konsequenzen des eigenen Handelns zu unterscheiden. Dies führt zu einer zusätzlichen Verunsicherung. Menschen, die regelmäßig mit Drohungen konfrontiert werden, verlieren leicht an Selbstvertrauen.

Drohungen stellen eine Möglichkeit dar, nicht von sich selbst reden zu müssen. Solange ich meinem Gegenüber Angst mache, vermeide ich es, von dem zu sprechen, was sein Verhalten bei mir auslöst. Ebenso wie die Benutzung der Beziehungssaboteure aus dem zweiten Übungsschritt durch die Anwendung von Ich-Botschaften eingeschränkt werden kann, helfen Ich-Botschaften, Drohungen zu vermeiden. Auch hier ist es wichtig, dass wir uns klarmachen, was das Verhalten des anderen in uns auslöst.

Eine Mutter sagt zum Beispiel zu ihrer 16-jährigen Tochter: „Wenn du heute Abend nicht pünktlich um zehn Uhr zu Hause bist, hast du den ganzen Monat Ausgehverbot!" Meistens stecken hinter derartigen Drohungen die Ängste der Eltern, dass ihrem Kind etwas passie-

ren könnte. Sie machen sich Sorgen, wenn es abends ohne Erwachsene unterwegs ist. Statt zu drohen, könnte die Mutter mit einer Ich-Botschaft sagen: „Es macht mir Angst, wenn du abends im Dunkeln unterwegs bist, auch wenn deine Freunde bei dir sind. Wenn du zur verabredeten Zeit nach Hause kommst, fühle ich mich erleichtert ..."

Wir haben gesehen, dass wir oft Drohungen benutzen, um unsere eigenen Schwierigkeiten und Ängste besser zu verstecken. Wenn wir nun einen Schritt weitergehen, ist es hilfreich, sich klarzumachen, dass hinter unseren Schwierigkeiten und Ängsten ein Wunsch steht. Bei dem vorangegangenen Beispiel versteckt sich hinter der Angst der Mutter, dass ihrer Tochter im Dunkeln etwas passieren könnte, folgender Wunsch: Sie möchte, dass es ihrer Tochter gut geht und ihr nichts Unangenehmes oder Gefährliches passiert. Zusätzlich zu der Möglichkeit, mit einer Ich-Botschaft zu ihrer Tochter von ihrer Angst zu sprechen, könnte die Mutter in dieser Situation ihren Wunsch, dass es ihrer Tochter immer gut geht und sie in Sicherheit ist, mit einem schönen Gegenstand symbolisch darstellen. Diesen Gegenstand könnte sie ihrer Tochter zeigen und ihr damit klar ihren wertvollen Wunsch mitteilen.

Die Beziehungshygiene-Regel zu diesem Thema lautet:

ESPERE-Beziehungshygiene-Regel:

Hinter jeder Angst versteckt sich ein Wunsch. Indem ich mich mit meinem Wunsch verbinde, stärke ich meine positiven Kräfte und meine Fähigkeit, Lösungen zu finden.

Diese Beziehungshygiene-Regel kann für Sie in allen Bereichen Ihres Lebens wertvoll und stärkend sein: Wann immer Sie feststellen, dass Sie eine sehr beunruhigende Befürchtung oder eine große Angst in sich spüren, schlage ich Ihnen vor, diese umgekehrt als Wunsch zu formulieren. Beispiel: Ein Vater oder eine Mutter machen sich große Sorgen, dass ihr Kind in der Schule nicht mitkommt oder bei einer wichtigen

Prüfung versagt. Anstatt sich mit ihrer Befürchtung zu beschäftigen, können sie sich selbst und ihr Kind stärken und beruhigen, indem sie ihre Angst als Wunsch formulieren: „Ich habe den Wunsch, dass mein Kind (Sonja, Ralf, Tom ...) in der Schule gut mitkommt (die Prüfung besteht/ wieder schnell gesund wird/ es auf der Reise nach ... sicher ankommt ...)." Verstärkt wird diese Umformulierung einer Angst in einen Wunsch, wenn der Wunsch zusätzlich symbolisch dargestellt und sich um das Symbol aufmerksam gekümmert wird (sehen Sie dazu bitte auch die ESPERE-Übungen in Kapitel 9).

Gefühlsmäßige Erpressungen

Es braucht erfahrungsgemäß oft eine längere Übungszeit, um Drohungen nicht mehr oder nur noch selten zu benutzen. Wenn wir nicht mehr weiterwissen, ist uns eine Drohung oder eine andere Form, Druck auf einen anderen auszuüben, schnell rausgerutscht. Leichter ist es, die subtile Form der Drohung, die so genannte gefühlsmäßige Erpressung zu vermeiden. Dafür müssen wir uns ihre extreme Beziehungsschädlichkeit bewusst machen. Bei der gefühlsmäßigen Erpressung wird versucht, Gefühle der Zuneigung und Liebe von nahestehenden Menschen auszunutzen, um das von uns Gewünschte zu erreichen.

Eltern können zum Beispiel zu ihrem Kind sagen: „Wenn du mich wirklich liebtest, würdest du dir mehr Mühe geben ..." Oder: „Wenn du besser in der Schule mitmachen würdest, könnte dein Vater stolz auf dich sein und es würde uns allen besser gehen ..." Die gefühlsmäßige Erpressung ist eine weitere Methode des Blind-Taub-Systems SAPPE, Einfluss auf die Wünsche, Entscheidungen und das „unbequeme" Verhalten anderer auszuüben. Auch hier ist es besonders für Kinder schwierig zu wissen, ob sie nun wirklich Gefahr laufen, die Liebe ihrer Mama oder ihres Papas zu verlieren oder nicht, wenn diese zum Beispiel sagen: „Wenn du lieb bist, bringst du den Müll raus." Was fängt zum Beispiel ein sechsjähriges Kind mit einer solchen Botschaft an? Es kann sich in seinem kleinen Kopf fragen: „Was ist, wenn ich den Müll nicht rausbringe? Bin ich dann nicht mehr lieb? Lieben mich Mama und Papa dann nicht mehr?" Noch wahrscheinlicher ist es, dass sich das Kind diese Frage stellt, wenn die Eltern dem Kind zum Beispiel sagen: „Wenn du mir jetzt nicht hilfst, brauchst du nachher auch nicht zum Schmusen zu kommen ..." Das Kind wird durch die Botschaft – „Wenn du nicht machst, was ich will, entziehe ich dir Zärtlichkeit, Zuwendung, Liebe ..." – stark verunsichert.

Menschen, die durch gefühlsmäßige Erpressung unter Druck gesetzt werden, entwickeln oft starke Schuldgefühle, wenn sie ihre eigenen Wünsche realisieren wollen. Solch eine Konfliktsituation kann beispielsweise entstehen, wenn das Kind einen Beruf ergreifen will, den die Eltern ablehnen. In einem anderen Beispiel könnte ein Vater, der es nicht erträgt, dass sich seine Tochter mit einem Mann verheiraten will, den er ablehnt, sagen: „Wenn du diesen Mann heiratest, brauchst du zu mir nicht mehr zu kommen." Er gibt ihr mit diesen Worten zu verstehen, dass sie die Liebe ihres Vaters verlieren wird, wenn sie diesen Mann heiraten wird. Oft steht hinter solchen Aussagen der unausgesprochene Wunsch, die Tochter für sich behalten zu wollen.

Dies ist eine scheinbar aussichtslose Situation, denn die Tochter will sich ja weder gegen ihren Vater noch gegen den Mann entscheiden, mit dem sie eine eigene Familie gründen will. Im weiteren Verlauf des Buches werden wir Möglichkeiten kennenlernen, mit einer derart schwierigen Situation einfühlsam umzugehen. Hier kann insbesondere helfen, wenn die Tochter ihrem Vater einfühlsam einen Spiegel vorhalten könnte. Sie könnte zu ihm sagen: „Papa, ich habe gehört, dass du mich nicht mehr als deine Tochter ansiehst, wenn ich jemanden heirate, der dir nicht gefällt. Für mich aber bleibst du weiterhin mein Vater, den ich liebe!"

Wir werden auf diesen Konflikt zwischen dem Bedürfnis nach Zustimmung durch einen anderen Menschen und dem Bedürfnis, uns selbst treu zu bleiben, im siebten Übungsschritt zurückkommen. Hier möchte ich dazu nur sagen, dass wir mit Hilfe einer einfühlsamen Bestätigung[18] einem Menschen, der versucht, uns gefühlsmäßig zu erpressen, Verständnis für seine heftige Reaktion und starken emotionalen Äußerungen entgegenbringen können. Das bedeutet jedoch nicht, dass wir sie uns als Last auf die eigenen Schultern laden. Im Beispiel der Eltern, die ihr Kind dazu bringen wollen, mehr im Haushalt mitzuhelfen, möchte ich vorschlagen, keine Form von Handel irgendeiner Art zu versuchen. Eine klare Aussage, „Ich möchte, dass du heute den Tisch abräumst", und ein gemeinsam abgesprochener Rahmen (wer welche Aufgaben im Zusammenleben übernimmt) erlauben einem Kind, ohne Drohungen und Liebesentzug seine eigene Rolle und Verantwortung in der Familie deutlicher zu sehen und sich damit auseinanderzusetzen.

Fallgeschichte

Der zwölfjährige Ralf versteckte schnell sein spannendes Karl May-Buch unter der Bettdecke, als er hörte, wie seine Mutter die Treppe hoch zu seinem Zimmer kam. Als sie die Tür aufmachte, blätterte er scheinbar höchst interessiert in der Sportzeitschrift, die sein Vater auf sein Bett gelegt hatte. „Hör mal Ralf, dein Vater hat mir gesagt, dass du heute beim Training wieder nicht richtig mitgemacht hast. Er ist sehr unzufrieden mit deinen Laufzeiten." Ralf schaute unwillig auf: „Mama, ich habe einfach keine Lust, jeden Tag mit Papa und Armin zum Leichtathletiktraining zu gehen. Warum reicht es euch nicht, wenn Armin ein großer Sportler wird? Ihm gefällt es und er ist auch gut – im Gegensatz zu mir!" Seine Mutter antwortete ihm ärgerlich: „Ach Ralf, sei doch mal ein guter Junge. Du weißt doch, wie wichtig es deinem Vater ist, dass wenigstens seine beiden Söhne erfolgreiche Sportler werden. Ihr müsst das für ihn tun, sonst kommt er über seine Enttäuschung nie hinweg!" Der Vater von Ralf und seinem 16-jährigen Bruder Armin war vor vielen Jahren ein hochbegabter Sportler gewesen, der sich in Leichtathletik für die Olympischen Spiele qualifiziert hatte. Ein schwerer Autounfall hatte ihm jedoch kurz vor Beginn der Spiele seine ganzen Träume zerstört. Er war so stark verletzt worden, dass er an keinen Wettbewerben mehr teilnehmen konnte. Danach hatte er seine eigenen Wünsche auf seine beiden Söhne übertragen und ertrug es nur schwer, dass sein Jüngster ganz andere Interessen zu haben schien. Ralf liebte es, stundenlang zu lesen, Musik zu hören oder mit seinen Schulfreunden zu spielen. Da sein Vater dafür aber kein Verständnis hatte, las er meistens heimlich und sparte sein Taschengeld, um neue Bände zu kaufen. Sein Vater hielt Ralf sein „unsportliches Verhalten" vor. Er versuchte alles, um ihn zu motivieren und anzutreiben: „Versuch doch endlich einmal auch nur halb so gut beim Training mitzumachen wie dein Bruder! Hast du gesehen, wie schnell er ist?" Er drohte ihm sogar: „Wenn du dir nicht mehr Mühe gibst, nehme ich dir deine Bücher weg und du gehst auch nicht mehr zu deinen Freunden ..." Auch seine Mutter wollte nicht wahrhaben, dass Ralf ganz andere Interessen und Talente hatte, als ein großer Sportler zu werden. Sie versuchte oft, ihn auf subtile Art und Weise zu beeinflussen: „Wenn du mich lieb hast, dann gibst du dir beim nächsten Training mehr Mühe! Tu es für mich und für deinen armen Vater. Wenn du beim nächsten Wettlauf wenigstens unter den ersten drei bist, kaufe ich dir als Belohnung meinetwegen auch das teure Buch, das du seit Langem haben willst ..."

Je älter er wurde, desto mehr verlor Ralf das Vertrauen in seine Eltern. Er konnte ihren Forderungen, die so gar nicht seinen eigenen Fähigkeiten und Wünschen entsprachen, einfach nicht nachkommen. Sie wiederum wollten nicht akzeptieren, dass aus ihrem Sohn ein Intellektueller wurde, der sich nur für Bücher interessierte. Mit 18 Jahren zog Ralf weg von zu Hause und begann, in einer Buchhandlung als Aushilfe zu arbeiten. Er hatte kein Vertrauen in seine Fähigkeiten, eine erfolgreiche berufliche Laufbahn einschlagen zu können, die ihm lag. Tief in sich behielt er jedoch die Hoffnung, eines Tages Hilfe zu finden, um seinen eigenen Weg finden zu können. Bei seinem besten Schulfreund hatte er erlebt, dass es auch Eltern gab, die ihre Kinder einfühlsam dabei unterstützten, ihre eigenen Talente zu entdecken und zu verwirklichen. Sein Freund hatte, von seinen Eltern ermutigt, begeistert eine Künstlerlaufbahn eingeschlagen ...

ESPERE-Übungsteil

Wie Sie vielleicht schon bei den Übungen im vorhergehenden Kapitel gemerkt haben, fällt es uns manchmal schwer zu akzeptieren, dass das Loslassen altbekannter Beziehungssaboteure trotz unseres guten Willens nicht so schnell gelingt. Erfahrungsgemäß gelingt es uns besser, Veränderungen in unserem Leben zu bewirken und Durchhaltevermögen zu entwickeln, wenn wir uns mit möglichst viel Geduld und Verständnis begegnen und uns regelmäßig Mut zusprechen. Aus diesem Grund wiederhole ich auch in diesem Kapitel nochmals meine Bitte an Sie, daran zu denken, sich auch für kleine Fortschritte ehrlich zu loben – anstatt nur zu sehen, was alles noch nicht so gut klappt, wie Sie es gern hätten.

Übung 9: Drohungen und gefühlsmäßige Erpressungen im Alltag entdecken

a) Legen Sie bitte in Ihren ESPERE-Unterlagen eine neue Tabelle für Ihre Beobachtungen in Ihrem persönlichen Alltag an, diesmal mit Spalten für Drohungen und gefühlsmäßige Erpressungen (s. folgende Tabelle). Ich schlage Ihnen auch hier wieder vor, für diese Übung drei oder vier für Sie gerade wichtige Beziehungen sowie Ihre Fokusbeziehung auszuwählen. Auch hier gilt wieder: Falls Sie Ihre Fokusperson regelmäßig treffen, können Sie sie in Ihrer Tabelle zur Übung a) an jedem Wochentag durch eine eigene Zeile („Fokusbeziehung", siehe Tabellenbeispiel) berücksichtigen. Auf diese Weise können Sie sehen, wie häufig Sie, im Vergleich zu Ihren anderen zwischenmenschlichen Beziehungen, in der Kommunikation mit Ihrer Fokusperson Beziehungssaboteure benutzen. Sie können natürlich auch mit jenen Menschen weiterarbeiten, die Sie schon aus den vergangenen Übungen besser kennengelernt haben. Notieren Sie bitte wieder während mehrerer Wochen in den jeweiligen Spalten möglichst häufig, wann und mit welchen Aussagen Sie Drohungen oder auch gefühlsmäßige Erpressungen mit anderen Menschen benutzen.

Tabellenbeispiel:

Datum	Drohung	Gefühlsmäßige Erpressung
15. Oktober	Zu Lisa: „Wenn du deine Sachen in zehn Minuten nicht weggeräumt hast, bleibst du heute Abend in deinem Zimmer." Frust über ihre ständige Unordnung!	
Fokusbeziehung		
17. Oktober	Mit meiner Kollegin: „Wenn du mir weiterhin alle Anfragen auf meinen Schreibtisch legst, muss ich wohl mal mit unserer Chefin darüber sprechen. So kann es nicht weitergehen."	Als Lisa heute einfach nicht aufgehört hat, in ihrem Zimmer die Musik aufzudrehen – ich hatte sie mehrfach gebeten aufzuhören –, hatte ich danach keine Lust mehr, mit ihr zu sprechen und auf ihre Probleme einzugehen ...
Fokusbeziehung		

b) Wenn Ihnen gerade bewusst geworden ist, dass Sie Drohungen oder Erpressungen benutzt haben, versuchen Sie bitte Ihre Emotionen zu beobachten und zu benennen. Achten Sie auch auf die Reaktion Ihres Gegenübers darauf. Gelingt es Ihnen, Ihre Beobachtung der Reaktion ohne Wertung aufzuschreiben? Sie können als Hilfe für diese Übung auch die Liste der möglichen Emotionen im Anhang benutzen (s. Seite 236).

Tabellenbeispiel:

Datum	Drohung	Gefühlsmäßige Erpressung	Wie ich mich dabei fühle	Wie die andere reagiert
17. August				
18. August				
19. August				
20. August				

Übung 10: Drohungen und gefühlsmäßige Erpressungen ersetzen

Wenn Sie an dieser Stelle angekommen sind, haben Sie wahrscheinlich inzwischen einige Übung darin, Drohungen oder gefühlsmäßige Erpressungen in Ihrem Miteinander aufzuspüren. Im Folgenden geht es darum, sie in bestimmten Situationen mit Ihrer Partnerin, einem Kind, Kollegen ... zu vermeiden. Dies bedeutet zu Anfang, dass Sie lernen müssen, etwas schneller „als Ihr Schatten" zu reagieren. Wenn Sie in einer Konfliktsituation merken, dass Sie zum Beispiel eine Drohung benutzen wollen, um den anderen zum Einlenken zu bewegen, versuchen Sie bitte, innezuhalten. Versuchen Sie, es nicht zu tun, auch wenn es nicht leichtfällt! Sie können zur Erinnerung an Ihren Vorsatz, keine Beziehungssaboteure zu benutzen, auch einen Beziehungsschal mitnehmen. Er kann Ihnen dabei helfen, auf Ihrer Seite der Beziehung zu bleiben (vergleiche Übung 3 zum Beziehungsschal Seite 55).

Wenn es Ihnen möglich erscheint, auf Druck und Drohung zu verzichten, zum Beispiel, wenn Sie Ihr Kind zum Aufräumen seines Zimmers bewegen wollen, gibt es verschiedene Möglichkeiten für das weitere Vorgehen:

a) **Sie beenden zunächst einmal ohne Diskussion die Auseinandersetzung** und lassen Ihrem Gegenüber die Möglichkeit sich so zu verhalten, wie er es vorhatte. Dies beendet den Konflikt vorübergehend, löst ihn aber nicht auf.

b) **Sie geben eine klare Anordnung** oder drücken Ihren Wunsch deutlich aus („Ich möchte, dass du heute den Tisch abräumst." Oder: „Bringst du bitte heute die Kinder ins Bett ...").

c) **Sie sprechen in den Ihnen gerade zur Verfügung stehenden Worten davon, wie Sie sich fühlen,** von Ihrem Ärger, Ihrem Frust, Ihrer Enttäuschung, Ihren Erwartungen, Ihren eigenen Grenzen ...

d) **Sie identifizieren Ihren Wunsch, der sich hinter der als Drohung formulierten Angst versteckt,** und teilen diesen mit.

e) **Sie benutzen die externe Visualisierung:** Wählen Sie einen Gegenstand aus, um Ihre Emotionen darzustellen. So können Sie Ihrem Gegenüber Ihren Ärger oder Ihre Enttäuschung zeigen („Diese Kiste/diese Vase/dieser Stuhl ... steht für meinen Ärger über dein Verhalten/über den Lärm, mit dem du nicht aufhörst/darüber, dass du dir keine Zeit nimmst, mir zuzuhören ...").

Wenn Sie feststellen, dass im Kontakt mit bestimmten Personen aus Ihrem Beziehungskreis Sie oder Ihr Gegenüber häufig Kommunikationssaboteure benutzen, sollten Sie behutsam versuchen, ein einfühlsames Gespräch zu diesem Thema mit der jeweiligen Person anzufangen. Benutzen Sie dabei Ich-Botschaften und laden Sie Ihr Gegenüber ein, ebenfalls von sich zu sprechen.

Mein Tipp: Wann immer Sie mit einem Ihrer Mitmenschen ein einfühlsames Gespräch suchen, erinnern Sie sich möglichst an einige grundlegende Dialogregeln. Dazu gehört unter anderem, aufmerksam darauf zu achten, wann der richtige Zeitpunkt ist, dass Ihnen Ihr Gegenüber wirklich zuhören und ein ungestörter Austausch stattfinden kann. Sprechen Sie möglichst erst dann, wenn Ihr Gegenüber seine Gesprächsbereitschaft zeigt: Er unterbricht seine vorherige Beschäftigung, schaut Sie an und hält Blickkontakt ... Solange die Person, mit der Sie sich austauschen wollen, gedanklich oder durch eine körperliche Tätigkeit anderwärtig beschäftigt ist, kann sie sich wahrscheinlich nur schwierig auf Ihr Anliegen konzentrieren.

Dies ist eine der Grundregeln, die allgemein für den Austausch mit anderen Menschen gelten. Zusätzlich dazu gibt es in jeder Beziehung individuelle Hinweise, die es Ihnen erleichtern, mit einer bestimmten Person in einen einfühlsameren Kontakt zu kommen. Die Beobachtung der individuellen Eigenheiten Ihrer jeweiligen Beziehungspartnerin kann Ihnen helfen, einen derartigen Kontakt leichter herzustellen. Gelingt es Ihnen trotz mehrfacher Versuche nicht, die Aufmerksamkeit Ihres Gegenübers zu gewinnen, schlage ich Ihnen vor, die externe Visualisierung zu benutzen: Wählen Sie dazu bitte einen Gegenstand, der Ihren Wunsch darstellt, die Aufmerksamkeit Ihres Gesprächspartners zu bekommen. Zeigen Sie ihm freundlich Ihren Gegenstand, beispielsweise mit den Worten: „Dieses Buch (dieses Mikrofon, diese Zeitschrift ...) stellt meinen Wunsch dar, mit dir zu sprechen und dass du mir aufmerksam zuhörst. Ich bitte dich mir zu sagen, ob du mir jetzt oder zu einem späteren Zeitpunkt zehn Minuten zuhören kannst ..." Probieren Sie es doch einmal aus. Der von Ihnen als externe Visualisierung gezeigte Gegenstand erhöht deutlich die Wahrscheinlichkeit, dass Sie die Aufmerksamkeit Ihres Gegenübers auf friedliche Art und Weise gewinnen können!

* * *

IHRE FOKUSBEZIEHUNG und FOKUSPERSON

Auch in diesem Kapitel schlage ich Ihnen vor, bei allen Übungen Ihre Fokusbeziehung besonders zu berücksichtigen. Schreiben Sie bitte auf, ob in Ihrem Austausch mit Ihrer Fokusperson Drohungen und gefühlsmäßige Erpressungen auftauchen und wer sie wann und in welcher Situation benutzt. Welche Emotionen beobachten Sie bei sich und auch bei Ihrer Fokusperson, wenn in Ihrer Beziehung negative Botschaften mit Hilfe von Drohungen oder gefühlsmäßigen Erpressungen ausgetauscht werden? Nach Durchführung der Beobachtungen und Übungen im zweiten und dritten Übungsschritt können Sie erneut die Qualität Ihre Fokusbeziehung werten.

Welchen Qualitätswert (1–10) geben Sie heute Ihrer Fokusbeziehung? Bitte kreuzen Sie an:

Hat sich etwas an Ihrer vorherigen Einschätzung geändert? Versuchen Sie dieser möglichen Änderung auf den Grund zu gehen. Was war die Ursache?

* * *

In den Übungen des zweiten und dritten Übungsschritts ging es darum zu lernen, die schädigenden Anteile Ihrer alten Sprache immer schneller zu entdecken und immer seltener zu gebrauchen. Die angebotenen Übungen ermöglichen Ihnen erste wichtige Schritte, aus der Welt des Blind-Taub-Systems SAPPE herauszutreten und in die Welt des Homo ESPERUS einzutreten.

Schritt 3: Das Wichtigste in Kürze

Zur Identifizierung und zum Loslassen alter Sprachanteile:

- Im dritten Übungsschritt ging es um die **Drohungen** und **gefühlsmäßigen Erpressungen**, die unsere zwischenmenschlichen Beziehungen belasten. Sie schwächen besonders stark das Vertrauen von Kindern in ihre Eltern und in andere Bezugspersonen sowie das kindliche Selbstvertrauen.
- Drohungen sind oft mit Schwierigkeiten und Ängsten verbunden, für die wir keinen anderen Ausdruck gefunden haben. Es ist hilfreich, den Wunsch, der hinter einer Angst steht, zu identifizieren, zu benennen und darzustellen.
- Menschen, die durch Drohungen und gefühlsmäßige Erpressung Druck auf andere ausüben, sehen oft keine andere Möglichkeit, eine Verhaltensänderung bei ihrem Gegenüber zu erreichen. Sie vermeiden, von sich selbst und ihren Emotionen und Gefühlen zu sprechen.
- Es ist wichtig zu lernen, die eigenen Emotionen zu identifizieren und verbal durch Ich-Botschaften oder durch eine externe Visualisierung gewaltfrei mitzuteilen.

Was Sie erfahren konnten:

Für Ihre Beziehungen zu anderen Menschen:

Je häufiger Sie in Konfliktsituationen von Ihren eigenen Emotionen sprechen und diese zeigen können, desto seltener fühlen sich andere durch Sie bedroht und unter Druck gesetzt. Wenn Sie es lernen, Ihre Mitmenschen auf deren Emotionen anzusprechen, fällt es beiden Seiten leichter, auf Beziehungssaboteure zu verzichten. Die Qualität Ihrer Beziehungen ändert sich dadurch wohltuend.

Für Ihre Beziehung zu sich selbst:

Indem Sie versuchen, auf Ihrer Seite der Beziehung zu bleiben und andere nicht mit Drohungen oder gefühlsmäßigen Erpressungen verändern zu wollen, übernehmen Sie eine größere Verantwortung für Ihr Leben. Das Wahrnehmen und Zulassen Ihrer Emotionen ist eine wichtige Vorbereitung auf eine vertiefende Arbeit mit der Methode ESPERE.

Schritt 4: Zwischen einer Person und ihrem Verhalten unterscheiden

In diesem Kapitel erfahren Sie ...

⇢ warum es wichtig ist, zwischen einer Person und ihrem Verhalten zu unterscheiden, und was dies bedeutet;

⇢ wie Sie in der Sprache der Einfühlsamen Kommunikation zwischen Subjekt (auf die Person bezogen) und Objekt (auf das angesprochene Thema bezogen) zu unterscheiden lernen;

⇢ dass Sie einen verständnisvollen Kontakt mit sich selbst aufbauen können, wenn Sie sich nicht mit Ihrem eigenen Verhalten verwechseln.

Die Person und ihr Verhalten unterscheiden

Haben Sie schon einmal erlebt, wie eng befreundete kleine Mädchen nach einem heftigen Streit zuweilen sehr ärgerlich zueinander sagen: „Du bist nicht mehr meine Freundin!" Meistens hatte eines der beiden Mädchen etwas gesagt oder getan, das ihre Freundin verletzt oder sehr ärgerlich gemacht hat. Oder zwei befreundete Jungen spielen miteinander und streiten sich während eines Spiels oder beschimpfen sich gegenseitig. Und später erzählt der Junge seinen Eltern: „Mit dem will ich nichts mehr zu tun haben. Der ist ja so blöd." Was ist geschehen? Anlass des Streits ist das, was der Freund oder die Freundin gesagt oder getan hat. Es handelt sich also um ein unangenehmes oder verletzendes Verhalten. Dennoch lehnen die Kinder in dem Moment, in dem sie sich verletzt oder ärgerlich fühlen, nicht nur das Verhalten des Freundes oder der Freundin ab. Die Worte „Ich will nicht mehr sein Freund sein" machen deutlich, dass die Kinder in diesem Moment die ganze Person ihres Freundes ablehnen. Sie verwechseln ihn als Menschen mit seinem gerade als unangenehm oder unerträglich erlebten Verhalten.

Kinder verhalten sich untereinander, wie sie es von ihren Eltern und anderen Erwachsenen gelernt und abgeschaut haben. Wie oft bekommen sie in unserem Blind-Taub-System von klein auf abwertende Aussagen über ihre Person zu hören, zum Beispiel: „Du bist aber wirklich dumm. Kannst du nicht besser aufpassen?" Oder: „Du bist aber gar nicht lieb" – nur weil die Eltern sich vielleicht gerade darüber geärgert haben, dass ihr Kind ihrer Aufforderung nicht direkt Folge leistet. Oder nehmen wir den Lehrer, der den Eltern ein vernichtendes Urteil über ihr Kind mitteilt: „Ihr Sohn ist unaufmerksam, unkonzentriert, unselbstständig und langsam." Und obwohl derselbe Junge zu Hause stundenlang konzentriert und aufmerksam zum Beispiel mit Lego komplette Landschaften aufbaut und überaus schnell und geschickt Fußball spielt, kommen die Eltern nicht auf die Idee, diese Abwertung ihres Sohnes als Person durch seinen Lehrer in Frage zu stellen. Wie in zahlreichen anderen alltäglichen Beispielen handelt es sich auch hier um eine Verwechslung zwischen dem, was ein Mensch zu einem bestimmten Zeitpunkt tut, und jenem, was ihn als Person ausmacht. Wie leicht wir Personen mit ihrem Verhalten zumindest sprachlich verwechseln, zeigt unsere Wortwahl gegenüber anderen: Autofahrern, Politikern, Anwälten, Polizisten ... „So ein Idiot" gehört dabei noch zu den harmloseren Varianten.

Die Beziehungshygiene-Regel der Methode ESPERE, die Jacques Salomé dazu aufgestellt hat, lautet:

ESPERE-Beziehungshygiene-Regel:

Ich unterscheide zwischen der Person und ihrem Verhalten (dem, was sie sagt, was sie fühlt, was sie tut …).

Als ESPERE-Sprachregel könnten wir dies auch so ausdrücken: „Ich verwechsle bei meiner Kommunikation mit anderen Menschen nicht Subjekt und Objekt."

Subjekt und Objekt unterscheiden

Obwohl wir alle als Kinder im Deutschunterricht gelernt haben, Subjekt und Objekt nicht zu verwechseln, hat uns niemand beigebracht, Subjekt und Objekt in unserem menschlichen Miteinander zu unterscheiden. In dem Satz „Petra zeigt ein bestimmtes Verhalten (Mutwillen, Dickköpfigkeit, Ärger, Unordentlichkeit …)" ist „Petra" das Subjekt und das „Verhalten" das Objekt. Petra ist eine Person, die vielerlei Verhalten zeigt. Manches gefällt uns, anderes nicht. Wenn wir es lernen, diese wichtige Unterscheidung zwischen der Person und ihrem Verhalten zu machen, verbessern wir die Qualität unserer Beziehungen erheblich. Wir bewirken, dass Mitmenschen sich in unserer Gesellschaft deutlich wohler fühlen, da sie sich von uns nicht mehr (oder seltener) als Person in Frage gestellt sehen.

Merksätze zu der Beziehungshygiene-Regel lauten:

⇢ **Ich unterscheide zwischen der Person und ihrem „physischen" Verhalten.** Ich verwechsle sie nicht mit ihren körperlichen Fähigkeiten oder ihren Behinderungen: Wenn ich mit einer Person zusammen bin, die in einem Rollstuhl sitzt, mache ich mir bewusst, dass diese Person nicht ihre Behinderung ist. Sie ist viel mehr als ihre Unfähigkeit zu gehen. Sie kann zum Beispiel eine verlässliche Freundin sein, die wunderbar zuhören kann, ein sehr geschmackvoller Mensch mit sicherem Stilempfinden, eine begabte Zeichnerin ... Und sie kann ebenso wie alle anderen Menschen, mit denen ich zu tun habe, Dinge tun, die mir besser oder schlechter gefallen.

⇢ **Ich unterscheide zwischen der Person und ihren Emotionen.** Wenn ich den Eindruck habe, dass meine Kollegin oft verschlossen ist, mein Chef ungerecht und mein Kind cholerisch, muss ich mir klarmachen, dass ich mich nur mit einem Teil der vielfältigen Emotionen und Eigenschaften dieser Personen beschäftige. Ein Kind, das ich häufig wütend gesehen habe, ist deshalb nicht ein wütendes Kind. Es ist ein Kind, das zurzeit aus verschiedenen Gründen häufig ein wütendes Verhalten zeigt. Eine Kollegin, die auf der Arbeit verschlossen ist, zeigt damit nur einen Aspekt ihrer möglichen Verhaltensweisen. In ihrer Freizeit kann sie eine fröhliche und mitteilsame Freundin sein ... Ein Chef, der von seinen Mitarbeitern als „ungerecht" angesehen wird, kann mit seinen Kindern ein gerechter und einfühlsamer Vater sein...

⇢ **Ich unterscheide zwischen mir als Person und meinem Verhalten, meinen Emotionen.** Selbst wenn ich bei mir feststelle, dass ich wiederholt Dinge tue, denke oder sage, die mir nicht gefallen, weiß ich, dass ich nicht identisch mit meinem derzeitigen Verhalten bin. Ich kann mir bewusst machen, dass es einen Grund gibt, warum ich mich in bestimmten Situationen auf eine bestimmte (mir unangenehme) Art und Weise verhalte. Und ich kann mich entschließen, Wege zu suchen, die mir helfen, mein Verhalten und meine emotionalen Reaktionen zu verändern. Ich lerne, die Bilder, die ich oder andere von mir gezeichnet haben, loszulassen.

> **Bitte beachten Sie:**
> Wenn Sie sich über ein bestimmtes Verhalten eines anderen Menschen ärgern, zum Beispiel darüber, dass er etwas für Sie Wichtiges vergessen hat, können Sie folgendermaßen reagieren:
>
> a) Sie können sagen: „Du bist total unzuverlässig." **Sie kritisieren damit Ihr Gegenüber als Person.** Das Problem dabei ist: Wenn sich jemand als Person angegriffen fühlt, ist seine normale Reaktion, sich zu schützen und mental „zuzumachen" (zum Beispiel für Argumente nicht mehr erreichbar zu sein) oder zum Gegenangriff überzugehen. Er ist dann nicht mehr in der Lage sich zu fragen, ob und was er vielleicht falsch gemacht hat und wie er damit umgehen soll. Das wäre es aber, was wir in der Regel beim anderen als Reaktion wünschen, erhoffen oder erwarten.
>
> b) **Sie stellen das Verhalten der Person in Frage,** in unserem Beispiel also die Tatsache, dass sie etwas vergessen hat. In diesem Fall kann sie, da sie sich nicht persönlich angegriffen fühlt und deshalb auch nicht als Schutzreaktion „dicht" ge-

> macht hat, sich konstruktiver mit ihrem Verhalten – und Ihrer Kritik dieses Verhaltens – auseinandersetzen, als wenn sie als Person kritisiert wird.
>
> Sehr deutlich ist die Reaktion des „Dicht-Machens" als Schutzreaktion bei Kindern zu beobachten, sobald sie sich als Person angegriffen fühlen. Beobachten Sie einmal, wie ein Kind sich verhält (vor allem seine Körpersprache), wenn ihm jemand sagt: „Du bist unzuverlässig!" Im Allgemeinen kann das Kind nur dann offen auf eine Kritik reagieren, wenn es sinngemäß beispielsweise gesagt bekommt: „Ich habe den Eindruck, dass du dich heute nicht sehr zuverlässig verhalten hast ..."

Fallgeschichten

Gaby ging zitternd und kochend vor Wut auf die Toilette. So wie sie sich gerade fühlte, konnte sie nicht ins Wartezimmer gehen, und die nächste Patientin ins Sprechzimmer bitten. Gerade hatte ihr Chef, der bekannte Zahnarzt Dr. Read, bei dem sie seit einem halben Jahr arbeitete, sie wieder einmal vor ihren Kolleginnen aufs Schärfste kritisiert und beleidigt: „Sie sind völlig unfähig! Nicht einmal das Sprechzimmer können Sie in Ordnung halten! Ständig muss ich meine Instrumente suchen. Wie konnte ich nur jemand so Unzuverlässiges einstellen? Wie Sie zu Ihren guten Zeugnissen gekommen sind, kann ich wirklich nicht verstehen ..." Gaby hatte die Nase gestrichen voll. Sie dachte daran, wie gerne sie kündigen würde. Sie ertrug ihren Chef, der für seine innovativen Behandlungsmethoden weit über die Stadtgrenzen hinaus hoch angesehen war, nicht mehr. Zurzeit bekam er bei jedem auch noch so kleinen Fehler, der Gaby oder ihren zwei Kolleginnen unterlief, einen Wutanfall und schrie sie an. Sobald Patienten da waren, musste für ihn alles reibungslos klappen. Gaby und ihre Kolleginnen hatten Angst vor seinen häufigen sarkastischen Bemerkungen und seinen cholerischen Reaktionen. Sie trauten sich nicht, ihn darauf anzusprechen. Und da es in Gabys Stadt nur wenig Stellen für Zahnarzthelferinnen gab, wagte sie auch nicht zu kündigen. Manchmal, wenn ihr Chef nicht in der Nähe war, beklagte Gaby sich über ihn sogar bei den Patienten: „Er ist total cholerisch, ein richtiges Ekel ... das sich nicht kontrollieren kann und seinen Ärger immer an uns auslässt." Eines Tages erzählt ihr eine Freundin, dass sie ihren Chef gemeinsam mit seiner Frau auf einer Party erlebt habe: „Du wirst es nicht glauben", schwärmte sie. Dein Chef, der berühmte Dr. Read, ist ein wunderbarer Mann. Er hat sich charmant um seine hübsche Frau bemüht und sich mit allen Gästen freundlich und humorvoll unterhalten ..."

Gaby kam zum ersten Mal der Gedanke, dass ihr Chef auch andere Seiten haben könnte als die des cholerischen Arbeitgebers. Sie hatte aber noch nicht begriffen, dass sie auf der Arbeit nur noch das cholerische Verhalten ihres Chefs sah und nicht mehr ihn selbst als Mensch wahrnahm. Ihre Freundin hingegen hatte erkannt, dass Gaby ihre berufliche Situation verändern könnte, wenn sie ihren Chef nicht mehr mit seinem unkontrollierten Verhalten seinen Mitarbeitern gegenüber verwechseln würde. Vielleicht würde sie eines Tages in der Lage sein zu ihm zu sagen: „Herr Doktor, ich habe Sie lange mit Ihrem unberechenbaren und cholerischen Verhalten uns gegenüber verwechselt. Heute tue ich dies nicht mehr, und ich wende mich an Sie als Mensch mit der Bitte, mir zuzuhören …" Sie könnte an dieser Stelle von ihren Emotionen, ihrem Unwohlsein und Ängsten sprechen oder auch die ESPERE-Begleiter externe Visualisierung und Symbolisierung benutzen. Mit Hilfe eines Gegenstands könnte sie ihre Bitte um eine ruhige Unterredung mit ihrem Vorgesetzten visualiseren oder mit einem Symbol ihren Wunsch nach einem rücksichtsvolleren und geduldigeren Umgang mit den Angestellten ausdrücken. Vielleicht wäre es dabei auch möglich, dass sowohl sie als auch ihr Chef sehen könnten, was sich hinter dem cholerischen Verhalten versteckt, beispielsweise die Angst, den hohen Erwartungen als „innovativer Zahnarzt" nicht immer gerecht werden zu können.

Eine Frau, Mutter eines 20-jährigen Sohnes, erzählte während eines Seminars: „Die ersten zwei Monate nach der Geburt meines Sohnes war ich nicht in der Lage, mich um ihn zu kümmern. Ich war deprimiert, fühlte mich ohne Kraft und Freude. Ich dachte, dass irgendetwas nicht mit mir in Ordnung sein müsse, da ich doch voller Freude hätte sein müssen, endlich ein Kind zu haben … Während der gesamten Kindheit meines Sohnes habe ich mich als schlechte Mutter gesehen, und dies nur wegen dieser ersten beiden Monate, wo ich meinem Sohn keine kompetente Mutter sein konnte. Es hatte mir damals auch nicht geholfen, dass mein Arzt mir erklärte, dass viele Mütter nach der Geburt ihres Kindes eine Phase der Depression hätten, den sogenannten Babyblues. Ich sei nicht die einzige Mutter, der es so ergangen sei. Dennoch sah ich mich weiter als eine schlechte Mutter und konnte mir mein Verhalten meinem Sohn gegenüber nicht verzeihen."

Eines Tages, erzählt diese Frau, geschah etwas ganz Besonderes. „Mein Sohn, der mir immer wieder versichert hatte, dass ich für ihn die beste Mutter sei, die er innig liebe, beschloss, an einem Seminar zum Thema Einfühlsame Kommunikation zwischen Eltern und Kindern teilzunehmen. Er hatte die Hoffnung, zu erfahren, wie er mir helfen könnte, mein schlechtes Bild von mir loszulassen. Es hatte ihn in den vergangenen Jahren wohl auch öfter genervt. Er kam freudestrahlend von dem Seminar zurück und verkündete mir: „Mama, du hast dich als Mensch all die Jahre mit deinem Verhalten mir gegenüber als kleines Baby verwechselt. Du bist viel mehr als dein damaliges Verhalten und warst mir immer eine gute Mutter." In diesem Moment wurde mir klar, dass das Bild, das ich 20 Jahre lang von mir hatte, auf zwei Monate ‚ungenügender' Muttergefühle zurückgingen. Und im Zurückdenken an diese Zeit wurde mir auch klar, dass ich selbst während dieser zwei Monate mein Kind nicht etwa vernachlässigt hatte. Ich begann zu sehen, dass ich seit dem dritten Lebensmonat meines Sohnes eine gute, kompetente und liebevolle Mutter für ihn gewesen war. Ich erkannte, wie sehr ich mein Verhalten mit meiner Person verwechselt hatte, und sah, dass ich in mir auch die Fähigkeit habe, mit mir selbst und mit anderen in Einklang zu leben.

Tim kam aus der Schule und zeigte seinen Eltern ganz stolz sein Diktatheft. Er hatte es diesmal geschafft, dieselbe Note wie sein bester Freund zu bekommen, „befriedigend" mit zehn Fehlern. „Da hast du aber wieder ziemlich viele Fehler gemacht!", war der Kommentar seiner Mutter, die gar nicht mitbekommen hatte, wie stolz Tim auf seine Leistung war. Der Lehrer hatte ein schweres Diktat gemacht, bei dem nur wenige Schüler besser abgeschnitten hatten als er. Tim war enttäuscht von der Reaktion seiner Mutter, die nur seine Fehler gesehen hatte und nicht, wie stolz er auf seine besondere Leistung war. Aber er konnte diese Enttäuschung nicht in Worte fassen und sagte nichts.

Tim hatte dieses Mal jedoch großes Glück, dass seinem Vater sehr wohl aufgefallen war, wie rasch sich das Gesicht seines neunjährigen Sohnes von einem strahlenden in ein enttäuschtes verwandelt hatte. Der Vater erinnerte sich plötzlich daran, dass er in jenem Alter eine sehr ähnliche Situation erlebt hatte. Er war mit einem „Ausreichend" in einer sehr schwierigen Deutscharbeit nach Hause gekommen – und es war eine der besten Noten im Klassendurchschnitt gewesen. Sein Vater hatte damals sehr ärgerlich über die Note reagiert, seinem Sohn gar nicht zugehört und ihm als Strafe eine Woche lang verboten, mit seinen Freunden zu spielen. Diese Erfahrung war so bitter für Tims Vater gewesen, dass er sie nie vergessen hatte. Er erkannte, dass es nicht darum ging, Tim auf seine Fehler anzusprechen. „Du sahst so stolz aus, als du mit dem Heft zu uns kamst", sagte er zu seinem Sohn. Willst du mir erzählen, was du erlebt hast und was dich so stolz macht? Ohne sich dessen vollständig bewusst zu werden, hatte diesmal Tims Vater sich auf die Person seines Sohnes – das Subjekt in dieser Geschichte – konzentriert, anstatt, wie so oft im Eltern-Kind-Austausch, auf das Objekt, die Klassenarbeit, die Note und die Zahl der Fehler.

ESPERE-Übungsteil

Bei den folgenden Übungen geht es darum, dass Sie sich den Unterschied zwischen einer Person und ihrem Verhalten in Ihrer alltäglichen Kommunikation bewusst machen. Ich schlage Ihnen dazu vor, so oft wie möglich aufmerksam darauf zu achten, wie Sie mit Ihren Mitmenschen umgehen. Wo verwechseln Sie eine Person mit dem, was sie tut, sagt oder was sie durch Emotionen ausdrückt? Wo verwechseln Sie sich selbst mit dem, was Sie gerade beschäftigt oder was Sie tun? Wenn Sie lernen, im kommunikativen Austausch Ihre Aufmerksamkeit bewusst auf die Person Ihres Gegenübers zu richten, können Sie diese leichter motivieren, von sich selbst zu sprechen. Sie leisten auf diese Art und Weise einen erheblichen Beitrag, Ungerechtigkeit und Gewalt in Ihrer Kommunikation zu vermindern: Menschen, die sich ermutigt fühlen, von sich, ihren Emotionen, tieferen Gefühlen, Wünschen und Bedürfnissen zu sprechen, können entspannter und friedvoller miteinander umgehen.

Übung 11: Ihre Mitmenschen und ihr unterschiedliches Verhalten

a) Nehmen Sie bitte erneut die Liste Ihrer Beziehungen, die Sie in der Übung 1 des ersten Übungsschritts (Beziehungs-Mind-Mapping, Seite 54) angelegt haben. Denken Sie an diese Personen und an die Beziehung, die Sie zu ihnen haben, und geben Sie jeder Person – ungeachtet der in diesem Kapitel gelernten Beziehungshygiene-Regel – ein schriftliches Etikett. Jedes Etikett soll Ihre bewertende Meinung widerspiegeln, die Sie bisher über den betreffenden Menschen hatten, etwa so: Kollege Peter (unzuverlässig), mein Chef (unkontrolliert, cholerisch), meine Freundin Alexia (immer für mich da) … Noch deutlicher wird diese „Etikettierung", wenn Sie in Ihren ESPERE-Unterlagen wieder die „Mind-Mapping-Darstellung" benutzen:

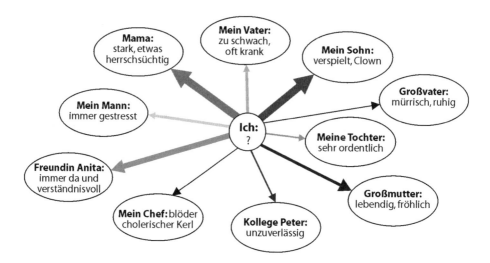

Abb. 5: Meine bisherigen „Bewertungen" meiner Mitmenschen. An die Stelle des Fragezeichens unter dem Kreis mit „ICH" kann eine Eigenbewertung ergänzt werden.

b) Wählen Sie sich nun nacheinander zwei bis drei Personen aus, deren Verhalten Sie jeweils ein oder mehrere Tage lang aufmerksam beobachten wollen. Legen Sie eine Tabelle an, in der Sie, wie in dem folgenden Tabellenbeispiel, Spalten vorsehen für: das Datum Ihrer Beobachtungen, die Uhr- oder Tageszeit, die von Ihnen ausgewählte Person, deren Verhalten zu einem bestimmten Zeitpunkt. Schreiben Sie auf, welches Verhalten Sie zu welchem Zeitpunkt bei einer dieser Personen beobachtet haben. Versuchen Sie ganz speziell auch Verhaltensweisen zu beobachten, die nicht mit Ihrem „Etikett" übereinstimmen.

Tabellenbeispiel:

Datum	Tageszeit	Person	Verhalten
10. August	beim Frühstück	mein Sohn Thomas	unaufmerksam (wirft seine Tasse um)
10. August	13.20 Uhr	Thomas	macht diesmal seine Hausaufgaben gut
10. August	15.30 Uhr	Thomas	baut konzentriert mit Lego ein Boot
10. August	17 Uhr	Thomas	streitet sich mit seinem besten Freund Klaus
11. August	morgens	meine Mutter	gibt mir ein gutes Rezept für mein heutiges Mittagessen
12. August	abends	meine Mutter	lästig: hält mich lange mit ihren Geschichten am Telefon auf

c) Eine einfache grafische Darstellung (siehe Abb. 6 und 7) macht den Unterschied zwischen der von Ihnen ausgewählten Person und dem, was sie tut oder an Emotionen ausdrückt, klarer. Sie werden sehen, dass jede Person zu unterschiedlichen Zeiten unterschiedliches Verhalten zeigen kann. Manches davon gefällt Ihnen besser als anderes und manches passt sicher auch in Ihre „Etikettierung", aber eben keineswegs alles! Es ändert sich oft von einem Moment, von einer Stunde oder von einem Tag zum nächsten. Auf diese Weise wird Ihnen deutlich, dass es nicht richtig sein kann, eine Person mit einem Bruchteil ihres Verhaltens gleichzusetzen und starre Etiketten zu vergeben.

Schauen wir uns beispielsweise das Mädchen Elsa an. Sie ist während des Tages mal zufrieden, wenn etwas gut geklappt hat, mal wütend, wenn wieder etwas nicht geklappt hat, zeigt Faulheit, wenn sie ihre Hausaufgaben machen soll, ist manchmal unaufmerksam in der Schule, hat Freude beim Spiel mit ihrer Freundin und ist zärtlich beim Schmusen mit ihrer Mama. Wird sie nun mit Etiketten als (nur) „zufriedenes", „wütendes", „faules", „unaufmerksames", „freudiges" oder „zärtliches" Kind bezeichnet, ist das nicht nur verletzend für Elsa, sondern auch falsch und ungerecht.

Abb. 6: Beispiel für eine ESPERE-Mind-Mapping-Darstellung, um den Unterschied zwischen einem Kind (beispielsweise das Mädchen Elsa) als Person und seinem, nach Situation und Tageszeit jeweils unterschiedlichen Verhalten klar herauszustellen.

Oder sehen wir uns Pedro an. Pedro hört seiner Frau aufmerksam zu, als sie ihm morgens ein Problem mit der Waschmaschine erklärt. Mittags erscheint er ihr hingegen völlig abwesend und unaufmerksam, als sie ihm von den Schulproblemen ihres gemeinsamen Sohnes erzählen will. Nachmittags ist er wütend, weil er seine Autopapiere nicht findet. Abends lügt er seine Frau am Telefon an, er müsse länger auf der Arbeit bleiben ... sie aber erfährt von einer Freundin, dass sie ihn mit einem Kumpel in der Bar gesehen habe ... Als er seinem Sohn eine Gutenachtgeschichte vorliest, zeigt er sich als einfühlsamer Papa. Auch hier wäre es verletzend, falsch und ungerecht zu behaupten, Pedro sei „abwesend und unaufmerksam" oder „cholerisch" oder ein Lügner.

Abb. 7: Beispiel für eine ESPERE-Mind-Mapping-Darstellung, um den Unterschied zwischen einer erwachsenen Person (beispielsweise dem Mann Pedro) als Person und seinem, nach Situation und Tageszeit jeweils unterschiedlichen Verhalten klar herauszustellen.

* * *

IHRE FOKUSBEZIEHUNG und FOKUSPERSON

Zeichnen Sie ein Verhaltens-Mind-Mapping auch in Bezug auf Ihre Fokusperson. Beobachten und notieren Sie während eines Tagesablaufes oder während mehrerer Tage unterschiedliche Verhaltensweisen dieser Person. Schreiben Sie auf, was Sie feststellen und wie Sie sich in Bezug auf Ihre Beobachtungen fühlen. Wie viel verschiedene Verhaltensweisen, Stimmungen und Emotionen stellen Sie bei Ihrer Fokusperson während eines bestimmten Zeitabschnittes fest?

* * *

Übung 12: Die Aufmerksamkeit auf die Person richten

Versuchen Sie bitte folgende Übung des „aktiven Zuhörens" im Gespräch mit Menschen, die Ihnen wichtig sind: Ihr Gegenüber erzählt Ihnen, dass er etwas nicht gut findet oder etwas nicht mag. Anstatt nach dem Warum, Wieso und Weshalb zu fragen, stellen Sie doch die folgende Frage: „Wie fühlst du dich damit?" oder: „Wie geht es dir gerade damit?" Versuchen Sie, die Person und das, was sie fühlt, nicht aus Ihrem Blick zu verlieren, auch dann nicht, wenn sie wieder von ihrem vorherigen Thema anfängt. Ein Beispiel für dieses aktive Zuhören haben Sie in der Fallgeschichte mit Tim und seinem Vater kennengelernt. Anstatt mit seinem Sohn über die Klassenarbeit zu sprechen, hat er ihn darauf angesprochen, was ihn beschäftigte und wie es ihm damit ging. Finden Sie Ihre eigene einfühlsame Art und Weise, andere Menschen im Gespräch, ohne aufdringlich zu wirken, auf sich selbst anzusprechen.

Beispiele:

→ Ihr Kind sagt Ihnen quengelnd, dass es sein Essen nicht mag. Anstatt mit ihm darüber zu sprechen, dass es doch ein gutes und gesundes Essen ist, fragen Sie Ihr Kind, wie es ihm denn gerade geht.

→ Wenn Ihre Partnerin nach Hause kommt und über den Stau schimpft, statt sich liebevoll von Ihnen begrüßen zu lassen, können Sie beispielsweise fragen: „Hattest du einen anstrengenden Arbeitstag ... und der Stau hat dir den Rest gegeben?" „Wie hast du dich denn heute gefühlt und wie geht es dir jetzt?"

→ Ihr Chef schimpft über das Wetter, die Politiker, die Unverlässlichkeit seiner Mitarbeiter. Ohne zu direkt zu werden, fragen Sie ihn doch einmal, ob es gerade ein Problem gibt, das ihn belastet oder ärgert, und wie er sich damit fühlt.

Schreiben Sie Ihre Erfahrungen mit dieser Übung auf. Wie schwer fällt es Ihnen, andere Menschen darauf anzusprechen, wie es ihnen geht und was sie fühlen? Würden Sie lieber nur über den Gegenstand des Gespräches (das Objekt) sprechen? Wie reagieren Ihre Mitmenschen auf einfühlsame Fragen nach ihrer Person?

Übung 13: Ich und mein Verhalten

Führen Sie nun bitte die gleiche Übung in Bezug auf Ihr eigenes Verhalten durch: Beobachten Sie mehrfach am Tag, was sie gerade tun und welche Gefühlslage und Emotionen Sie dabei ausdrücken. Schreiben und zeichnen Sie auf, welche verschiedenen Verhaltensweisen und Etiketten Sie sich an einem Tag oder auch über mehrere Tage hinweg geben könnten.

Beispiel: Mein Verhaltenstagebuch (Datum)

Heute Morgen beim Aufstehen: Ich war motiviert und gut gelaunt.
Beim Frühstück (mein Mann brummelt schlecht gelaunt vor sich hin): Ich ärgere mich über sein Verhalten (meine gute Laune ist verschwunden).
Morgens während der Arbeit im Büro: Wütend (dass wieder alle langweiligen Aufgaben auf meinem Schreibtisch gelandet sind).
Mittagessen: Überglücklich (eine lange nicht gesehene Freundin isst mit mir zu Mittag).
Nachmittag: Besorgt (mein Sohn kommt erst eine Stunde später als verabredet nach Hause).
Abendessen: Zufrieden (alle Familienmitglieder haben mitgeholfen).
Nachdem die Kinder im Bett sind: Froh über den harmonischen Abend mit meinem Mann.

Abb. 8: Beispiel für eine ESPERE-Mind-Mapping-Darstellung, um den Unterschied zwischen Ihnen als Person und Ihrem nach Situation und Tageszeit jeweils unterschiedlichen Verhalten klar herauszustellen.

Übung 14: Mein Verhalten in verschiedenen Altersabschnitten

Fragen Sie bei Gelegenheit einmal Ihre Eltern, Großeltern oder andere Menschen, die Sie schon als Kind kannten, ob sie Ihr Verhalten in Ihren verschiedenen Lebensaltern beschreiben können. Schreiben Sie mit und legen Sie eine chronologische Liste an, welches Verhalten und welche Eigenschaften bei Ihnen in welchem Alter für die anderen besonders deutlich waren. Diese Liste hilft Ihnen, sich nicht mehr mit einem speziellen Bild oder Verhalten von sich selbst zu identifizieren. Sie werden sehen, dass Ihre Eindrücke von sich nicht mit denen anderer Menschen übereinstimmen. Wir sehen üblicherweise unsere Mitmenschen anders als sie selbst und auch zu verschiedenen Zeiten unterschiedlich.

Mit dieser Übung bekommen Sie auch einen sanften Einstieg in Erinnerungen aus Ihrer Kindheit. Er wird Ihnen bei der weiteren Beschäftigung mit der Methode ESPERE helfen, einfühlsam und behutsam Dinge loszulassen, die Sie heute nicht mehr brauchen oder die Sie sogar behindern. Eine erste Übung in diese Richtung hatte ich Ihnen im ESPERE-Übungsteil mit der Übung 8 des zweiten Übungsschritts zu den zwingenden Befehlssätzen vorgestellt.

Beispiel für eine chronologische Liste von Sonja (heute 38 Jahre alt):

- als Baby: sehr unruhig, ständig am Quengeln (häufige Koliken);
- als Kleinkind: sehr unternehmungslustig und neugierig (die Eltern mussten ständig hinter mir herlaufen und aufpassen dass ich nicht an alles dranging);
- als Grundschülerin: wenig interessiert an der Schule, wollte vor allem draußen mit den Jungs spielen, burschikos;

⇢ im Gymnasium (ab der achten Klasse): sehr fleißige und ordentliche Schülerin mit durchweg guten Noten (hatte mich zwischenzeitlich entschlossen, Tierärztin zu werden, und wusste, dass ich dafür ein gutes Abitur brauchte);
⇢ als Teenager: mit häufig wechselnden Stimmungen, aggressiven Reaktionen;
⇢ als Studentin: sehr zielstrebig;
⇢ als junge Ehefrau: sehr verständnisvoll, suche das Gespräch und versuche eine gleichberechtigte Beziehung aufzubauen;
⇢ als junge Mutter: sehr nervös und oft besorgt, etwas mit meinem Baby falsch zu machen …

Schritt 4: Das Wichtigste in Kürze

Zur Unterscheidung Person-Verhalten:

- Menschen drücken mit ihrem jeweiligen Verhalten oft unbewusst aus, wie sie sich innerlich fühlen.
- Um friedvoller zu kommunizieren, ist es wichtig, unsere Aufmerksamkeit auf die Person (das Subjekt) und das, was sie uns von sich erzählt, zu richten und sie nicht mit ihrem Verhalten (Objekt) zu verwechseln.
- Es ist ein Irrtum, einen Menschen mit einem bestimmten Verhalten gleichzusetzen. Wenn wir aufmerksam beobachten, sehen wir, dass sich menschliches Verhalten ständig ändert.

Was Sie erfahren konnten:

Für Ihre Beziehungen zu anderen Menschen:

Wenn Sie Ihre Mitmenschen seltener mit deren Verhalten verwechseln, können Sie viele Konflikte auf friedlichere Art lösen. Die Botschaft, die Sie durch den Beziehungskanal senden, wird klarer (auch bei Verhaltenskritik) und kann dann am anderen Ende leichter und mit weniger heftigen Reaktionen angenommen werden. Ihre Mitmenschen fühlen sich als Person von Ihnen stärker akzeptiert. Ihre Verständigung wird dadurch leichter.

Für Ihre Beziehung zu sich selbst:

Wenn Sie zwischen sich als Person und Ihrem Verhalten unterscheiden, müssen Sie sich nicht mehr mit negativen Bildern von sich verwechseln. Auch wenn Sie mit Ihrem augenblicklichen Verhalten nicht einverstanden sind, kritisieren Sie sich nicht länger als Person. In diesem Falle beginnt ein wohltuender und heilsamer Prozess, der Ihre Selbstachtung und Selbstliebe stärken wird und Ihnen hilft, sich so zu akzeptieren, wie Sie sind.

Schritt 5: Zwischen den Gefühlen und der Beziehungsqualität unterscheiden

In diesem Kapitel erfahren Sie …

⇝ wie Sie zu unterscheiden lernen, was in Ihren Beziehungen zu Ihren tiefen Gefühlen gehört und was zur Beziehungsqualität;
⇝ wo Sie überall dem „Alibi der Liebe" begegnen können;
⇝ dass Liebe und Zuneigung nicht im Beziehungskanal zirkulieren;
⇝ dass Sie nicht Ihre Gefühle für andere vernachlässigen, wenn Sie stärker zu sich selbst stehen.

Die Beziehungshygiene-Regel

Es gibt ein großes Missverständnis, das in unserem menschlichen Miteinander häufig dort auftaucht, wo Gefühle der Zuneigung und Liebe im Spiel sind. Dieses Missverständnis entsteht dadurch, dass in vielen Beziehungen (beispielsweise in der Beziehung zwischen Eltern und Kindern, Freunden und in Partnerschaften) das, was innerhalb der Beziehung geschieht, mit den Gefühlen für den anderen verwechselt wird. Jacques Salomé hat zu diesem Thema eine grundlegende **Beziehungshygiene-Regel** aufgestellt, die ich Ihnen im Weiteren vorstellen und erklären werde. Sie lautet:

ESPERE-Beziehungshygiene-Regel:

Ich unterscheide zwischen meinen Gefühlen für einen anderen Menschen und dem, was in der Beziehung zwischen uns geschieht.

Die Verwechslung

„Frau Seidel, nur weil ich Lena zweimal vorgesagt habe, schicken Sie mich schon aus der Klasse? Ich glaube, dass Sie mich nicht mögen!" Die Gymnasiallehrerin, die von der zwölfjährigen Lena diesen Spruch zu hören bekommt, ist fassungslos. Wie soll sie darauf reagieren? Dabei begegnen wir derartigen Aussagen in unserem Alltag keineswegs selten. Zum Beispiel im Supermarkt, wo eine Mutter von ihrem fünf- bis sechsjährigen Kind vorgeworfen bekommt: „Wenn du mich wirklich lieb hättest, würdest du mir die Bonbons kaufen!" Oder in Situationen, wie in der von Regina, die abends ihrem müden Mann vorwirft: „Du liebst mich nicht mehr so wie früher, sonst würdest du doch endlich mal wieder mit mir ausgehen …" Oder bei Bekannten und Kollegen – Sieglinde beispielsweise, die sich bei ihrer Freundin beschwert: „Dir liegt ja gar nichts mehr an mir, sonst würdest du wie früher regelmäßig anrufen." Und Frank, der seinem Kollegen vorwirft: „Früher waren wir noch richtig gute Freunde, da hast du mir immer bei schwierigen Berichten geholfen ..." Kennen Sie solche Beispiele auch aus Ihrem eigenen Umfeld?

Das Missverständnis

Alle diese Aussagen weisen auf ein großes und oft sehr schmerzliches Missverständnis hin: Den wenigsten Menschen ist bewusst, dass unsere **Zuneigung und Liebe** für eine Person etwas anderes ist als **die Beziehung**, die wir versuchen mit dieser Person zu leben. Wenn wir feststellen, dass wir mit einem geliebten Menschen häufig streiten, nichts Angenehmes und Interessantes unternehmen oder nicht mehr miteinander reden können, ist uns selten bewusst, dass es hier zuallererst um die Qualität unserer Beziehung geht. Diese hat sich verändert, sie ist nicht mehr so wie früher. Darüber sind wir enttäuscht und unglücklich. Statt uns jedoch zu fragen, was wir auf unserer Seite tun können, um die Qualität zu verbessern, fragen wir uns meistens eher „Liebt er oder sie mich überhaupt noch?" oder „Bin ich meinem Freund noch wichtig?" Dabei sind Liebe und Beziehung von grundsätzlich unterschiedlicher Art.

Liebe zirkuliert nicht im Beziehungskanal!

Um Ihnen den Unterschied zwischen dem Gefühl der Liebe und dem System „Beziehung" deutlich zu machen, möchte ich Ihnen das Bild des Beziehungskanals nochmals in Erinnerung rufen (siehe dazu auch Abbildung 2, Seite 35):

Die **Beziehung** als System ist durch den doppelten Kommunikationskanal gekennzeichnet, in dem positive und negative Botschaften in beide Richtungen wandern. Diese umfassen alles, was wir in Bezug auf unser Gegenüber tun und mitteilen. Wir können die Qualität unserer Beziehung verbessern, wenn wir positive Botschaften durch den Beziehungskanal schicken. Dies kann beispielsweise ein einfühlsames und verständnisvolles Zuhören sein, eine Einladung zu einem gemütlichen Zusammensein oder zu einem gemeinsamen Unternehmen oder auch ein erbetener Ratschlag. Wir verbessern die Beziehungsqualität auch, wenn wir vermeiden, negative Botschaften loszuschicken und wenn wir auf Beziehungssaboteure verzichten.

Die Liebe und Zuneigung, die wir für einen anderen Menschen spüren, sind persönliche tiefe Gefühle (sehen Sie bitte auch die Liste der tiefen Gefühle im Anhang, Seite 234). Auch wenn wir unseren tiefen Gefühlen in unseren Botschaften Ausdruck geben, zirkulieren die Gefühle selbst nicht im Beziehungskanal. Sie sind etwas, das wir tief und dauerhafter in uns fühlen. Wir können sie in uns nähren und vergrößern oder sie auch verkümmern lassen. Unsere Gefühle sind auf unserer Seite der Beziehung, die

Gefühle unseres Gegenübers auf seiner Seite. Da sie nicht im Beziehungskanal zirkulieren, verbessern oder verschlechtern sie auch nicht direkt die Qualität unserer Beziehungen und werden auch nicht direkt durch die ausgesandten Botschaften verbessert oder verschlechtert. Es kann jedoch geschehen, dass das Verhalten unseres Beziehungspartners die Beziehungsqualität so belastet, dass sich unsere Gefühle für ihn verändern. Dies wird jedoch selten durch eine einzelne für uns negative Aktion ausgelöst, sondern ist in der Regel ein langsamer Prozess. Auch kann ich einen anderen Menschen tief und innig lieben und dennoch außerstande sein, eine gute und befriedigende Beziehung zu ihm aufzubauen. Jacques Salomé erklärt diesen Zusammenhang ausführlich in seinem Buch „Einfühlsame Kommunikation"[19]. Bei einer Trennung geschieht es häufig, dass die Liebe bei einem der beiden Partner bestehen bleibt. Für diesen Partner ist es wichtig zu lernen, diese tiefen Gefühle anzuerkennen und sich um sie zu kümmern, und zwar unabhängig davon, ob die Paarbeziehung wirklich beendet ist oder ob Hoffnung auf eine Weiterführung besteht.

Das „Alibi der Liebe"

Schon von klein auf lernen wir unsere tiefen Gefühle zu anderen Menschen mit dem zu vermischen, was in unseren Beziehungen geschieht. Als Erwachsene haben wir diese Verwechslung oft so stark verinnerlicht, dass sie uns unbewusst im Umgang mit den meisten Menschen, denen wir Zuneigung und Liebe entgegenbringen, begegnet. Es führt dazu, dass wir unsere Kinder, Partner oder auch Freunde glauben lassen, dass wir sie mehr lieben, wenn sie unsere Wünsche erfüllen und unseren Erwartungen entsprechen, und sie umgekehrt weniger lieben, wenn sie dies nicht tun. Dies drückt beispielsweise der von manchen Eltern oft benutzte folgende Satz aus: „Wenn du deine Hausaufgaben gut machst, wird Papa/Mama sehr zufrieden sein und dich ganz besonders lieb haben." Die Verwechslung führt auch dazu, dass wir glauben, von unseren Kindern mehr geliebt zu werden, wenn wir möglichst viele ihrer Wünsche erfüllen. Einer Mutter kann es guttun, von ihrem Kind zu hören: „Mama, ich mag dich lieber als Papa, weil du mir immer zuhörst und mir alles gibst, was ich haben will." Und ein Papa kann sich sagen hören: „Sag aber nicht Mama, dass ich dir jetzt doch noch ein Eis gekauft habe! Du bist ja mein besonderer Liebling ..."

Nicht nur im Umgang mit Kindern, auch im Umgang mit unserem Partner, unseren Eltern, Freunden und Kollegen glauben wir, von ihnen stärker und dauerhafter geliebt zu werden, wenn wir deren Wünsche und Erwartungen erfüllen. Und so kommt es, dass eine Frau ihrem Mann nachgibt und denkt, ihm ihre Liebe dadurch zu beweisen, dass sie trotz ihrer Müdigkeit abends noch mit ihm ausgeht. Oder dass sie jeden Sonntag mit ihm zu ihrer Schwiegermutter fährt, obwohl sie am Wochenende lieber etwas anderes unternehmen würde. Er wiederum verzichtet vielleicht seit ihrer Heirat darauf, einmal pro Woche seine Freunde zu treffen – als Liebesbeweis oder um ihren Erwartungen zu entsprechen. Oder er fährt mit ihr jeden Sommer in einen für ihn langweiligen Kurort, obwohl er in den Ferien auch gern mal etwas Spannenderes unternehmen würde. Und wird einmal nicht getan, was der oder die andere will, gibt es immer noch die Liebe als Alibi, um unsere Haltung anderen gegenüber zu rechtfertigen: „Du weißt doch, dass ich dich liebe!" Oder gar: „Ein Glück, dass ich dich liebe, sonst würde ich nicht die Hälfte von dem, was du mir antust, ertragen."

Gefühle und Beziehung unterscheiden

Wie können Sie nun einfühlsam damit umgehen, wenn Sie im Austausch mit anderen Menschen eine derartige Verwechslung zwischen Beziehungsgeschehen und Gefühlen feststellen? Als Erstes sollten Sie sich klar machen: „Was gehört in dieser Situation zu den Botschaften im Beziehungskanal? Und was gehört zu meinen Gefühlen?" Für eine Frau, deren Mann als Liebesbeweis erwartet, dass sie mit ihm trotz Müdigkeit und anderer Pläne abends ausgeht, ist es möglich, zu sich selbst zu sagen: „Mein Wunsch, nicht auszugehen, gehört zu unserer Beziehung. Ich kann unabhängig von meiner Liebe zu meinem Mann entscheiden, ob ich meinen Wunsch heute respektiere oder nicht." Entscheidet sie sich zu Hause zu bleiben, und ihr Mann sagt beispielsweise zu ihr: „Zeig mir, dass du mich wirklich liebst, und komm mit", kann sie helfen, die Vermischung von Gefühlen und dem Beziehungsgeschehen aufzulösen, indem sie antwortet: „Wenn ich heute Abend zu Hause bleiben möchte, hat das nichts mit meiner Liebe zu dir zu tun. Es tut mir heute einfach gut, in die Badewanne zu gehen und ein Buch zu lesen." Und vielleicht könnte sie noch die magischen Worte hinzufügen: „Ich tue dies *für* mich, nicht *gegen* dich."

Ebenso kann die Mutter zu ihrem Kind sagen: „Ich spreche gerade nicht über meine Liebe zu dir, sondern dass ich nicht will, dass du vor dem Essen Bonbons isst." Und die Lehrerin in unserem ersten Beispiel könnte ihrer Schülerin sagen: „Wenn ich dich als deine Lehrerin an die Klassenregeln erinnere und dich bei ihrer Nicht-Beachtung rausschicke, betrifft dies unsere Lehrer-Schüler-Beziehung. Es hat nichts mit meinen Gefühlen zu dir zu tun."

Fallgeschichten

Melanie saß auf einem Küchenstuhl und schaute aus dem Fenster. Mittag war schon lange vorbei und sie hatte sich noch immer nichts zu essen gemacht. Sie hatte einfach auf nichts Lust und hing ihren trübseligen Gedanken nach. Sie dachte den ganzen Tag, wie bereits die halbe Nacht davor, immer wieder an Alexander, ihren Mann, der sie vor zwei Monaten verlassen hatte – „wegen einer Arbeitskollegin in England, in die sich der Schuft während dieses blöden Seminars anscheinend schon vor vielen Monaten verliebt hat". Und sie hatte nichts gemerkt. Es klingelte und ihre Freundin Gisela kam fröhlich mit zwei Pizzas auf dem Arm herein. „Komm, iss was mit mir. Du darfst dich nicht so hängen lassen." Melanie begrüßte ihre Freundin und schaute sie fragend an: „Gisela, wieso hab ich nur nicht bemerkt, dass Alexander schon so lange eine Geliebte hatte?", fragte sie ihre Freundin nun schon zum wiederholten Male, während sie sich lustlos ein Pizzastück abbrach. „Ich kann ihm einfach nicht verzeihen, dass er mich so belogen hat!" Ihre Freundin Gisela spürte, dass Melanie Alexander trotz aller Wut und Enttäuschung noch liebte und wie sehr sie unter der Trennung litt. Sie besuchte die Freundin oft und hörte ihr zu, auch wenn Melanie nicht aufhörte, sich selbst zu beschimpfen und sich Vorwürfe zu machen „Warum habe ich nicht früher gemerkt, dass Alexander sich anders verhalten hat? Warum habe ich nichts getan, um ihn zu halten?" Melanie hatte große Schwierigkeiten, die Trennung von Alexander zu akzeptieren. Sie aß nicht mehr richtig, ging kaum noch aus dem Haus und bekam immer häufiger Probleme mit ihren Nieren.

Melanie wusste damals nicht, dass ihre Wut und Verzweiflung ihre nach wie vor starken Gefühle der Liebe zu Alexander verdeckten. Sie verwechselte das, was in ihrer Beziehung zu ihm geschehen war (seine Lügen und sein „Fremdgehen") mit ihrem Gefühl der Liebe, die sie sich nicht mehr eingestehen wollte. Ihre Freundin Gisela schlug ihr eines Tages eine Symbolarbeit vor: „Jetzt, wo ihr getrennt seid, kannst du Alexander deine Liebe nicht mehr in eurer Beziehung ausdrücken. Ich schlage dir deshalb vor, diese Liebe mit einer schönen Pflanze zu symbolisieren und dich um sie zu kümmern." Und sie fügte hinzu: „Weißt du Melanie, meine Oma hat immer gesagt: Liebe, um die wir uns nicht kümmern, macht uns krank." Melanie entschloss sich, dem Ratschlag ihrer Freundin zu folgen. Sie konnte dadurch endlich ihre Trauerarbeit um die schmerzliche Trennung von Alexander beginnen. Ihre Nierenprobleme wurden seltener und hörten nach einiger Zeit ganz auf.

Elsa saß auf ihren gepackten Koffern im Wohnzimmer des alten Bauernhauses, das sie vor vielen Jahren mit ihrem Mann Albert renoviert hatte. Auch wenn es ihr schwerfiel, das liebgewordene Haus zu verlassen, war sie diesmal doch fest entschlossen, es zu tun. Albert lief vor dem großen Wohnzimmerfenster nervös und zittrig auf und ab. „Glaub mir doch Elsa. Ich höre wirklich auf zu trinken! Alles wird besser werden, das verspreche ich dir! Bleib doch bitte bei mir – ich brauche dich so sehr!" Elsa schaute ihn schweigend und traurig an. Zu oft schon hatte Albert Besserung versprochen und wollte versuchen, sein Alkoholproblem in den Griff zu bekommen, und doch hatte er seine Versprechen nie halten können. Als vor zwei Jahren Alberts Mutter gestorben war, hatte er angefangen zu trinken und stundenlang in der Kneipe zu sitzen. Elsa hatte alles versucht, ihn zu trösten und auf neue Ideen zu bringen. Sie hatte akzeptiert, sich allein um das Haus und alle Arbeiten zu kümmern, immer in der Hoffnung, dass Albert über den Tod seiner geliebten Mutter hinwegkommen würde. Sie sah aber nach all dieser Zeit keinerlei Besserung. Im Gegenteil: Albert trank immer mehr. Ihre

Beziehung hatte sich nach und nach verschlechtert. Elsa fühlte sich immer unwohler mit ihrem Mann und bekam Angst, wenn Albert betrunken war. Er schrie sie dann oft an und tobte im Haus. Auch wenn er sich am nächsten Tag entschuldigte und Besserung gelobte, konnte Elsa ihm nicht mehr glauben. Sie nahm ihre Koffer und brachte sie in den Wagen. Sie wusste nicht, was sie Albert noch sagen konnte.

Elsa hatte verstanden, dass sie zwar Albert liebte, aber nicht weiter mit ihm zusammenleben konnte, ohne selbst immer unglücklicher zu werden. Albert konnte ihr derzeit nur eine Beziehung zu dritt anbieten: Elsa, Albert und sein Alkoholismus. Vielleicht würde sie irgendwann lernen, sich außerhalb ihrer Beziehung symbolisch um ihre nach wie vor tiefen Gefühle der Liebe zu Albert zu kümmern. Und vielleicht würde Albert eines Tages die Verantwortung für sein Leben übernehmen, seinen Alkoholismus aufgeben und die Trauerarbeit um seine Mutter beginnen. Vielleicht wäre dann eine Beziehung zu zweit, Elsa und Albert, wieder möglich ...

ESPERE-Übungsteil

In den folgenden Übungen möchte ich versuchen, Sie schrittweise an die Unterscheidung zwischen Gefühlsebene und Beziehungsqualität heranzuführen. Sie können die Übungen aufeinander aufbauend oder auch unabhängig voneinander ausführen. Bitte nehmen Sie sich die Zeit, Ihre Beobachtungen, Gefühle und Emotionen dazu regelmäßig in Ihrem ESPERE-Ordner oder -Heft aufzuschreiben.

Übung 15: Die innere Kraft symbolisieren

In Ihrem Innern verfügen Sie über eine Kraft, die immer vorhanden ist. Diese Kraft unterstützt Sie dabei, zu sich selbst zu stehen und einfühlsam kommunizieren zu lernen. Sie hilft Ihnen auch bei den Übungen in diesem Buch. Bitte stellen Sie sich diese Kraft vor und versuchen Sie ein Symbol dafür zu finden. Wählen Sie dazu einen schönen Gegenstand aus, von dem Sie sich vorstellen können, dass er Sie über einen längeren Zeitraum begleitet, beispielsweise ein Kristall, eine Figur oder ein anderes attraktives Objekt. Verbinden Sie sich über diesen Gegenstand mit Ihrer inneren Kraft. Beginnen Sie zusammen mit Ihrem Symbol, das Sie neben sich legen oder bei sich behalten können, die folgenden Übungen.

Übung 16: Beziehung und Gefühle in Partnerschaft oder Freundschaft

a) Bei dem ersten Teil dieser Übung geht es zunächst einmal darum festzustellen, welche Verhaltensweisen Ihres Partners oder Ihrer Partnerin Sie besonders stören, Verhaltensweisen, die Sie als negative Botschaften in Ihrem Beziehungskanal bezeichnen würden. Falls Sie gerade in keiner Partnerschaft leben, können Sie auf diese Art und Weise eine Beziehung zu einer Freundin oder einem sonstigen Menschen auswählen, den Sie gern mögen. Legen Sie nun in Ihrem ESPERE-Heft bitte eine Liste (siehe Beispielliste) aller Verhaltensweisen an, die Sie bei der von Ihnen gerade ausgewählten Person besonders stören.

Beispiel:

Liste der mich störenden Verhaltensweisen bei ...
- ihre schlechte Laune am Morgen,
- seine Kommentare als Beifahrer über meinen Fahrstil,
- ihr Schmatzen beim Essen,
- sein kindisches Verhalten, wenn wir bei seiner Mutter sind,

⇢ ihre Unfähigkeit, schnelle Entscheidungen zu treffen,
⇢ seine zuweilen unpassenden Äußerungen ...

b) Nachdem Sie die Liste aus dem ersten Teil der Übung fertiggestellt haben, nehmen Sie den Gegenstand, der Ihre innere Kraft visualisiert oder symbolisiert, und behalten ihn für die weiteren Übungen nahe bei sich. Sie können ihn auch berühren, ihn in der Hand halten oder beispielsweise auf Ihren Schoß legen. Was jetzt folgt, ist ein Gedankenexperiment.
Stellen Sie sich vor, dass das Telefon klingelt und Ihnen mitgeteilt wird, dass dieser Mensch einen Unfall hatte und Sie ins Krankenhaus kommen sollen. Es kann Ihnen jedoch am Telefon niemand sagen, wie schwer der Unfall war und wie es der Person geht. Klären Sie vorab für sich, ob Sie mit einer derartigen inneren Bildvorstellung als Übung ohne Unwohlsein umgehen können. Wenn nicht, dann sollten Sie diese Übung überspringen. Wenn Sie die Übung jedoch akzeptieren können, schreiben Sie bitte auf, wie Sie sich bei der Vorstellung dieser geschilderten Situation fühlen. Versuchen Sie, wenn es Ihnen möglich ist, bitte alle Gedanken, die Ihnen dabei kommen, zuzulassen. Hätten Sie Angst, die Person zu verlieren, und wären in diesem Fall deren störende Verhaltensweisen noch von Bedeutung? Bitte schreiben Sie möglichst detailliert Ihre ehrlichen Beobachtungen, Fragen und Gefühle zu dieser inneren Bildvorstellung auf. Beschreiben Sie auch, ob und welchen Einfluss Ihre visualisierte oder symbolisierte innere Kraft auf die Durchführung Ihrer Übungen hat. Lassen Sie das Ergebnis dieser Übung auf sich wirken, bevor Sie mit dem dritten Teil beginnen.

c) Wie würden Sie nach Ihren Erfahrungen mit dem Übungsteil b nun Ihre Beziehung zu Ihrem Partner oder zu Ihrer Freundin und Ihre Gefühle zu ihm oder ihr einschätzen, wenn Sie mit einem Zauberstaub alle Verhaltensweisen wegzaubern könnten, die Sie an diesem Menschen stören? Nichts an dem Verhalten dieses Menschen wäre Ihnen jetzt noch unangenehm. Zu Anfang Ihrer Beziehung hatten Sie vielleicht ein Gefühl von großer Zuneigung oder Liebe. Meinen Sie, dass es Ihnen mit den bisher gemachten Erfahrungen und nach dem Gedankenexperiment möglich wäre, dieses Gefühl wiederzufinden? Vielleicht hilft es Ihnen, sich intensiv an Ihre anfängliche Beziehung zu dieser Person zu erinnern. Oder Sie stellen sich zum ersten Mal eine Beziehung zu ihr ohne die störenden Verhaltensweisen vor. Schreiben Sie bitte auch bei diesem Aufgabenteil auf, was Sie fühlen und wie Sie sich fühlen.

Ziel der drei Teile dieser Übung ist, Ihnen bewusst zu machen, dass das Gefühl von Liebe, Zärtlichkeit und Zuneigung anderen Menschen gegenüber nicht durch ein uns unangenehmes Verhalten dieses Menschen in Frage gestellt werden sollte. Denn die Schwierigkeiten, denen wir in unseren Beziehungen gegenüberstehen, sind normalerweise nicht mit einer Veränderung unserer tieferen Gefühle verknüpft, sondern eben mit den uns so unangenehmen Verhaltensweisen des anderen. Die Herausforderung besteht darin, unsere Beziehungen so zu gestalten, dass sie eine gute Qualität haben und behalten.

Übung 17: Gefühle in der Eltern-Kind-Beziehung

a) Beobachten und notieren Sie bitte alle Verhaltensweisen Ihres Kindes, die Ihnen nicht recht sind oder die Sie ärgern, beispielsweise sein Verhalten beim Einkaufen, die kindliche Eifersucht oder ständige Streitereien mit Geschwistern und anderen Kindern, das Ignorieren von Regeln, Lügen, unhöfliche Antworten, nächtliche Störungen oder unordentliches Verhalten. Auch für diese Liste können Sie sich mehrere Tage Zeit nehmen, damit sie möglichst vollständig ist.

b) Wenn Sie den Eindruck haben, dass sie abgeschlossen werden könnte, lesen Sie sich die Liste der unangenehmen Verhaltensweisen genau durch. Nun schreiben Sie bitte auf, wie Sie sich jedes Mal fühlen, wenn sich Ihr Kind auf diese Art und Weise verhält. Versuchen Sie bitte, möglichst ehrlich alle Ihre emotionalen Reaktionen und momentanen Empfindungen zuzulassen. Auch solche in der Art von „Ich halte es einfach nicht mehr aus", „Ich kann nicht mehr", „Am liebsten hätte ich gar keine Kinder". Schämen Sie sich nicht, wenn Sie sich zwischendurch so fühlen. Es drückt einfach Ihren momentanen Frust aus oder die Verzweiflung über die Schwierigkeit, kompetente, gelassene und geduldige Eltern zu sein!

Natürlich wäre es nun möglich, Ihnen vorzuschlagen, sich wie in Übung 16 b) vorzustellen, dass Ihr Kind einen Unfall oder eine schwere Krankheit hätte. Erfahrungsgemäß verlieren in einem solchen Fall alle anderen Probleme mit dem unangenehmen Verhalten eines Kindes schlagartig an Bedeutung. Ich möchte Ihnen an dieser Stelle eine andere, angenehmere Übung vorschlagen, die ich selbst sehr schätze und bei meinen eigenen Kindern oft durchgeführt habe: Wenn Sie sich mal wieder so richtig über ein Ihnen unangenehmes Verhalten Ihres Kindes geärgert haben, warten Sie, bis Ihr Kind tief und fest schläft. Gehen Sie dann zu ihm in sein Zimmer und bleiben eine Zeit lang bei ihm. Betrachten Sie das entspannte und friedliche Gesicht Ihres schlafenden Kindes und versuchen Sie dabei, Ihre Gefühle der Zärtlichkeit und Liebe in sich zu spüren. Auch in der Beziehung zu unseren Kindern ist es wichtig zu lernen, unsere tiefen Gefühle unabhängig von dem, was die Kinder tun und ausdrücken, auf unserer Herzensebene wahrzunehmen. Dies ist zudem der einzige Weg, wie unsere Kinder das Vertrauen bekommen können, auch dann geliebt zu sein, wenn sie etwas tun oder sagen, das uns nicht gefällt oder gar verletzt.

Mein Tipp: Sagen und zeigen Sie Ihrem Kind häufig, dass sie es lieben, ganz gleich, was es tut. Erklären Sie ihm mit Hilfe einer externen Visualisierung den Unterschied zwischen Ihrem tiefen dauerhaften Gefühl der Liebe zu ihm (dargestellt beispielsweise durch einen sehr schönen Gegenstand) und seinem Verhalten (das Sie durch einen anderen, vielleicht kleineren Gegenstand darstellen können). Das Verhalten Ihres Kindes darf Ihnen auch (öfters) mal unangenehm sein, so wie Ihr Kind auch nicht jedes Verhalten von Ihnen als seine Eltern gut finden muss.

Übung 18: Zur Benutzung der ESPERE-Wegbegleiter

Versuchen Sie sich bitte während mehrerer Wochen den Unterschied zwischen Ihrem Gefühl für eine bestimmte Person, die Ihnen wichtig und wertvoll ist, und der Beziehung, die sie mit ihr haben, zu verdeutlichen. Benutzen Sie dazu die ESPERE-Wegbegleiter Beziehungsschal und externe Visualisierung: Wählen Sie bitte einen Gegenstand zur externen Visualisierung aus, um Ihr Gefühl (der Zuneigung oder Liebe) für eine Person sichtbar zu machen, und einen Beziehungsschal, um die Beziehung, die Sie mit dieser Person haben, darzustellen.

Damit Ihnen selbst der Zusammenhang zwischen Gefühl und Beziehung ganz deutlich wird, können Sie zusätzlich zu Ihren schriftlichen Aufzeichnungen eine Zeichnung anfertigen: Zeichnen Sie dazu (zum Beispiel mit Strichmännchen) zwei Personen und den Schal, der diese verbindet. Schreiben Sie Ihren Namen und den der anderen Person neben die gezeichneten Figuren. Zeichnen Sie nun bitte neben Ihren Namen einen Gegenstand, der Ihr Gefühl für die andere Person darstellt. Dies soll Ihnen noch mal verdeutlichen, dass Ihre Beziehung und Ihr Gefühl der Zuneigung zwei unterschiedliche Dinge sind. Wenn Sie das nächste Mal in einem Konflikt mit dieser Person sind, können Sie diese Zeichnung als Erinnerungshilfe mitnehmen. Dies hilft Ihnen selbst, ermöglicht aber vielleicht auch Ihrem Gegenüber, dem Sie die Zeichnung zeigen können, den Unterschied zwischen Ihren Gefühlen für ihn und seinem Verhalten, das zu dem Konflikt geführt hat, klarer zu sehen. Selbstverständlich können Sie das Objekt auch mitnehmen, mit dem Sie Ihre positiven Gefühle für diesen Menschen extern visualisiert haben. Wenn Sie auf diese Weise Ihrem Gegenüber ihre Zuneigung zeigen und deutlich machen, dass Sie diese nicht mit den aktuellen Schwierigkeiten in der Beziehung verwechseln, kommen Sie leichter zu einer einfühlsamen Kommunikation. Gleichzeitig besänftigt es oft Ihr Gegenüber und nimmt Last aus Ihrer Beziehung. Ist die Angst, die Zuneigung und Liebe des anderen zu verlieren, erst einmal aus der Beziehung, wird das Miteinander zwischen sich nahestehenden Menschen erfahrungsgemäß deutlich leichter und friedvoller.

* * *

IHRE FOKUSBEZIEHUNG und FOKUSPERSON

Führen Sie die Übungen 16 a) bis c) – und falls Ihre Fokusperson ein Kind ist, auch die Übung 17 – sowie die Übung 18 bitte auch in Bezug auf Ihre Fokusbeziehung aus. Diese Übungen helfen Ihnen, neue Aspekte dieser Beziehung zu sehen. Sie können Ihnen ebenfalls helfen herauszufinden, welcher Art die Gefühle sind, die Sie mit Ihrer Fokusperson verbinden. Notieren Sie bitte, wie es Ihnen damit ergeht, welche Erfahrungen Sie sammeln und wie Sie sich während der Übungen in Bezug auf Ihre Fokusperson fühlen.

Wählen Sie als externe Visualisierung (oder dauerhafter: als Symbol) einen Gegenstand für das Gefühl aus, das Sie mit Ihrer Fokusperson verbindet. Dieser Gegenstand wird Ihnen dabei helfen, Schwierigkeiten, die Sie in Ihrer Fokusbeziehung haben, nicht mehr mit Ihren tieferen Gefühlen zu Ihrer Fokusperson zu verwechseln.

Wenn Sie den Eindruck haben, sich erst einmal genug mit Ihrer Fokusbeziehung beschäftigt zu haben, können Sie an dieser Stelle erneut prüfen, wie Sie nach Beendigung der verschiedenen Beobachtungen und Übungen im vierten und fünften Übungsschritt die Qualität Ihrer Fokusbeziehung werten. Welchen Qualitätswert (1 bis 10) geben Sie jetzt Ihrer Fokusbeziehung? Bitte kreuzen Sie an:

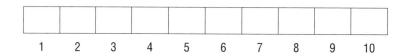

* * *

Schritt 5: Das Wichtigste in Kürze

Zur Unterscheidung zwischen Gefühlen und Beziehungsqualität:

- Viele Menschen glauben irrtümlicherweise, dass ihre Gefühle der Zuneigung und Liebe zu einem anderen Menschen eine gute Beziehungsqualität garantieren.
- Die im Kommunikationskanal zirkulierenden positiven und negativen Botschaften verändern die Beziehungsqualität. Gefühle zirkulieren nicht im Beziehungskanal, auch wenn sie einen Einfluss darauf haben können, welche Art von Botschaften losgeschickt wird.
- Oft benutzen Menschen das Alibi der Liebe, um ihr Verhalten zu rechtfertigen und andere nach eigenen Wünschen zu beeinflussen.

Was Sie erfahren konnten:

Für Ihre Beziehungen zu anderen Menschen:

Wenn Ihre Mitmenschen nicht fürchten müssen, wegen eines bestimmten Verhaltens Ihre Zuneigung zu verlieren, können sie unbeschwert mit Ihnen zusammen sein. Es sind nicht die Gefühle, die es schwierig machen zusammenzuleben. Ihr Zusammenleben wird leichter oder schwerer durch die Art und Weise, wie Sie sich um die Qualität Ihrer Beziehungen kümmern.

Für Ihre Beziehung zu sich selbst:

Um einfühlsam mit sich selbst umgehen zu können, ist es wichtig, sich um die eigenen Gefühle liebevoll zu kümmern. Dies ist auch nötig, wenn eine Beziehung schon zu Ende ist. Innerhalb Ihrer Beziehungen hilft es Ihnen, stärker zu sich selbst zu stehen, wenn Sie Ihre Gefühle für Ihr Gegenüber von dem trennen, was Sie gerade tun möchten.

Schritt 6: Unsere verschiedenen Rollen oder „Hüte" unterscheiden

In diesem Kapitel erfahren Sie ...

⇢ warum es wichtig ist, dass Sie Ihre verschiedenen Rollen im Alltag bewusst wahrnehmen und unterscheiden;

⇢ dass viele Männer und Frauen unbewusst nur einen Teil der für sie möglichen Rollen übernehmen. Dies führt regelmäßig zu Konflikten mit sich selbst und mit den anderen;

⇢ dass innere Zufriedenheit und gute Beziehungsqualitäten u.a. davon abhängen, ob alle wichtigen Rollen eines Menschen von ihm auch bewusst übernommen werden.

Verschiedene Rollen oder „Hüte" unterscheiden lernen

Ist Ihnen bewusst, dass Sie in Ihrem Alltag immer wieder verschiedene Rollen übernehmen, um den vielfältigen Aufgaben und Anforderungen Ihres Lebens optimal zu begegnen? Morgens beim Frühstück kann dies für eine Frau zum Beispiel die Rolle der Mutter sein, die dafür sorgt, dass die Kinder mit allem Notwendigen versorgt in die Schule kommen. Später kann sie die Rolle der Berufstätigen übernehmen. Wieder später wird sie vielleicht in der Rolle der erwachsenen Tochter ihre eigene Mutter besuchen gehen. Noch später lebt sie vielleicht die Rolle der Ehefrau ihrem Mann gegenüber. In den meisten Fällen werden Rollen von uns unbewusst übernommen. Wir können aber lernen, ganz bewusst die verschiedenen „Hüte" unserer verschiedenen Rollen zu identifizieren. In diesem sechsten Übungsschritt zur einfühlsamen Kommunikation möchte ich Ihnen vorschlagen, sich bewusst mit den Rollen, die für Sie in Ihrem jetzigen Lebensabschnitt wichtig sind, zu beschäftigen.

ESPERE-Beziehungshygiene-Regel:

In jeder unserer Beziehungen und in unterschiedlichen Situationen haben wir verschiedene Rollen. Diese können wir uns und anderen durch bewusst aufgesetzte „Hüte" verdeutlichen.

Der unbewusste Umgang mit unseren verschiedenen Rollen hat oft zur Folge, dass wir manche Bedürfnisse und Erwartungen von uns selbst und unseren Mitmenschen in unseren Beziehungen nicht wahrnehmen und erfüllen. Nur wenn wir uns über unsere Rollen klar werden und sie ausreichend verwirklichen, können wir auch erfüllte Beziehungen leben und kreativ gestalten. Ich möchte Ihnen diesen Zusammenhang zunächst mit einem Beispiel aus der Eltern-Kind-Beziehung erläutern:

Die Rollen Papa-Vater, Mama-Mutter

Viele Eltern wissen nicht, dass sie für das gesunde Heranwachsen ihrer Kinder zwei Rollen ausfüllen müssen: die des *Vaters* und *Papas* und die der *Mutter* und *Mama*.

In der Rolle der *Mama* geht die Frau zärtlich mit ihrem Kind um, schmust und spielt mit ihm, lobt und verwöhnt es. Es ist die *Mama*, die von dem Baby von Geburt an hauptsächlich erlebt und gebraucht wird. Wächst das Kind heran, ist es immer stärker mit der Rolle der *Mutter* konfrontiert. Die *Mutter* (gemeinsam mit ihrem Partner in seiner Rolle als *Vater*) bringt dem Kind bei, sich anzuziehen, sich zu waschen und Zähne zu putzen. Sie erinnert es an die Regeln, zum Beispiel ans Aufräumen, setzt Grenzen und sorgt dafür, dass es gut ernährt und gesund bleibt. Sie hilft dem Kind, Enttäuschung und Frustration aushalten zu lernen, zum Beispiel, wenn es nicht bekommt, was es sich gerade wünscht. Die *Mutter* hat die Aufgabe, das Kind in die immer größere Selbstständigkeit zu begleiten. Manchmal scheint die Rolle der *Mama* weitgehend zu verschwinden und das Kind erlebt vor allem seine *Mutter*. Dies ist häufig bei alleinerziehenden Müttern zu beobachten. Ohne ausreichende Unterstützung von außen haben manche alleinerziehende Mütter durch die vielfachen Anforderungen des Alltags wenig Zeit und innere Ruhe, ihrem Kind auch ausreichend *Mama* zu sein. Um den Alltag meistern zu können, müssen sie sehr klare und manchmal auch enge Regeln setzen und darauf achten, dass diese auch eingehalten werden. Auf der anderen Seite gibt es jedoch auch Frauen, die für ihr Kind mehr, als es ihm gut tut, *Mama* sind. Sie versäumen es häufig, ihrem Kind liebevoll, aber konsequent einen sicheren und stabilen Rahmen zu geben, den es für die eigene Entwicklung braucht und sucht.

Das Problem findet sich in ähnlicher Form beispielsweise häufig bei geschiedenen Männern, die ihre Kinder oft nur am Wochenende oder in den Ferien sehen. Sie wollen diese kurze gemeinsame Zeit oft nicht damit belasten, indem sie zum Beispiel Grenzen setzen, und befürchten, dass ihre Kinder nicht mehr gerne zu ihnen kommen, wenn sie zu streng sind. Diese Kinder erleben dann meist nur den *Papa*, der mit den Kindern spielt, ihnen Geschenke macht und sie verwöhnt. Den richtungweisenden und Grenzen setzenden *Vater*, den sie zum Aufwachsen ebenso benötigen wie den liebevollen *Papa*, erleben sie nicht oder zu selten.

Ebenso, wie Kinder von klein auf ihre *Mama* und *Mutter* brauchen, benötigen sie auch ihren *Papa* und ihren *Vater*. Sie fühlen meist unbewusst, dass für ihre harmonische Entwicklung ihre Eltern alle vier Rollen übernehmen müssen. Tun sie es nicht, können Kinder versuchen, die Übernahme der fehlenden Rolle bei dem jeweiligen Elternteil zu provozieren: Sie können sich dann mit unterschiedlichem Erfolg beispielsweise bei *Mama* und *Papa* unbewusst so verhalten, dass diese (endlich) auch ihre Rollen als *Mutter* und *Vater* ausfüllen.

Konflikte, die durch unzureichend ausgefüllte Rollen hervorgerufen werden, beschränken sich jedoch keineswegs auf die Eltern-Kind-Beziehung. Sie können in allen Bereichen unseres Lebens und in unseren unterschiedlichen Beziehungen auftreten. Im Folgenden will ich Ihnen zeigen, welche unterschiedliche Rollen Männer, Frauen und Kinder einnehmen können, und einige Rollen ansprechen, die oft unzureichend berücksichtigt werden.

Verschiedene Rollen einer Frau

Frauen können folgende Rollen einnehmen:
- als Partnerin/Gefährtin, die ihren Partner durchs Leben begleitet, ihm zuhört, ihm hilft, sich zu entfalten, die aber auch Aufmerksamkeit, Anerkennung und Wertschätzung von ihm wünscht;
- als Geliebte, die aktiv ihr sexuelles Leben mit ihrem Gefährten teilt;
- als Berufstätige in ihrem Arbeitsmilieu, als Künstlerin;
- als Mama, die tröstet, Anerkennung gibt, vorliest, spielt, zärtlich ist;
- als Mutter, die einen Rahmen gibt, erzieht, das Kind zu größerer Autonomie führt;
- als Köchin/Hausfrau, die kocht und andere Hausarbeiten erledigt;
- als Freizeit-Genießende, die Sport treibt, gerne liest, Musik hört;
- nicht zuletzt: als Tochter ihrer Eltern, als Enkelin, als Schwester, Freundin, Tante, Großmutter, Schwiegermutter …

Viele Frauen vernachlässigen als junge Mutter zum Beispiel ihre Rollen als Gefährtin und Geliebte ihres Partners und verzichten oft auf die Rolle der berufstätigen Frau. Sind diese Rollen nur während einer zeitlich begrenzten Periode wenig oder gar nicht ausgefüllt, hat es meist nur geringe negative Auswirkungen auf die Qualität der verschiedenen Beziehungen (zum Partner, zum Arbeitgeber, zu den Kollegen, zu sich selbst). Werden sie jedoch über längere Zeit vernachlässigt, ist es wahrscheinlich, dass mit fortschreitender Zeit ernsthafte Konflikte in den Beziehungen auftreten. Umgekehrt werden Frauen, die gleichzeitig zu viele Rollen übernehmen wollen, ein Gefühl der Müdigkeit und Überforderung erleben. Es ist nicht möglich, gleichzeitig eine gute Partnerin, Geliebte, Mutter, Mama, Hausfrau, Tochter, Angestellte etc. zu sein.

Verschiedene Rollen eines Mannes

Männer können folgende Rollen einnehmen:
- als Partner/Gefährte, der seiner Partnerin hilft, sich in allen Bereichen ihres Lebens zu verwirklichen, der sie ermutigt und in ihrem Alltag begleitet, der von ihr aber auch Aufmerksamkeit, Anerkennung und Wertschätzung wünscht;
- als Geliebter, der alle Bereiche der Sexualität mit seiner Partnerin lebt;

- als Berufstätiger, der in seinem Arbeitsmilieu handelt, erschafft, verändert;
- als Papa, der mit seinen Kindern schmust, spielt, der vorliest, Anerkennung gibt, Geschenke macht, nachsichtig ist;
- als Vater, der erzieht, dem Kind Anweisungen und einen Rahmen gibt, ihm hilft Enttäuschung und Frustration auszuhalten, es in immer größere Autonomie begleitet;
- als Freizeit-Genießender, der Sport treibt, Musik hört, ausgeht;
- als Hausmann/Koch, der Arbeiten im Haushalt übernimmt und kocht;
- nicht zuletzt: als Sohn seiner Eltern, als Enkel, Bruder, Freund, Onkel, Großvater, Schwiegervater.

Männer haben es häufig nicht gelernt, welche verschiedenen Rollen sie in ihrem Leben bewusst übernehmen sollten und wie sie diese sinnvoll ausfüllen können. Sie identifizieren sich oft mit den Rollen des Berufstätigen und des Geliebten, manchmal auch mit der Rolle des Vaters oder Papas. Daher ist vielen von ihnen nicht bewusst, dass es zum Beispiel in einer Partnerschaftsbeziehung nicht ausreicht, die Rolle des Geliebten und des Geldverdieners zu übernehmen. Um eine gute, dauerhafte Beziehung zu ermöglichen, ist es wichtig, dass sie auch bewusst die Rolle des *Gefährten* ihrer Frau einnehmen. Dies bedeutet, sich für ihre Frau einzusetzen, ihrer Frau dabei zu helfen, dass sie sich sowohl innerhalb als auch außerhalb ihrer Partnerschaft verwirklichen und zufrieden sein kann. Dies bedeutet, dass er ihr zuhört, sich bei Bedarf um die Kinder kümmert, gemeinsam mit seiner Frau überlegt, wie auch sie beruflichen Erfolg haben kann. Diese wichtige Aufgabe wird in der Partnerschaft traditionell häufiger von Frauen übernommen. In der Rolle der Gefährtin unterstützen sie ihren Mann oft in allen Lebenslagen. Häufig ermöglicht sie es ihm damit, sich auf die Karriere zu konzentrieren und zu Hause Bedürfnisse nach Zuwendung und Fürsorge zu befriedigen. Es kann jedoch nur dann dauerhaft eine gute Beziehungsqualität in einer gleichberechtigten Partnerschaft geben, wenn sich Männer und Frauen gleichermaßen mit der Rolle des Gefährten oder der Gefährtin identifizieren.

Frauen versuchen häufig, all ihren unterschiedlichen Rollen gerecht zu werden, und fühlen sich dadurch nicht selten überfordert, vernachlässigen dabei auch ihre Wünsche. Männer hingegen verfolgen zuweilen eine andere Strategie: Es kann passieren, dass sie einen Teil ihrer Rollen ignorieren oder sie nicht sinnvoll ausfüllen und damit versuchen, ihre eigene Überforderung und den durch die unzähligen Anforderungen in ihrem Leben hervorgerufenen Stress zu verringern.

Verschiedene Rollen des Kindes

Auch Kinder finden sich mit verschiedenen Rollen konfrontiert und fühlen sich oft zwischen ihnen hin- und hergerissen:
- als Schüler, der mit den Erwartungen der Lehrer und den Schulregeln konfrontiert ist;
- als spielendes Kind, auch als Jugendliche beim Spiel, alleine und mit anderen;
- als Tochter oder Sohn von Vater und Mutter – konfrontiert mit Regeln und mit den bewussten und unbewussten Erwartungen der Eltern;
- als Bruder oder Schwester jüngerer oder älterer Geschwister;
- als Sportler im Sportbereich, in Vereinen;
- als Kind, das Nähe braucht, das Zärtlichkeit, Körperkontakt und Zuwendung benötigt;
- als Heranwachsende mit einem Beürfnis nach Autonomie und Vertrauen in die eigenen Fähigkeiten;
- als träumendes Kind, das in seiner Phantasiewelt lebt und handelt;
- als Beschützer, der seine eigenen Eltern beschützen will und deshalb zeitweise die Rolle eines Elternteils zu übernehmen versucht;
- als Enkelin, die sich von ihren Großeltern verwöhnen lassen kann;
- nicht zuletzt: als Nichte, Cousin, Patenkind, Pflegekind ...

Da Erwachsene ihre unterschiedlichen Rollen oft nicht bewusst wahrnehmen, erklären und zeigen sie meist auch Kindern nicht, welche verschiedenen Rollen sie in ihren unterschiedlichen Lebensbereichen und Beziehungen haben. Lehrerinnen erwarten von ihren Schülern beispielsweise ganz selbstverständlich, dass sie sich von ihrer Einschulung an mit ihrer Rolle als Schüler identifizieren und den Anforderungen und Regeln der Schule entsprechen. Vielleicht ist das Mädchen oder der Junge aber in seiner Rolle als *spielendes Kind* in die Schule gekommen und geht davon aus, diese Rolle auch im schulischen Bereich leben zu können. Hier kann es hilfreich sein, einem solchen Kind zu erklären, dass es sich in der Schule in der Rolle des *Schülers* befindet, während es auf dem Schulhof und während seiner Freizeit wieder die Rolle des *spielenden Kindes* einnehmen kann. Manche Kinder haben von ihrem ersten Schultag an begriffen, was von ihnen in der Schule erwartet wird, andere nicht. Probieren Sie es einmal aus, wenn Sie Kinder kennen, die in der Zeit, in der sie für die Schule arbeiten sollten, lieber spielen: Oft hilft die Klarstellung ihrer verschiedenen Rollen und sie verstehen besser, was Erwachsene von ihnen in verschiedenen Lebensbereichen und Situationen erwarten. Dies bedeutet auch, dass Erwachsene darauf achten müssen, dem *spielenden Kind* genug Raum zu geben, um auch diese Rolle ausfüllen zu können.

Fallgeschichten zum Rollenverständnis

Stephan wagte es, während des Seminars zum Thema „Eltern-Kind-Beziehungen" auch von seinen eigenen Problemen mit seiner geschiedenen Frau und seinem Sohn Tom zu sprechen: „Beate, meine Exfrau, ist noch zwei Jahre nach unserer Trennung wütend auf mich. Sie wollte die Trennung damals nicht und dachte, dass ich eine andere hätte – was gar nicht stimmte. Beate und ich kamen einfach nicht mehr miteinander klar ... Und seitdem ich nicht mehr bei ihr und Tom, unserem neunjährigen gemeinsamen Sohn, wohne, versucht sie alles, um zu verhindern, dass ich Tom sehe – trotz richterlich vereinbarten Besuchsrechts." Er zögerte weiterzusprechen. Aber da ihn der Seminarleiter und alle Teilnehmer erwartungsvoll anschauten, fuhr er fort: „Es stimmt schon, dass ich auch die Tendenz habe, Tom zu verwöhnen, wenn er zu mir kommt – Beate hat mir das schon immer vorgeworfen. Ich möchte so sehr, dass er trotz all dem Negativen, das ihm Beate über mich erzählt, gerne zu mir kommt. Ich habe Schwierigkeiten, ihm etwas zu verbieten und Regeln zu vereinbaren. Aber ich weiß nicht, wie ich es besser machen kann."

Mit Hilfe der Gruppe schlug der Seminarleiter Stephan eine erste externe Visualisierung zu den verschiedenen Hüten vor, die er mit Tom bewusst aufsetzen sollte. Er erklärte ihm, was die Rollen des Papas und die des Vaters ausmachten und dass sein Sohn beides von ihm brauchte. Weiterhin machte der Trainer Stephan und die Gruppe mit Hilfe einer zweiten externen Visualisierung darauf aufmerksam, dass Stephan und Beate auch nach ihrer Trennung und dem „Ablegen" ihrer Partnerschafts-Hüte nach wie vor eine gemeinsame Beziehung als Eltern von Tom hatten. Er forderte Stephan auf, seinem Sohn zu sagen (und mit Hilfe verschiedener Beziehungsschals auch zu zeigen): „Deine Mutter und ich werden immer als Eltern für dich da sein. Es sind nicht deine Eltern, die sich getrennt haben, denn diese Beziehung zwischen uns besteht weiter. Es ist unsere Beziehung als Mann und Frau, unsere Partnerschaft, die wir nicht mehr weiterführen. Und die Probleme, die wir miteinander haben, gehören in diese Beziehung und nicht in die Beziehung zwischen dir und deiner Mutter noch in die zwischen dir und mir als deinem Vater." [20]

Bei dem nächsten Seminartreffen erzählte Stephan: „Ich habe mir einige Zeit genommen, um selbst besser zu verstehen, was Tom von mir brauchte und wie ich das im Seminar Gelernte umsetzen konnte. Dann habe ich Tom an einem unserer Wochenenden vorgeschlagen, gemeinsam eine Zeichnung zu machen. Wir haben jeweils eine Figur für ihn, für mich als seinen Vater und für Beate als seine Mutter gemalt. Ich habe Tom erklärt, wie er mit einem gemalten Beziehungsschal jeweils seine Beziehung zu seiner Mutter und seine Beziehung zu seinem Vater darstellen konnte. Ich zeigte ihm auch, dass ein weiterer Schal zwischen Beate und mir unsere Beziehung als seine Eltern darstellen konnte. Ich hatte dann noch die Idee, neben meine gemalte Figur Herzen für meine Gefühle zu malen, die ich zu ihm habe, und ihm vorzuschlagen, ebenfalls Herzen neben seine Figur zu malen – jeweils für seine Gefühle für Mama und für

Papa. Er hat dies mit Begeisterung gemacht und wollte danach die Zeichnung in sein Zimmer hängen. Ich habe ihm ebenfalls erklärt, dass seine Eltern immer als Eltern für ihn da sein würden und dass ich mich von Beate in ihrer Rolle als meiner Frau und nicht als seiner Mutter getrennt habe. Seitdem hat sich unsere Beziehung sehr verbessert. Ich schaffe es inzwischen, ihm als *Vater* auch einmal ‚Nein' zu sagen und ihm Grenzen zu zeigen. Ich habe aber auch verstanden, wie wichtig es für ihn ist, mit mir als seinem *Papa* rumzutoben und spielerisch zu kämpfen. Später ist mir klar geworden, warum ich vorher am liebsten nur *Papa* für ihn sein wollte: Mein eigener Vater hatte bei mir nur die Rolle des *Vaters* übernommen. Er hatte mich nie gelobt oder mir Zärtlichkeit gezeigt, worunter ich sehr litt ..."

Jessica versuchte gerade zum vierten Mal, ihren zweijährigen Sohn Tobias dazu zu bringen, endlich ins Bett zu gehen: „Mein Liebling, es ist nun wirklich Zeit, ins Bett zu gehen! Komm mein kleiner Süßer, sei mein Schatz ..." Tobias kletterte, ohne seine Mutter zu beachten, auf das Sofa und versuchte, seinem vierjährigen Bruder Frank sein neues Feuerwehrauto aus der Hand zu reißen. Der reagierte mit einem schrillen Schrei. „Kinder, hört doch bitte auf!" Jessica hielt sich die Ohren zu, bis Frank endlich aufhörte zu schreien. Sie nahm ihren Kleinsten an der Hand und zog ihn trotz heftigen Protests ins Kinderzimmer. In der Zwischenzeit machte Frank das Fernsehen an und stellte es auf volle Lautstärke. Jessica konnte nicht mehr. Sie steckte Tobias in sein Gitterbett und ging, den Fernseher leiser zu machen. Sollte Frank doch davor sitzen bleiben, bis sie Tobias endlich im Bett hatte ... Eine Stunde später saß sie völlig erschöpft im Sessel und dachte daran, was sie noch alles zu tun hatte, bevor sie endlich ins Bett gehen konnte: die Spielsachen wegräumen, spülen, die Küche aufräumen, die Waschmaschine beschicken, neue Kleider rauslegen, und die Bügelwäsche lag auch noch da. Ihr Mann Hugo würde heute Abend wieder spät von einer Sitzung nach Hause kommen. Er half ihr sowieso selten bei ihren vielen Arbeiten.

Im Sessel sitzend dachte Jessica darüber nach, wie schwierig ihr Leben seit der Geburt des zweiten Kindes geworden war. Sie hatte immer vorgehabt, sich um beide Kinder gleich gut zu kümmern und hatte dies auch versucht. Sie hatte ihrem Ältesten immer aufmerksam zugehört und ihm mit vielen Gesten und kleinen Geschenken gezeigt, dass sie ihn auch nach der Geburt von Tobias noch genau so lieb hatte wie vorher. Gleichzeitig hatte sie versucht, mit dem kleinen Tobias all das zu machen, was sie auch mit Frank als Baby gemacht hatte: ihn lange zu stillen, zu massieren, mit ihm zum Babyschwimmen zu gehen. Doch irgendwie hatte es nicht so geklappt, wie sie es sich vorgestellt hatte. Die Kinder nahmen immer mehr Platz in ihrem Leben ein. Jessica schaffte es kaum noch, sich um den Haushalt zu kümmern. Es blieb ihr keine Zeit mehr, ihrem Mann zuzuhören, wenn dieser abends von der Arbeit kam. Auch der Kontakt zu ihren Verwandten und Freunden wurde seltener. Und ihre beiden Söhne hörten immer weniger auf das, was sie von ihnen wollte, obwohl sie ihre Bitten immer liebevoll formulierte ...

Jessica war nicht klar, dass eine harmonische Erziehung ihrer beiden Kinder so, wie sie es anging, nicht möglich war. Sie verstand überhaupt nicht, warum weder Frank noch Tobias auf ihre liebevollen Aufforderungen reagierten. Sie ging doch völlig in ihrer Rolle als Mama auf ...

Verzweifelt beobachtete sie, dass ihre Kinder immer weniger auf sie hörten und auch immer mehr Unsinn machten. Ein ständig wachsender Lärm gehörte immer mehr zu ihrem Alltag. Ihrem Mann Hugo ging das Verhalten seiner Söhne und der unerträgliche Lärm immer mehr auf die Nerven. Auch die Ungeduld und Unzufriedenheit von Jessica waren für ihn nur schwer zu ertragen, wenn er nach einem anstrengenden Arbeitstag abends nach Hause kam. Doch statt seine Rolle als Vater zu übernehmen und den Kindern Halt und Richtung zu geben (was seine Frau ihm übrigens jedes Mal übel nahm, sobald er es versucht hatte), blieb er immer häufiger noch spät auf der Arbeit oder zog abends mit Freunden los.

Jessica lernte eines Tages die Mutter eines Kindergartenfreundes von Frank näher kennen, die in einer Familienberatungsstelle arbeitete. In ihrer Verzweiflung vertraute Jessica ihr die Schwierigkeiten mit ihren beiden Söhnen an. Die sehr erfahrene Beraterin schlug ihr vor, einmal gemeinsam mit ihrem Mann zu einer Elternberatung zu kommen. Jessica war an einem Punkt angelangt, an dem sie bereit war, alles auszuprobieren. Sie konnte zu ihrer großen Überraschung ihren Mann motivieren, zu der Beratung mitzukommen. Dort erfuhren sie, wie wichtig es für ihre Kinder war, von beiden Eltern einen sicheren Rahmen und klare Regeln zu bekommen, an denen sie sich orientieren konnten. Die Familienberaterin erklärte ihnen, dass es ihre Rolle als Vater und Mutter sei, den Kindern diesen Rahmen zu geben. Ihre chaotische Situation konnte entstehen, weil Jessica ihren Kindern nur als Mama gegenüber aufgetreten war und Hugo sich fast vollständig der Verantwortung für die gemeinsamen Söhne entgezogen hatte. Hugo und Jessica nahmen diese Erklärung dankbar an und beschlossen zu versuchen, ihre Rollen in der Erziehung der Kinder gemeinsam auszufüllen. Es gelang ihnen mit der Zeit immer besser, ihren Kindern als Vater und Mutter Regeln zu geben und Grenzen zu setzen und ihnen als Mama und Papa liebevoll Zeit zu widmen. Natürlich gab es auch weiterhin Probleme und Konflikte, aber insgesamt besserte sich das Zusammenleben, und der Lärmpegel sank. Auch fand Jessica mehr Zeit und Ruhe für sich, und Frank kam auch wieder freudiger nach Hause als zuvor.

ESPERE-Übungsteil

Für viele Menschen ist es neu, sich einzugestehen, dass es Rollen in ihrem Leben gibt, die sie zurzeit nicht oder nur unvollständig ausfüllen. In der Regel übernehmen sie vor allem jene Rollen, die auch in ihren Ursprungsfamilien von gleichgeschlechtlichen Elternteilen oder Verwandten übernommen wurden. Manchmal, wie in der Geschichte von Stephan, übernehmen sie auch unbewusst die entgegengesetzte Rolle, als sie der eigene Vater oder die Mutter gespielt hatte. Mit den folgenden Übungen schlage ich Ihnen vor, sich schrittweise mit den verschiedenen Rollen in Ihrem Leben vertraut zu machen und herauszufinden, welche Rollen Sie in Ihrem eigenen Leben nur unvollständig oder gar nicht ausfüllen. Ein erster Schritt dazu ist es, sich (visuell unterstützt) bewusst zu werden, welche Beziehungen Ihnen in Ihrem Leben wichtig sind und welche Rollen jeweils mit den einzelnen Beziehungen verbunden sind.

Übung 19: Ihre Beziehungen und die damit verbundenen Rollen

a) Schreiben Sie bitte spontan, ohne nachzudenken, an dieser Stelle in Ihrem Buch oder in Ihren ESPERE-Unterlagen auf, mit welcher Rolle Sie sich heute in Ihrem Leben zuallererst identifizieren:
Meine wichtigste derzeitige Rolle ist ....

b) Bitte beantworten Sie auch die folgende Frage, ohne darüber nachzudenken: Welche weiteren zwei Rollen übernehmen Sie während Ihres Alltags – entweder, weil Sie viel Zeit in diesen Rollen (zum Beispiel als Berufstätige oder als Hausmann) verbringen oder weil sie ihnen emotional sehr wichtig sind (beispielsweise als Kind Ihrer Mutter oder Ihres Vaters, als Gefährtin)?
Meine zwei weiteren Hauptrollen sind die als .... und als
....

c) Sie haben nun spontan drei Ihrer derzeitig wichtigsten Rollen identifiziert. Nun möchte ich Sie bitten, sich alle anderen Rollen, die Sie als Frau oder Mann in Ihren verschiedenen Beziehungen (mit anderen und mit sich selbst) einnehmen, bewusst zu machen. Dazu können Sie wieder die Skizze Ihrer Beziehungen zu anderen Menschen aus der Übung 1 des ersten Übungsschritts (Seite 54) zur Hilfe nehmen. Legen Sie nun in Ihren ESPERE-Unterlagen eine neue Liste an. Schreiben Sie bitte neben jede Ihrer Beziehungen die möglichen Rollen, die mit ihr verbunden sind oder sein könnten:

Beispiele:

Meine Beziehung zu meiner Tochter: Rollen des *Vaters* und des *Papas*
Meine Beziehung zu meiner Mitarbeiterin: Rollen der *Kollegin* und der *Freundin*
Meine Beziehung zu meiner Partnerin: Rolle des *Geliebten*, des *Gefährten*

Sie können die folgenden Abbildungen benutzen, um Ihre verschiedenen Rollen herauszufinden:

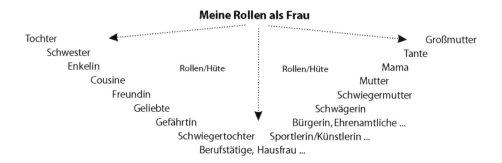

d) Beobachten und notieren Sie während mehrerer Tage, welche Rollen Sie in Ihrem Alltag übernehmen – wann, wo, in welcher Situation.

Übung 20: Rollen bewusst machen

Beschreiben Sie nun bitte aufbauend auf der vorherigen Übung genauer jene Rollen, die Sie zurzeit hauptsächlich einnehmen.

a) Legen Sie Ihre vier Hauptrollen fest. Nachdem Sie sich nun intensiver mit Ihren verschiedenen Rollen beschäftigt haben, müssen diese vier Rollen nicht mit denen übereinstimmen, die Sie spontan in Übung 1 a) und b) gefunden haben.

Zeichnen Sie jetzt bitte eine Figur für jede der vier Hauptrollen und geben Sie ihnen einen Namen (z.B. „Papa Thomas", „Thomas, der beruflich Erfolgreiche", „Thomas, der verständnisvolle Gefährte"). Selbstverständlich können Sie diese Figuren einfach als Strichmännchen malen. Aber vielleicht geben Sie jeder einen bestimmten charakteristischen Gegenstand in die Hand. Nehmen Sie sich bitte Zeit, alle vier Rollen genau zu beschreiben und versuchen Sie, die folgenden Fragen zu beantworten:
⇢ Was charakterisiert jede Ihrer vier Rollen und wie verhalten Sie sich jeweils?
⇢ Warum übernehmen Sie *diese* vier Rollen als Hauptrollen?
⇢ Wie zufrieden fühlen Sie sich in jeder dieser Rollen?
⇢ Welche dieser Rollen würden Sie gerne weniger stark oder stärker ausfüllen?

b) Wenn Sie sich jetzt Ihr Leben und Ihre vier Hauptrollen ansehen: Welche Gewichtung würden Sie heute jeder von ihnen geben? Das könnte zum Beispiel für einen Mann, der gerade seine Karriere begonnen hat, so aussehen: 60 Prozent Berufstätiger, 15 Prozent engagierter Parteiangehöriger, 10 Prozent Geliebter, 5 Prozent Papa. Die verbleibenden 10 Prozent würden auf andere Rollen fallen: die des Sohns seiner Eltern, des Vaters, Gefährten, Sportlers, Hausmanns etc. Für eine Frau mit kleinen Kindern könnte die Gewichtung so aussehen: 50 Prozent Mama für die Kinder, 25 Prozent Hausfrau, 10 Prozent Mutter und 5 Prozent Gefährtin. Alle weiteren Rollen, wie die der Schwiegertochter, Geliebten, Berufstätigen, Tochter, Sportlerin, Freundin etc. fallen auf die restlichen 10 Prozent oder werden zurzeit nicht ausgefüllt. Zur besseren Verdeutlichung können Sie sich wie in der folgenden Abbildung ein „Tortendiagramm" zeichnen:

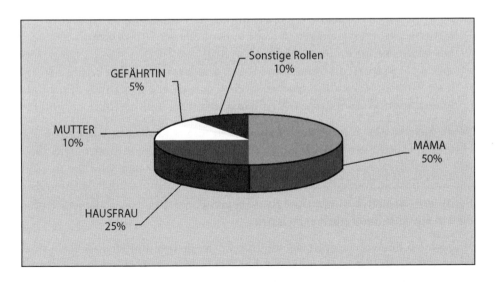

Abb. 9: **Beispielhafte Darstellung der verschiedenen Rollen einer Frau in prozentualer Verteilung.**

Übung 21: Hüte[21] bewusst aufsetzen

Es ist selten der Fall, dass wir in unserem Leben alle unsere Rollen genau mit der Gewichtung ausfüllen, die gut für uns ist. Meistens gibt es Rollen, die zu kurz kommen, oder andere, die übergewichtet sind. Diese Übung soll Ihnen dabei helfen, die verschiedenen Rollen in Ihrem Leben auszugleichen.

a) Nehmen Sie bitte noch einmal Ihre Liste mit all den Rollen, die Sie bisher auf die eine oder andere Art ausfüllen. Nun notieren Sie neben jede Rolle, ob der Platz, den Sie ihr geben, zu klein, zu groß oder genau richtig ist. Beobachten Sie möglichst auch, wie Bekannte und Freunde die verschiedenen Rollen in ihrem Leben ausfüllen. Achten Sie dabei besonders auf Rollen, die Sie selbst zurzeit vernachlässigen und die Sie gern stärker annehmen würden. Lassen Sie sich von anderen Menschen anregen, bei denen Sie beobachten, dass sie die von Ihnen bisher vernachlässigten Rollen stärker ausfüllen, als Sie es tun.

b) **Das Hüte-Konzept:** Wenn Sie noch Schwierigkeiten haben, sich Ihre verschiedenen Rollen bewusst zu machen, oder wenn Sie anderen, insbesondere Kindern, diese Rollen verdeutlichen wollen, stellen Sie sich einfach Hüte her oder kaufen Sie sich eine Anzahl von Kappen, auf die Sie jeweils eine bestimmte Rolle schreiben. Benutzen Sie Ihre Kreativität. Sie können auch Papierhüte falten und beschriften. Auf diese Weise können Sie etwa Ihren Kindern spielerisch klarmachen, dass Sie beispielsweise nicht ständig als *Mama* ansprechbar sein wollen. Vor allem dann nicht,

⇢ wenn Sie zum Beispiel in der Rolle der *Freundin* telefonieren oder Tee trinken,
⇢ wenn Sie gerade als *Berufstätige* am Computer arbeiten,
⇢ wenn Sie eine schwierige Arbeit in der Rolle als *Hausfrau* durchführen,
⇢ wenn Sie sich als *Gefährtin* ungestört mit Ihrem Partner besprechen wollen,
⇢ wenn Sie am Sonntagmorgen in Ruhe in der Rolle der *Geliebten* noch etwas Zeit mit Ihrem Partner im Bett verbringen wollen,
⇢ aber auch, wenn Sie als *Mutter Ihres Sohnes* gerade etwas mit ihm besprechen und Ihrer Tochter verständlich machen wollen, dass sie erst danach als *Mutter* oder *Mama Ihrer Tochter* für sie zur Verfügung stehen.

Wenn Sie eine Zeit lang immer wieder in den unterschiedlichen Situationen Ihre Hüte mit der jeweiligen Bezeichnung aufsetzen, begreifen gerade Kinder in der Regel sehr schnell das Konzept der verschiedenen Rollen. Ihr Verhalten wird für Sie selbst und auch für Ihre Kinder klarer. Es fällt Ihren Kindern dann deutlich leichter, diese Rollen auch zu berücksichtigen und zum Beispiel ihre Mama in der Rolle der *Berufstätigen* in Ruhe zu Ende arbeiten zu lassen.

c) Zeichnen Sie bitte zu jeder der Rollen, die Sie stärker ausfüllen wollen, wie in Übung 20 a), eine Figur und geben Sie ihr einen Namen. Beschreiben Sie auf demselben Blatt, was diese Figur, zum Beispiel „Bärbel die Berufstätige" oder „Freundin Bärbel", in dieser Rolle tun sollte, um sich damit zufrieden und ausgefüllt fühlen zu können.

d) Beginnen Sie nun, behutsam die Rollen, die zu wenig von Ihnen ausgefüllt werden, häufiger und verstärkt einzunehmen. Entwickeln Sie mit Kreativität diese Rollen und schreiben Sie bitte regelmäßig auf, wie Sie sich fühlen, wenn Sie bisher vernachlässigte Rollen übernehmen. Wie verändert sich Ihre Beziehung zu Ihnen selbst und zu anderen?

Bitte denken Sie daran, dass sowohl Ihre Zeit als auch Ihre Fähigkeit, mehrere Rollen gleichzeitig auszufüllen, begrenzt sind. Sie werden nur dann neue Rollen in Ihr Leben aufnehmen oder ihnen einen größeren Platz geben können, wenn Sie parallel dazu bisher vorrangigen Rollen bewusst weniger Zeit widmen.

* * *

IHRE FOKUSBEZIEHUNG und FOKUSPERSON

Beobachten und notieren Sie, welche Rollen Sie mit Ihrer Fokusperson einnehmen und welche Rollen diese mit Ihnen einnimmt. Führen Sie die Übung 21 a) bis c) auch in Bezug auf Ihre Focusperson durch. Beantworten Sie möglichst detailliert in Ihren ESPERE-Unterlagen die folgenden Fragen:
1. Wie gut fülle ich die Rolle(n) meiner Fokusperson gegenüber aus?
2. Welche Rolle(n) füllt sie mir gegenüber aus und wie fühle ich mich damit? Wie gut füllt sie diese Rollen aus?
3. Welche Rollen sollten einen höheren Stellenwert in unserer Beziehung erhalten?
4. Was würde ich gern anders machen in Bezug auf meine verschiedenen Rollen in dieser Fokusbeziehung?

Gibt es Rollen, die Ihrer Meinung nach in Ihrer Fokusbeziehung nicht ausreichend gelebt werden, so dass dadurch die Beziehungsqualität vermindert wird? Seien Sie sich bewusst, dass es Rollen gibt, die sich gegenseitig beeinflussen. Wenn Ihre Fokusperson beispielsweise Ihre Partnerin ist und Sie feststellen, dass sie zu selten die Rolle Ihrer *Gefährtin* ausfüllt, kann das auch daran liegen, dass Sie selbst zu selten die Rolle des *Vaters* übernehmen. Denn Ihre Partnerin muss dann noch stärker als *Mutter* Ihrer gemeinsamen Kinder auftreten, und die Zeit, die sie der Rolle der *Gefährtin* widmen kann, wird dadurch vielleicht geringer.

In diesem Zusammenhang kann es für Sie hilfreich sein, auch darüber nachzudenken, ob Ihre eigenen Eltern in Ihrer Kindheit Ihnen gegenüber jeweils beide Rollen genügend ausgefüllt haben: Kümmerten Ihre Eltern sich um Sie als *Mutter* und *Mama* sowie als *Vater* und *Papa* oder fehlte Ihnen eine dieser Rollen?

* * *

Schritt 6: Das Wichtigste in Kürze

Zur Unterscheidung verschiedener Rollen als „Hüte:

- Viele Menschen nehmen die verschiedenen Rollen in ihrem Leben nicht bewusst wahr. Manche ihrer Rollen dominieren oder sind sehr stark ausgefüllt, andere kaum oder überhaupt nicht.
- Sind nur wenige der Rollen berücksichtigt, die wir ausfüllen können oder wollen, entsteht ein Ungleichgewicht in den Beziehungen zu anderen Menschen und zu den verschiedenen Anteilen von uns selbst. Listen Ihrer möglichen Rollen erleichtern es, diejenigen zu identifizieren, die stärkere Beachtung benötigen.
- Es ist möglich, sich selbst und anderen gegenüber die verschiedenen Rollen in Form von unterschiedlichen, auch kreativ gestalteten Hüten sichtbar und verständlich zu machen. Besonders im Umgang mit Kindern ist diese Form der Visualisierung hilfreich. Sie verringert Konflikte.

Was Sie erfahren konnten:

Für Ihre Beziehungen zu anderen Menschen:

Wenn Ihre Mitmenschen wissen, mit wem (mit welcher Rolle) sie es bei Ihnen in einer bestimmten Situation zu tun haben, können sie leichter in Beziehung zu Ihnen treten. Die Verständigung wird dadurch klarer und Konflikte, die durch die Vermischung und Verwechslung von Rollen entstehen, werden seltener.

Für Ihre Beziehung zu sich selbst:

Indem Sie sich um möglichst viele Ihrer unterschiedlichen Rollen bewusst kümmern, nähren Sie eine gute Beziehungsqualität zu sich selbst: Ihre verschiedenen Rollen stellen verschiedene innere Anteile von Ihnen selbst dar. Sie sind mit unterschiedlichen Bedürfnissen verbunden, die Sie mit jeder einfühlsam gelebten Rolle stärker befriedigen.

Schritt 7: Unsere Beziehungsbedürfnisse erkennen und befriedigen

In diesem Kapitel erfahren Sie ...

⇢ welche grundlegenden Beziehungsbedürfnisse die Methode ESPERE unterscheidet und wie Sie diese bei sich und anderen wahrnehmen können;
⇢ wie es dazu kommt, dass Sie manche Ihrer Beziehungsbedürfnisse in der Vergangenheit nicht wahrgenommen und befriedigt haben, und wie Sie dies ändern können;
⇢ wie Ihnen die visuellen Werkzeuge der Methode ESPERE helfen können, sich mit Ihren Bedürfnissen zu beschäftigen und sie schrittweise zu befriedigen.

Unsere Beziehungsbedürfnisse wahrnehmen

Die wenigsten Menschen machen sich darüber Gedanken, welche grundlegenden Bedürfnisse sie in ihren verschiedenen Beziehungen, mit den Eltern, der Partnerin, den Kindern, Freunden und Arbeitskolleginnen haben. Vielen ist auch nicht klar, was ein Beziehungsbedürfnis eigentlich ist. Auf die Frage „Was meinst du, was Menschen in ihren Beziehungen zu anderen brauchen?", erhalten wir häufig als Antwort: „Sie brauchen Liebe!" Diese Antwort erweckt den Eindruck, als umfasse „geliebt zu werden" alle anderen Bedürfnisse. Doch ist das alles? Und was bedeutet es für jeden Einzelnen, „sich geliebt zu fühlen"? Welche verschiedenen Beziehungsbedürfnisse können sich hinter dieser Antwort verbergen?

Die Beschäftigung mit unseren Beziehungsbedürfnissen ist ein wesentlicher Schritt auf unserem Weg zu einer einfühlsamen Beziehung zu uns selbst und zu anderen. Dieser siebte Übungsschritt knüpft direkt an die Übungen zur Bewusstmachung Ihrer verschiedenen Rollen aus dem sechsten Übungsschritt an. Gerade jene Rollen, die Ihrer Meinung nach zu wenig oder überhaupt nicht ausgefüllt werden, geben Ihnen wertvolle Hinweise auf nicht erfüllte Bedürfnisse in Ihren Beziehungen. Wir bezeichnen mit dem Begriff **Beziehungsbedürfnisse** in diesem Kontext alle spezifischen Bedürfnisse, die wir in Bezug auf unser Zusammenleben mit anderen Menschen aus unserem Beziehungskreis haben.

Die wichtigsten Beziehungsbedürfnisse[22] der Methode ESPERE

Bei der Methode ESPERE unterscheiden wir die folgenden grundlegenden Beziehungsbedürfnisse:

1. **Das Bedürfnis, sich mitzuteilen und gehört zu werden.** Es handelt sich hier im Grunde um zwei Bedürfnisse. Zuerst haben wir das Bedürfnis, in einer uns eigenen Sprache das mitzuteilen, was uns in unserem Inneren bewegt und berührt. Die Befriedigung dieses Bedürfnisses ist keineswegs selbstverständlich, denn viele Menschen, insbesondere Kinder, haben nicht den Freiraum, das mit eigenen Worten und ohne Angst vor unangenehmen Konsequenzen auszudrücken, was sie wirklich fühlen. Das zweite dazugehörige Bedürfnis ist, dass das, was wir in unserer persönlichen, eigenen Sprache sagen, von unserem Gegenüber auf derselben Ebene auch gehört und verstanden wird. Nur dann ist eine Kommunikation auf „gleicher Wellenlänge" möglich.

2. **Das Bedürfnis, Anerkennung zu bekommen.** Es handelt sich um das Bedürfnis, für das, was wir tun, für unsere Fähigkeiten, Talente und für unser Engagement eine positive Rückmeldung zu erhalten. Dieses Bedürfnis wird sehr deutlich, wenn wir kleine Kinder beobachten: Bekommen sie nicht genügend Anerkennung für ihre kleinen und großen Fortschritte, für das, was sie neu lernen und sich an Fähigkeiten er-

obern, verschwindet leicht ihre Motivation, verringern sich ihr Selbstbewusstsein und ihre Lebensfreude.

3. Das Bedürfnis, so angenommen und akzeptiert zu werden, wie ich bin. Es handelt sich um das Bedürfnis, in meiner Einzigartigkeit, mit meinen persönlichen Eigenheiten und verschiedenen Möglichkeiten bedingungslos angenommen und akzeptiert zu werden. Darüber hinaus habe ich das Bedürfnis nach Wertschätzung, danach, mich selbst als wertvollen Menschen zu erleben. Ich brauche das Gefühl, nicht austauschbar zu sein, das Gefühl, so wie ich bin, einen besonderen Platz im Leben der Menschen, die mir wichtig sind, zu haben.

4. Das Bedürfnis, einen entscheidenden Einfluss auf mein Leben und meine direkte Umgebung ausüben zu können. Es bedeutet, dass ich über das, was mit mir geschieht, (mit-)bestimmen und es beeinflussen kann. Ich will mich als „Co-Autor" meines Lebens fühlen und spüren, dass ich Dinge verändern und meinem Leben eine (neue) Richtung geben kann.

5. Das Bedürfnis nach Wahrung der Intimsphäre. Wir brauchen einen äußeren Raum und einen inneren Raum, in dem wir allein entscheiden, wen oder was wir hineinlassen. Der äußere Raum kann ein bestimmter Platz sein, den nur ich benutze oder aufsuche, beispielsweise ein Wohnraum, in dem ich mich zeitweise ungestört zurückziehen kann. Der äußere Raum kann auch meine persönlichen Sachen betreffen, die ich nicht mit anderen teilen will. Der innere Raum sind Bereiche meiner Intimsphäre, meines Gefühlslebens, meiner Gedanken und Erfahrungen, die nur mir gehören. Ich entscheide, wem und in welcher Situation ich diese Bereiche meines inneren Raums öffne oder ob ich diese Bereiche nur für mich zugängig halte.

6. Das Bedürfnis nach Zugehörigkeit, Sicherheit, Zustimmung und Nähe. Verschiedene Facetten eines grundlegenden Bedürfnisses werden hier ausgedrückt: sich einer Gruppe oder Gemeinschaft zugehörig zu fühlen sowie Sicherheit, Anerkennung und Zustimmung von Menschen zu erhalten, die einem nahe sind. Ich brauche emotionale und materielle Sicherheit und Nähe von denjenigen, die zu mir gehören. Nur dann kann ich mich ohne Angst entwickeln. Die Befriedigung des Bedürfnisses nach Sicherheit, Nähe und Zustimmung ist besonders wichtig für Kinder, damit sie in einem schützenden Rahmen aufwachsen können. Zugehörigkeit, Sicherheit, Zustimmung und Nähe brauchen wir unabhängig von dem, was wir tun. Sehr unsichere Menschen suchen hingegen Sicherheit, indem sie ständig nach der Zustimmung ihres Gegenübers fragen und ihr Verhalten dieser Zustimmung unterordnen. Verbal äußert sich dies durch Redewendungen wie „wenn du meinst", „wie du willst", „na gut", „wärst du damit einverstanden?"

7. Das Bedürfnis, für sich selbst einzutreten, sich selbst treu zu sein. Dieses Bedürfnis ist verbunden mit dem Wunsch nach Selbstachtung, nach Selbstverwirklichung. Es bedeutet, sich selbst anzunehmen und stolz auf sich als Person und auf das eigene Verhalten sein zu können. Nur indem wir uns selbst treu sind, können wir unseren eigenen Lebensweg finden und gehen, ohne die Lebenswege und Lebensstrategien anderer Menschen kopieren zu müssen. Unser Bedürfnis danach, für uns selbst einzutreten, ist verbunden mit dem Bedürfnis nach Selbstständigkeit und Autonomie.

Das Bedürfnis nach Zustimmung und Nähe und das Bedürfnis nach Selbsttreue und Autonomie sind einander entgegengesetzt. Immer wieder müssen wir uns zwischen dem entscheiden, was für uns selbst gerade wichtig und notwendig ist, und jenem, was uns die Zustimmung von wichtigen Bezugspersonen sichert. Diese Spannung ruft daher häufig innere Konflikte hervor. Ist unser Bedürfnis nach Zustimmung sehr stark ausgebildet und spüren wir, dass andere Menschen mit dem, was wir vorhaben, nicht einverstanden sind, geben wir oft unsere eigenen Pläne auf. Wir stehen nicht für uns selbst ein. Da wir auf diese Weise unsere Abhängigkeit von anderen aufrechterhalten und nicht das tun, was wir gerne tun würden, führt diese Haltung leicht zu Unzufriedenheit und Unwohlsein. Kämpfen wir jedoch für unsere Position und versuchen wir, uns treu zu bleiben, bekommen wir häufig starke emotionale Reaktionen unseres Gegenübers bzw. auch aus unserem eigenen Inneren. Wie Sie mit der Spannung zwischen diesen beiden gegensätzlichen Bedürfnissen umgehen können und wie Sie lernen können, sie ins Gleichgewicht zu bringen, wollen wir uns im Verlauf dieses Kapitels ansehen. Hier erst einmal die ESPERE-Beziehungshygiene-Regel, die Jacques Salomé zu diesem Thema aufgestellt hat.

ESPERE-Beziehungshygiene-Regel:

Ich lerne, zu mir selbst zu stehen, ohne die Position der anderen abzuwerten. Ich übernehme gleichzeitig die Verantwortung für meine Angst, die Zustimmung und Nähe der anderen zu verlieren.

Wenn wir die Entwicklung eines Kindes beobachten, stellen wir fest, dass sich mit zunehmendem Alter die Gewichtung des Bedürfnisses nach Zustimmung und Nähe und des Bedürfnisses nach Selbsttreue und Autonomie verändern. Das Kleinkind hat zunächst ein sehr starkes und essenzielles Bedürfnis nach Nähe und Zustimmung. Es ist ganz objektiv von anderen Menschen abhängig, in erster Linie natürlich von seinen Eltern. Die Befriedigung seines Bedürfnisses nach Nähe und Zustimmung gibt dem Kind Sicherheit und Geborgenheit. Je älter es wird, desto mehr nimmt sein Bedürfnis nach Selbstständigkeit und Autonomie zu. Es braucht nun für seine Entwicklung den Freiraum, dieses Bedürfnis verstärkt ausleben zu können. Für Erwachsene ist es wichtig, dass beide Bedürfnisse in ausgeglichenem Verhältnis zueinander befriedigt werden. Wegen ihrer besonderen Bedeutung für unser Wachstum und unsere innere Harmonie werden diese beiden Bedürfnisse im ESPERE-Übungsteil dieses Kapitels besonders berücksichtigt.

Woher kommen unbefriedigte Beziehungsbedürfnisse und wie gehen wir in der Welt des Blind-Taub-Systems SAPPE damit um?

Vielleicht haben Sie schon beim Durchlesen der oben beschriebenen Beziehungsbedürfnisse ein erstes Gefühl bekommen, welche dieser Bedürfnisse bei Ihnen zu wenig erfüllt sind. Haben Sie sich auch schon gefragt, warum dies so ist und warum zum Beispiel Ihre Eltern oder andere wichtige Bezugspersonen Ihre Beziehungsbedürfnisse als Kind nicht oder nicht genügend befriedigen konnten? Die Antwort darauf ist eng mit dem Blind-Taub-System SAPPE verknüpft, das Sie in den einführenden Kapiteln des Buches kennengelernt haben. In diesem System hat uns während unserer Kindheit in der Regel niemand aufgefordert oder beigebracht, unsere verschiedenen Bedürfnisse wahrzunehmen und zu befriedigen. Da unsere Eltern und andere enge Bezugspersonen, wie Großeltern, Onkel und Tanten oder Lehrer, es schon nicht gelernt hatten, sich um ihre Bedürfnisse zu kümmern, konnten sie anderen auch nicht helfen, diese Bedürfnisse zu erkennen und zu befriedigen. Wurden uns als Kindern beispielsweise unsere Bedürfnisse nach Liebe und Anerkennung durch unsere Eltern nicht befriedigt, kann es geschehen, dass wir als Erwachsene weiterhin auf der Suche nach dieser Anerkennung sind. Häufig gehen wir auf zwei verschiedene Arten damit um:
a) Wir erhoffen nach wie vor, dass die Eltern, ganz gleich, wie alt wir sind und wie alt sie sind, unsere unbefriedigten Bedürfnisse erfüllen.
b) Wir übertragen diese Bedürfnisse unbewusst auf unsere Partnerinnen und Freunde und hoffen, dass wir durch sie Befriedigung erfahren.

Ich möchte Ihnen mit diesem siebten Übungsschritt eine Alternative zu diesen zwei Möglichkeiten der Bedürfnisbefriedigung durch andere anbieten. Diese Alternative zielt darauf, für die Befriedigung Ihrer Bedürfnisse selbst die Verantwortung zu übernehmen. Dazu gehört herauszufinden, welche Ihrer Bedürfnisse von Ihnen zurzeit wenig berücksichtigt werden und was Sie selbst tun können, um sie mehr als bisher zu beachten und zu befriedigen. Wie dies mit Hilfe der Regeln und Werkzeuge der Methode ESPERE konkret aussehen kann, werde ich Ihnen im Weiteren erklären.

Den unerfüllten Beziehungsbedürfnissen auf die Spur kommen

Sie haben unabhängig von den im ESPERE-Übungsteil angebotenen Übungen verschiedene Alternativen, in Ihrem Alltag herauszufinden, welche Ihrer Beziehungsbedürfnisse Sie zurzeit nicht ausreichend wahrnehmen und berücksichtigen:

a) Wie bereits erwähnt, ist es eine gute Möglichkeit, mehr über verborgene Bedürfnisse herauszufinden, indem wir uns die Rollen genau anschauen, die wir nicht genügend ausfüllen. Füllt ein Mann beispielsweise in seinem Leben seine Rollen als Gefährte und Geliebter nicht aus, können verschiedene seiner Beziehungsbedürfnisse zu kurz kommen: beispielsweise sein Bedürfnis, sich mitzuteilen, sein Bedürfnis nach Nähe, nach Zugehörigkeit, nach sexueller Erfüllung. Füllt eine Frau trotz ihres starken inneren Wunsches ihre Rolle als Berufstätige, als Künstlerin oder ihre Freizeit Gestaltende nicht aus, ist es möglich, dass ihr Bedürfnis, etwas verändern zu können, oder auch ihr Bedürfnis, sich selbst treu zu sein, zu wenig berücksichtigt wird. Nicht erfüllte, für uns wichtige Rollen führen auf längere Sicht zu Frustrationsgefühlen, die nicht nur das eigene Wohlgefühl, sondern auch das Zusammensein mit anderen Menschen beeinflussen. Wenn Sie im vorhergehenden Übungsschritt angefangen haben, Ihr Rollenverhältnis auszugleichen, haben Sie schon erste Schritte zur Befriedigung bestimmter Beziehungsbedürfnisse getan.

b) Eine zweite Möglichkeit, mehr zu den Beziehungsbedürfnissen herauszufinden, ist die Beobachtung von sich wiederholenden Konfliktsituationen und den dort auftretenden heftigen Emotionen. Bei der Einfühlsamen Kommunikation mit der Methode ESPERE stellt die Beschäftigung mit der Welt der Emotionen ein sehr komplexes Thema dar. Es ist hier wichtig, sich klarzumachen, dass heftige emotionale Reaktionen nicht nur Hinweise auf unerfüllte Bedürfnisse geben können. Sie können uns auch mit tiefer liegenden „Notsituationen", beispielsweise mit nicht verheilten alten Wunden, konfrontieren, die durch einen aktuellen Auslöser wieder aufgebrochen sind. Diese Zusammenhänge und ihre Bedeutung für unsere zwischenmenschlichen Beziehungen stelle ich Ihnen im nachfolgenden achten Übungsschritt vor.

Fallgeschichten

Petra notierte die letzten Anweisungen ihres Chefs und stand auf, um an ihren Schreibtisch im Großraumbüro nebenan zu gehen. „Bleiben Sie doch bitte noch kurz", bat sie ihr Vorgesetzter verlegen. „Ich würde Sie gerne noch etwas fragen, was meine Frau betrifft. Seit gestern Abend spricht sie nicht mehr mit mir und ich weiß nicht einmal, was sie eigentlich hat ..." Petra setzte sich geduldig und mit einem inneren Seufzer wieder hin. Sie wusste, dass ihr Chef ihr nun – wie so häufig in den letzten acht Jahren, seitdem sie seine Sekretärin war – erst einmal ausführlich von seinen Eheproblemen erzählen würde. Auf ihrer Arbeitsstelle war allgemein bekannt, dass Petra für die beruflichen und persönlichen Sorgen ihrer Kolleginnen und Kollegen und auch für die verschiedenen Probleme ihres Chefs ein offenes Ohr hatte. Sie hatte immer für alle Zeit und gab oft kluge Ratschläge. In letzter Zeit ertappte sie sich jedoch öfter dabei, dass sie unwillig reagierte, wenn beispielsweise eine Kollegin sie während ihrer Arbeit unterbrach, um ihr wieder die neusten Sorgen zu erzählen. Während sie bei ihrem Chef saß und ihm zuhörte, versuchte sie unangenehme Gedanken zu unterdrücken, die ihr seit einigen Monaten immer häufiger kamen: „Warum habe ich im Unterschied zu meinen Kolleginnen in all den Jahren nie eine offene Anerkennung oder eine Gehaltserhöhung von unserem Chef bekommen?" Sie wollte auch nicht darüber nachdenken, dass von all ihren Freunden und Bekannten nur selten jemand fragte, wie es ihr persönlich ging, was sie beschäftigte und ob sie vielleicht auch eigene Probleme, Ängste oder heimliche Wünsche hatte.

Kurz nach ihrem 40. Geburtstag merkte Petra, dass sie nicht mehr so geduldig wie früher zuhören wollte und konnte. Sie reagierte immer häufiger gereizt, wenn wieder jemand mit einem Problem zu ihr kommen wollte. Zum ersten Mal fragte sie sich bewusst, wie sehr sich ihre vielen „Freundinnen" und Bekannten um sie bemühen würden, wenn sie nicht mehr als Kummerkastentante aufträte. Wurde sie etwa nur als geduldige Zuhörerin und Ratgeberin geschätzt? Sie spürte, dass sie den Wunsch hatte, in ihren Beziehungen zu anderen Menschen nicht mehr immer nur zu geben. Sie begann, sich darüber klar zu werden, dass auch sie es brauchte, dass andere Interesse an ihr als Mensch zeigten, ihr zuhörten und ihr gegenüber Anerkennung und Wertschätzung ausdrückten. Sie fing an, Bücher und Seminare zu dem Thema „eigene Wertschätzung" zu suchen. Mit der Zeit lernte sie so, sich mehr als früher selbst Anerkennung zu geben. Sie wagte es, sich bei ihrem Chef für eine deutliche Gehaltserhöhung einzusetzen und ihren Kollegen Bitten auch mal abzuschlagen, ohne Angst zu haben, damit deren Zuneigung zu verlieren.

Sonja brachte ihr Fahrrad unter der spärlichen Straßenbeleuchtung durch den Garten in den Keller und ging hoch zu ihrem Vater, der in seinem Büro saß und einen Brief schrieb. „Hallo Papa, ich bin wieder zurück!" Ihr Vater sah kaum auf und bekam nicht mit, dass seine vierzehnjährige Tochter ziemlich bleich im Gesicht war und sich offensichtlich unwohl fühlte. „Schön, hast du schon etwas gegessen?", fragte er stattdessen.

„Papa, ich muss dir etwas sagen!" Ihr Vater schaute sie endlich an. Sonja fing zögernd an: „Ich weiß, dass du mich nicht mehr von den Ballettstunden abholen willst und meinst, dass ich alt genug bin, alleine nach Hause zu kommen. Ich habe es versucht, aber ich habe Angst. Es ist abends so dunkel draußen, ich sehe nicht gut, wo ich hinfahre, und fühle mich unsicher!" Sonjas Vater war in Gedanken schon wieder bei seinem Brief. Er antwortete ihr freundlich: „Ich kaufe dir morgen eine stärkere Fahrradlampe, dann siehst du den Weg besser und solltest keine Schwierigkeiten mehr haben, den Nachhauseweg sicher zu finden ..."

Sonjas Vater hörte nicht, dass seine Tochter auf der emotionalen Ebene Angst und Unsicherheit ausdrückte und auf dieser Ebene gehört werden wollte. Er antwortete ihr auf einer anderen Ebene, der Verständnisebene. Auf dieser suchte er eine praktische Lösung für das, was er als Sonjas Problem gehört hatte: Er wollte ihr helfen, in der Dunkelheit besser nach Hause zu finden.

Als 20-Jährige erlebte Sonja eine ähnliche Situation mit ihrem Freund Dieter. Dieser wollte mit ihr am Wochenende eine Wanderung in den Bergen machen und dort wild zelten. „Ich möchte lieber auf dem Campingplatz übernachten! Mir macht es Angst, wenn ich im Freien übernachten muss", versuchte sie ihm zu erklären. Ihr Freund war gerade dabei, seinen Rucksack zu packen. „Du, mach dir keine Sorgen. Wir nehmen eine gute Taschenlampe und ein bequemes Zelt mit, und dann machen wir es uns gemütlich. Ich habe lauter feine Sachen zum Grillen eingekauft, und mit unseren dicken Schlafsäcken werden wir auch nicht frieren ..."

Auch Dieter hörte Sonja nicht auf der Ebene zu, auf der seine Freundin sich auszudrücken versuchte. Er hörte nicht, dass ihre Angst dem Übernachten in der freien Natur galt. Stattdessen schlug er ihr vor, ein besonders bequemes Zelt mitzunehmen sowie leckere Lebensmittel zum Grillen, um sich gemeinsam einen gemütlichen Abend zu machen ... Sonja erlebte immer wieder ähnliche Situationen, bevor ihr, mit Mitte Dreißig, zum ersten Mal bewusst wurde, dass ihre Mitmenschen ihr häufig nicht auf der Ebene zuhörten, auf der sie versuchte, sich auszudrücken. Auf einem Seminar zur Einfühlsamen Kommunikation lernte sie, mit Hilfe von externen Visualisierungen die verschiedenen Sprachebenen, ihre eigenen Empfindungen und Emotionen für andere sichtbar darzustellen und andere zu bitten, darauf zu hören, auf welcher Ebene sie sich mitteilen und verstanden werden wollte ...

Das Telefon klingelte in Erikas Büro zu Hause, wo die junge Verlegerin im Sessel saß und versuchte, das Manuskript eines neuen Buches durchzuarbeiten. Bevor sie abheben konnte, war ihr Partner Markus schon neben ihr, streichelte ihr liebevoll über den Arm und bat sie „Stell es doch bitte laut, Liebling, damit ich mithören kann". Erikas langjährige Freundin Antje aus Kanada war am anderen Ende der Leitung und erzählte ganz begeistert von ihrem letzten Treffen mit dem Mann, in den sie sich gerade verliebt hatte. Markus saß auf der Sessellehne neben Erika und hörte aufmerksam zu, was Antje zu erzählen hatte. „Kannst du mich bitte noch ein wenig allein mit Antje sprechen lassen", bat ihn Erika nach zehn Minuten eindringlich. Markus schaute sie erstaunt an und ging mit enttäuschtem und verletztem Gesichtsausdruck ins Wohnzimmer. Erika schloss die Türe hinter ihm, die, seitdem sie mit Markus zusammen lebte, auf seinen Wunsch hin immer offen stand. „Hör mal Antje", sagte sie zu ihrer Freundin. „Ich brauche unbedingt deinen Ratschlag, denn ich weiß nicht mehr, was ich mit Markus machen soll. Ich glaube, dass ich ihn wirklich sehr liebe und daher verstehe ich nicht, warum ich es nicht besser ertrage, dass er ständig bei mir sein will. Wenn ich lese, will er neben mir lesen. Wenn ich in der Badewanne bin, kommt er immer dazu. Die Einkäufe machen wir gemeinsam, die Küche und Hausarbeit ebenfalls. Nicht einmal alleine joggen will er mich lassen. Ich finde, er ist ein total toller Mann, aber ich kann nicht ständig nur mit ihm zusammen sein. Und wenn ich darum bitte, auch mal in meinem Zimmer etwas alleine zu machen, schaut er unglücklich wie ein geprügelter Hund." Am anderen Ende hatte Antje aufmerksam zugehört, fing nun aber an herzlich zu lachen: „Gerade du, Erika, die du immer so unabhängig warst und deine Freiheit über alles genossen hast, du wunderst dich jetzt darüber, dass du mit so großer Nähe nicht auf Dauer klarkommst? Das hat doch mit deiner Liebe zu ihm nichts zu tun!", sagte sie humorvoll. Erika fühlte sich von der Reaktion ihrer Freundin etwas gekränkt und fand sie nicht sehr hilfreich. Dennoch gingen ihr danach die Worte von Antje nicht aus dem Sinn.

Erika hatte, als sie mit ihrer Freundin am Telefon sprach, noch nicht verstanden, dass eines ihrer wichtigsten Beziehungsbedürfnisse, ihr Bedürfnis nach Wahrung ihrer Intimsphäre, in der Partnerschaft mit Markus von ihr nicht mehr gehört und befriedigt wurde. Sie brauchte es, Zeit mit sich selbst zu verbringen und ohne schlechtes Gewissen auch alleine sein zu dürfen. Solange sie sich dies nicht eingestand, würde sie ihr Bedürfnis nach Intimität auch hinter aggressiven Reaktionen ihrem Partner gegenüber verstecken. Als sie auf einem Workshop die verschiedenen Beziehungsbedürfnisse sowie die Möglichkeit der externen Visualisierung kennenlernte, konnte sie ihre äußere und innere Konfliktsituation auflösen: Sie wählte zur externen Visualisierung ihres Bedürfnisses nach Wahrung ihrer Intimsphäre eines ihrer Lieblingsbücher und zeigte es Markus. Gleichzeitig zeigte sie ihm symbolisch ihre Liebe zu ihm mit einem Seidenkissen und sagte: „Ich brauche es für mich, auch alleine zu sein und über meine Zeit frei verfügen zu können. Es ist nicht gegen dich gerichtet und unabhängig von meiner Liebe zu dir." Markus konnte auf diese Weise zum ersten Mal hören und sehen, was Erika ihm seit Längerem verständlich zu machen versuchte, ohne sich selbst zurückgestoßen und verletzt zu fühlen.

Andreas Vater schaute seinen erwachsenen Sohn ungläubig an: „Ich verstehe nicht, wieso du so große Probleme mit deinen Schülern haben kannst, dass selbst die Eltern sich bei deinem Rektor beschweren!", sagte er zu ihm. „Als ich noch Lehrer war, gab es das überhaupt nicht. Meine Schüler sind immer gerne zu mir in die Schule gegangen und haben mir am Ende jedes Schuljahrs eine Karte und ein gemeinsames Geschenk als Dank überreicht. Niemals hat sich ein Vater oder eine Mutter über mich beschwert!!" Andreas wusste darauf wenig zu sagen. Er war wegen eines Ratschlags zu seinem Vater gekommen und weil er seinen Eltern schon lange etwas sagen wollte und nicht, um sich mit seinem Vater als ehemaligen Lehrer verglichen zu sehen. Seitdem er sein Referendariat als Grund- und Hauptschullehrer abgeschlossen hatte, gab es in seinem Berufsleben nur Probleme: Er verstand sich nicht mit seinen Kolleginnen, hatte wenig Unterstützung von seinem Rektor und den Eindruck, seit drei Jahren immer die schwierigsten Klassen zu bekommen. Nun stand er vor seinem Vater – seine Mutter strickte auf dem Sofa und hörte schweigend zu – und traute sich nicht zu sagen, was er schon so oft seinen Eltern hatte sagen wollen: dass er nur seinen Eltern zuliebe den Lehrerberuf eingeschlagen hatte. Zu Hause hatte er wiederholt eingeübt, wie er es seinen Eltern mitteilen wollte: „Mama und Papa, ich wollte euch endlich einmal sagen, dass ich lieber nicht mehr als Lehrer arbeiten will – wenigstens nicht mit einer ganzen Stelle. Ich glaube nicht, dass ich mich für diesen Beruf eigne. Ich wollte eigentlich schon immer Schriftsteller werden und würde euch gerne einmal zeigen, was ich schon geschrieben habe ..." Aber als Andreas nun vor seinem streng blickenden Vater und seiner schweigsamen Mutter stand, kamen ihm all die eingeübten Sätze nicht über die Lippen. „Ich werde versuchen, es besser zu machen, Papa", sagte er, bevor er sich mutlos von seinen Eltern verabschiedete.

Dass Andreas die Lehrerlaufbahn einschlug, hat mit seinem Bedürfnis nach Zugehörigkeit zu seiner Familie und nach Zustimmung vor allem von Seiten seines Vaters zu tun. Sein eigener Berufswunsch, den er schon als Siebenjähriger beim Schreiben erster Geschichten klar vor sich gehabt hatte, war es gewesen, Schriftsteller zu werden. Er hatte sich aber nie getraut, diesen Wunsch seinen Eltern gegenüber einzugestehen. Um seiner derzeitigen unglücklichen Berufssituation zu entkommen, war es wichtig, dass Andreas den Mut fand, zu seinem eigentlichen Berufswunsch zu stehen. Er musste sich bewusst machen, dass er bisher nur seinem Bedürfnis nach elterlicher Zustimmung nachgegeben hatte. Sein Bedürfnis, sich selbst und seinen eigenen Träumen und Wünschen treu zu sein, hatte er verdrängt, und zwar aus Angst, die Zustimmung der Menschen, die ihm am wichtigsten waren, zu verlieren. Vielleicht würde es ihm mit der Zeit möglich sein, auch seinem Bedürfnis, für sich selbst einzustehen, einen Platz in seinem Leben einzuräumen. Möglichkeiten, seine Situation behutsam zu ändern, gab es: Er konnte zum Beispiel nur in Teilzeit als Lehrer arbeiten oder wenigstens in seiner Freizeit mehr schreiben.

ESPERE-Übungsteil

Mit den folgenden Übungen schlage ich Ihnen vor, zuerst Ihre unterschiedlichen Beziehungsbedürfnisse wahrzunehmen, sie anzuerkennen und dann zu beginnen, sich um diejenigen Beziehungsbedürfnisse zu kümmern, die Sie bisher zu wenig beachtet haben. Inzwischen sind Sie wahrscheinlich mit den drei ESPERE-Begleitern genügend vertraut, um sie bei diesen Übungen auf unterschiedliche Art und Weise benutzen zu können. Zur Vorbereitung ist es hilfreich, wenn Sie wieder das Mind-Mapping Ihrer zwischenmenschlichen Beziehungen aus der Übung 1, erster Übungsschritt (Seite 54) nehmen.

Übung 22: Ihre Beziehungen und Ihre Beziehungsbedürfnisse

a) Sie können die Liste Ihrer Beziehungen bei der folgenden Aufgabe anwenden: Nehmen Sie bitte ein Blatt aus Ihren ESPERE-Unterlagen und schreiben Sie wie in der Mind-Mapping-Darstellung Ihres Beziehungskreises aus Übung 1 Ihren Namen in die Mitte. Schreiben Sie nun in einem gewissen Abstand wieder die Namen der Menschen, zu denen Sie wichtige Beziehungen haben. Mit Buntstiften können Sie nun farbige Beziehungsschals darstellen, die von Ihrem Namen in der Mitte zu jeder dieser Personen verlaufen. Auf Ihre Seite des derart dargestellten Beziehungsschals schreiben Sie nun bitte, welches Ihrer Beziehungsbedürfnisse mit dieser bestimmten Person nicht oder nur wenig befriedigt ist (vgl. nachfolgende Abbildung).

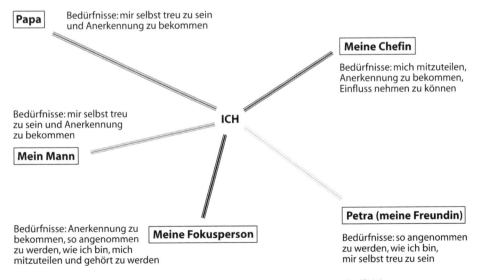

Abb. 10: ESPERE-Mind-Mapping zur Darstellung von unbefriedigten Beziehungsbedürfnissen.

Bitte denken Sie daran, im Beziehungsbedürfnis-Mind-Mapping auch Ihre Fokusperson und Ihre unbefriedigten Beziehungsbedürfnisse mit ihr darzustellen.

b) Haben Sie in Übung 22 a) neben mehreren Personen dieselben wenig befriedigten Beziehungsbedürfnisse aufgeschrieben? Wenn ja, schreiben Sie bitte auf, welche dies genau sind und wie sie sich bei jeder der Personen äußern! Versuchen Sie sich daran zu erinnern, wie es Ihnen mit diesen Beziehungsbedürfnissen als Kind ergangen ist. Wenn sie schon früher nicht befriedigt wurden, überlegen Sie sich bitte, von wem Sie sich eine Befriedigung erhofft hätten. Wenn Sie sich dazu bereit fühlen, schreiben Sie bitte alles auf, was Ihnen zu dieser Frage einfällt.

c) Sie können nun das, was Sie bisher zu dieser Übung geschrieben haben, mit Ihren Aufzeichnungen aus dem vorherigen Kapitel zu den von Ihnen nicht vollständig ausgefüllten Rollen vergleichen. Wo gibt es Parallelen zwischen den Rollen, die Sie oder Ihr Beziehungspartner nicht ausfüllen, und Ihren unbefriedigten Beziehungsbedürfnissen? Welche Hinweise bekommen Sie bei einem Vergleich der Ergebnisse der beiden ESPERE-Übungsteile?

Übung 23: Der Barometerbaum Ihrer Beziehungsbedürfnisse

Die Barometerbaum-Übung erlaubt Ihnen, einen visuellen Überblick darüber zu bekommen, in welchem Maße Sie zurzeit Ihre verschiedenen Beziehungsbedürfnisse befriedigen. Sie können den in der nachfolgenden Abbildung (Seite 143) dargestellten Baum benutzen, um jedes Ihrer Beziehungsbedürfnisse in einer unterschiedlichen Farbe direkt neben der Skala einzutragen. Sie können sich ebenfalls einen ähnlichen Baum in Ihre ESPERE-Unterlagen zeichnen und dort Ihre Bedürfnisse eintragen oder auch für jedes einzelne Beziehungsbedürfnis einen eigenen Barometerbaum zeichnen. Diesen könnten Sie dann gleichzeitig für die nachfolgende Übung 24 benutzen. Sie können in dieser Übung natürlich auch weitere, hier nicht aufgeführte Bedürfnisse, die Sie in Ihren Beziehungen feststellen, ergänzend zufügen.

Bitte nehmen Sie sich genug Zeit für diese Übung. Es ist nicht immer ganz leicht, sich bewusst zu machen, in welchem Grade verschiedene Beziehungsbedürfnisse befriedigt sind oder nicht. Seien Sie sich auch im Klaren darüber, dass Beziehungsbedürfnisse nicht immer sofort befriedigt werden. Es handelt sich bei dieser Übung also darum, den aktuellen Stand festzustellen. Tragen Sie bitte Ihren ermittelten jeweiligen Skalenwert – *immer, regelmäßig, häufig, manchmal, selten, nie* – in die folgenden Aussagen ein:

1) Mein Bedürfnis, mich mitzuteilen und gehört zu werden, wird bei mir .... befriedigt.

2) Mein Bedürfnis, Anerkennung zu bekommen, wird bei mir .... befriedigt.
3) Mein Bedürfnis, so angenommen zu werden, wie ich bin, und mich wertvoll zu fühlen, wird bei mir .... befriedigt.
4) Mein Bedürfnis, einen Einfluss auf mein Leben und meine Umwelt auszuüben, wird bei mir .... befriedigt.
5) Mein Bedürfnis nach Intimität wird bei mir .... befriedigt.
6) Mein Bedürfnis nach Zugehörigkeit, Zustimmung und Nähe wird bei mir .... befriedigt.
7) Mein Bedürfnis nach Autonomie und danach, mir selbst treu zu sein und zu mir zu stehen, wird bei mir .... befriedigt.

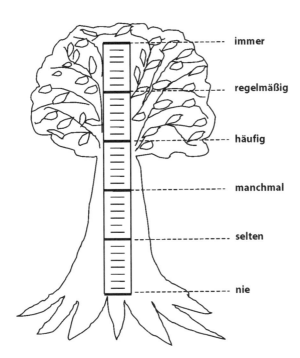

Anstelle von „immer, regelmäßig, häufig …" können Sie auch in Prozenten angeben, wie stark Sie Ihre jeweiligen Beziehungsbedürfnisse zurzeit befriedigt sehen.

Abb. 11: Barometerbaum zur Kennzeichnung der aktuellen Befriedigung Ihrer unterschiedlichen Beziehungsbedürfnisse.

Übung 24: Mich um meine Beziehungsbedürfnisse kümmern

Symbolarbeit: Welche Bedürfnisse sind nur wenig in Ihren Beziehungen befriedigt? Ich schlage Ihnen vor, sich für jedes dieser Beziehungsbedürfnisse eine besonders schöne Schachtel oder Dose zu suchen oder zu basteln. Schreiben Sie auf dieses Behältnis den Namen Ihres jeweiligen Bedürfnisses oder kleben Sie den zugehörigen Barometerbaum darauf. Übernehmen Sie nun selbst die Verantwortung für Ihre Bedürfnisse, indem Sie sich bewusst um jedes davon kümmern. Lenken Sie bitte Ihre Aufmerksamkeit darauf, ob während Ihres Tagesablaufs eines Ihrer bisher wenig erfüllten Bedürfnisse von Ihnen selbst oder von jemand anderem befriedigt wurde. Schreiben Sie auf einen Zettel, wie und von wem ein bestimmtes Bedürfnis an diesem Tag befriedigt wurde, und geben Sie diesen Zettel in die Schachtel mit dem zugehörigen Bedürfnis.

Beispiele: Petra könnte aufschreiben, wenn jemand sie ehrlich interessiert gefragt hat, wie es ihr geht oder sie für ihre Arbeit anerkannt und gelobt hat. Sie könnte sich auch selbst für eine besonders gut erledigte Aufgabe bewusst anerkennen und versuchen, sich mit ihren Kollegen über eigene Gefühle und Emotionen auszutauschen. Erika könnte aufschreiben, wenn sie etwas allein unternommen hat oder wenn Markus zum Beispiel auf ihre Bitte hin oder auch ohne ausdrückliche Bitte die Türen hinter ihr zumacht. Diese Beispiele und weitere könnte sie aufschreiben und die Zettel in ihre Kiste für ihr Bedürfnis nach Wahrung ihrer Intimität legen. Sonja könnte jedes Mal notieren, wenn ihr jemand aufmerksam und auf jener Ebene zugehört hat, auf der sie sich ausdrücken wollte.

Auch Sie können solche und ähnliche Erfahrungen notieren und Ihre Beziehungsbedürfnis-Kisten auf diese Weise langsam füllen. Sie bewirken so eine schrittweise größere – und visualisierte – Befriedigung Ihrer bislang vernachlässigten Bedürfnisse.

Sie können auch etwas für Ihre Bedürfnisse in Ihren verschiedenen Beziehungen tun, indem Sie versuchen, sich mit den jeweiligen Personen zu diesem Thema auszutauschen. Sie könnten ihnen davon erzählen, dass Sie begonnen haben, die Verantwortung für Ihre eigenen Bedürfnisse zu übernehmen. Vielleicht ist es Ihnen auch möglich, dass Sie Ihr Gegenüber bitten, Ihnen bei der Befriedigung bestimmter Bedürfnisse zu helfen und umgekehrt vorzuschlagen, dem anderen zu helfen, seine Bedürfnisse besser zu erkennen und zu befriedigen. Auf diese Weise nähren sie gleichzeitig bewusst und aktiv die Qualität Ihrer jeweiligen Beziehungen.

Übung 25: Die Bedürfnisse nach Zustimmung und danach, sich selbst treu zu sein, ausgleichen

Ich schlage Ihnen diesmal eine ganz spezifische Symbolarbeit vor: Es geht in dieser Übung darum, mehr darüber zu erfahren, wie Sie auf unbewusster Ebene mit zwei entgegengesetzten Bedürfnissen umgehen, dem Bedürfnis nach Zustimmung und Zugehörigkeit und dem Bedürfnis, für das einzutreten, was für Sie wichtig ist, und sich selbst treu zu sein.

Wählen Sie für diese Übung für jedes dieser beiden Bedürfnisse einen Gegenstand aus. Denken Sie bitte nicht lange nach, sondern entscheiden Sie sich möglichst spontan für zwei Dinge, die Ihre Bedürfnisse symbolisieren können. Versuchen Sie nun, während mehrerer Tage mit diesen beiden Gegenständen zu „spielen". Sie können Ihren beiden Bedürfnissymbolen beispielsweise einen Platz auf einem Tisch oder einer sonstigen Unterlage geben: nebeneinander, hintereinander oder in irgendeiner anderen Konstellation zueinander. Sie können Ihre Objekte oder eines davon auch mitnehmen: ins Kino, zu Freunden. Beobachten und beschreiben Sie in Ihren ESPERE-Unterlagen, wie sie mit den beiden Symbolen umgehen. Geben Sie einem der beiden einen klaren Vorzug? Vergessen Sie eines der beiden ab und zu oder regelmäßig? Ist einer der beiden Gegenstände größer oder für Sie subjektiv schöner, angenehmer als der andere? Ist vielleicht sogar eines der Symbole kaputt- oder verloren gegangen? Versuchen Sie, möglichst schriftlich, Ihren Umgang mit den beiden Symbolen zu interpretieren. Sie können auch einen nahestehenden Menschen um seine Meinung bitten. Vielleicht sieht er Zusammenhänge, die Ihnen entgangen sind.

Es ist wichtig, sich klarzumachen, dass das Bedürfnis, das wir wenig oder gar nicht berücksichtigen, tiefe innere Konflikte hervorrufen kann. Dies kann von einfacher Frustration bis hin zu echten psychosomatischen Beschwerden reichen: Ein unerfülltes wichtiges Bedürfnis kann uns auf Dauer krank machen! Versuchen Sie bitte ganz bewusst, beide Bedürfnisse in Ihrem Leben auszugleichen.

Beispiel: Wenn Sie es nicht gewohnt sind, Nähe zuzulassen, und alles alleine machen, ist Ihr Bedürfnis nach Nähe und Zustimmung wenig befriedigt. Suchen Sie einen für Sie passenden Weg, sich mit diesem Bedürfnis wenigstens ein- oder zweimal die Woche zu beschäftigen und sich besonders um das Symbol für dieses Bedürfnis zu kümmern. Rufen Sie zum Beispiel eine Freundin an und erzählen Sie ihr von sich. Ist es Ihnen möglich, andere um einen Rat oder um Unterstützung zu bitten, auch wenn Sie es bisher gewohnt waren, alles möglichst alleine zu schaffen? Finden Sie Ihre persönliche kreative Art und Weise, sich mehr um dieses Bedürfnis zu kümmern.

Wenn Sie beispielsweise Ihrem Mann eine gute Gefährtin und Geliebte sind, aber nichts tun, um sich in anderen Lebensbereichen zu verwirklichen, erhalten Sie zwar wahrscheinlich die Zustimmung Ihres Mannes, doch tun Sie vielleicht zu wenig für Ihr Bedürfnis nach Selbstständigkeit und danach, sich selbst treu zu sein. Auch wenn Sie es noch nicht gewohnt sind, etwas nur für sich zu tun, schlage ich Ihnen vor zu versuchen, alle zwei bis drei Tage eine halbe Stunde (oder auch nur zehn Minuten) bewusst Zeit für sich zu nehmen. Machen Sie einen Spaziergang, lesen Sie ein Buch, besuchen Sie eine Freundin oder chatten Sie im Internet. Wenn Sie feststellen, dass Sie in der Lage sind, sich selbst etwas Gutes zu tun, versuchen Sie, langsam und behutsam diese Zeit zu verlängern. Wenn Sie merken, dass diese neue Art, mit Ihrem Bedürfnis umzugehen, bei Ihnen Angst hervorruft, versuchen Sie möglichst, sich dieser Angst anzunehmen. Es ist erfahrungsgemäß hilfreich, einen Gegenstand auszuwählen, um diese Angst auch symbolisch anzuerkennen. Im nächsten Übungsschritt erfahren Sie, wie Sie sich einfühlsam um mögliche Emotionen bei dieser Übung, beispielsweise um eine Angst, kümmern können.

Ich schlage Ihnen vor, regelmäßig für jedes Beziehungsbedürfnis (und nicht nur für Ihre Bedürfnisse nach Zustimmung und Nähe und dem, sich selbst treu sein zu wollen) mit dem Barometerbaum zu überprüfen, in welchem Maße Sie es befriedigen. Verändern sich Ihre Bewertungen? Bitte beobachten und notieren Sie, ob und welche Veränderungen Sie in Ihrer Beziehung zu sich selbst und zu anderen wahrnehmen, seitdem Sie sich einfühlsamer um Ihre Beziehungsbedürfnisse kümmern.

* * *

IHRE FOKUSBEZIEHUNG und FOKUSPERSON

Führen Sie die in diesem Übungsschritt vorgeschlagenen Übungen nach Möglichkeit bitte auch mit Ihrer Fokusperson aus:

- Welche Beziehungsbedürfnisse haben Sie in Übung 22 a) neben Ihre Fokusperson als nur wenig befriedigt geschrieben? Sind es Bedürfnisse, die auch in der Beziehung mit anderen Menschen nicht genügend befriedigt werden?
- Wie stark werden Ihre verschiedenen Beziehungsbedürfnisse mit Ihrer Fokusperson befriedigt? Zeichnen Sie einen Barometerbaum für Ihre Fokusbeziehung, um Ihre Antwort auf diese Frage sichtbar zu machen.
- Wie empfinden Sie in Ihrer Fokusbeziehung das Verhältnis zwischen den beiden Bedürfnissen: dem Bedürfnis nach Zustimmung und dem, sich selbst treu zu sein?
- Versuchen Sie bitte, sich in Ihre Fokusperson hineinzuversetzen. Wie stark, glauben Sie, werden die Beziehungsbedürfnisse Ihrer Fokusperson in Ihrer gemeinsamen Beziehung befriedigt? Können Sie einfühlsam mit ihr über Ihre gegenseitigen Bedürfnisse sprechen?
- Was sagen Ihnen Ihre Beobachtungen und Antworten zu diesen Fragen über die Qualität Ihrer Fokusbeziehung?

Ich schlage Ihnen vor, an dieser Stelle erneut zu überlegen, wie Sie nach Beendigung der Beobachtungen und Übungen im sechsten und siebten Übungsschritt die Qualität Ihrer Fokusbeziehung werten. Welchen Qualitätswert (1 bis 10) geben Sie heute Ihrer Fokusbeziehung? Bitte kreuzen Sie an:

1	2	3	4	5	6	7	8	9	10

* * *

Schritt 7: Das Wichtigste in Kürze

Zur Befriedigung Ihrer Beziehungsbedürfnisse:

- Beziehungsbedürfnisse, die nicht wahrgenommen und befriedigt werden, rufen Konflikte mit anderen Menschen, aber auch innere Konflikte hervor.
- Es ist wichtig, nicht von früheren Bezugspersonen zu erwarten, unsere heutigen Bedürfnisse zu erfüllen, sondern selbst die Verantwortung dafür zu übernehmen.
- Nicht ausgefüllte Rollen und heftige emotionale Äußerungen geben Hinweise auf Bedürfnisse, die nicht befriedigt sind. Werden wiederholt dieselben oder ähnliche heftige Emotionen ausgedrückt, weisen sie oft auf innere „Notsituationen" hin.

Was Sie erfahren konnten:

Für Ihre Beziehungen zu anderen Menschen:

Die Qualität der Beziehungen zu Ihren Mitmenschen wird stark davon beeinflusst, inwieweit die grundlegenden Beziehungsbedürfnisse beider Beziehungspartner erfüllt sind. Je mehr Sie ihre eigenen Bedürfnisse befriedigen und dabei nicht von anderen abhängig sind, desto friedvoller und harmonischer können Sie von Ihrer Seite aus Ihre Beziehungen gestalten.

Für Ihre Beziehung zu sich selbst:

Je mehr Zugang Sie zu Ihren Bedürfnissen bekommen und die Verantwortung für ihre Befriedigung übernehmen, desto weniger Erwartungen und Druck müssen Sie nach außen auf andere Personen richten. Sie lernen, sich selbst immer besser und kompetenter in Ihrem Leben zu begleiten.

Schritt 8: Zwischen spontanen Empfindungen, tiefen Gefühlen und Emotionen unterscheiden

In diesem Kapitel erfahren Sie ...

- dass es wichtig ist, zwischen Ihren **spontanen Empfindungen** zu einem Menschen einerseits und Ihren **tiefen Gefühlen** andererseits zu unterscheiden;
- dass bei der Methode ESPERE „Gefühle" und „Emotionen" im Gegensatz zum allgemeinen Sprachgebrauch eine unterschiedliche Bedeutung haben;
- was wir bei der Methode ESPERE genau unter „Emotionen" verstehen, was Ihnen Ihre Emotionen widerspiegeln können und wie Sie lernen, ihnen zuzuhören;
- wie Sie einfühlsam mit Ihren heftigen emotionalen Reaktionen umzugehen lernen und dadurch verhindern, dass sie Ihre Beziehungen belasten.

Spontane Empfindungen, Emotionen und tiefe Gefühle

In unserer alltäglichen Umgangssprache erklären wir selten, was genau wir meinen, wenn wir von unseren Gefühlen, Empfindungen, Emotionen oder anderen Gefühlsäußerungen sprechen. Jacques Salomé schreibt dazu in seinem Grundlagenbuch „Einfühlsame Kommunikation"[23]: „Benutzen wir ohne bewusste Unterscheidung und Klarstellung die verschiedensten Ausdrücke, die im weiteren Sinne mit „Fühlen" zu tun haben, wie ‚Sinne', ‚Sinneseindrücke', ‚Wahrnehmungen', ‚Emotionen', ‚Gefühle' und ‚Empfindungen', erleben wir viele Irrtümer. Oft führt dies dazu, dass wir in Bezug auf unsere zwischenmenschlichen Beziehungen vereinfachende Illusionen aufrechterhalten und daran festhalten, auch wenn sie auf einer inneren Täuschung beruhen ..."

In diesem achten Übungsschritt möchte ich Sie damit vertraut machen, welche verschiedenen Ebenen bei der Methode ESPERE in Bezug auf das, was wir „fühlen", unterschieden werden. Ich erkläre Ihnen dazu, wie bei der Methode ESPERE zwischen einerseits „spontanen Empfindungen" und andererseits den „tiefen Gefühlen" zu einer Person unterschieden wird. Außerdem erfahren Sie, wie bereits in Abschnitt II angedeutet, wie die Methode ESPERE zwischen Gefühlen und Emotionen unterscheidet. Wie Sie im Weiteren sehen werden, spielen Emotionen als eine Art eigene Sprache eine grundlegende Rolle in der Methode ESPERE.

Zwischen spontanen Empfindungen und tiefen Gefühlen unterscheiden

Was Jacques Salomé als „spontane Empfindungen" bezeichnet, entspricht unseren ersten Eindrücken und direkten oberflächlichen Erfahrungen während einer Begegnung mit einem anderen Menschen. Sie werden durch diese Begegnung ausgelöst und sind damit sehr viel kurzlebiger und enger mit den direkten körperlichen Reaktionen verbunden als „tiefe Gefühle", die sich während eines meist langen und dauerhaften Prozesses in unserem Inneren entwickeln.

Eine Begegnung mit einem anderen Menschen kann zwei unterschiedliche Formen von spontanen Empfindungen auslösen: Ich fühle mich wohl mit ihm oder ich fühle mich unwohl mit ihm. Fühle ich mich wohl mit der Person und bin ich gern mit ihr zusammen, suche ich den Kontakt und empfinde ihn meist als bereichernd oder belebend. Fühle ich mich unwohl mit der Person, versuche ich in der Regel einen Kontakt zu vermeiden oder ihn so kurz wie möglich zu halten. Ich kann mich auch mit einer Person, mit der ich normalerweise gerne zusammen bin, in einer bestimmten Situation unwohl fühlen. Es ist wichtig, solche spontanen Empfindungen als kurzfristige und an bestimmte Ereignisse gebundene Eindrücke wahrzunehmen, sie aber nicht mit einem tieferen Gefühl zu verwechseln, auch wenn die Abgrenzung zwischen beiden nicht immer einfach zu erspüren ist. Lernt beispielsweise eine Frau gerade einen

Mann kennen und fühlt sich spontan wohl mit ihm, kann sie dieses Wohlgefühl schnell mit einem tieferen Gefühl der Verliebtheit oder entstehenden Liebe verwechseln. Dies kann besonders dann geschehen, wenn das eigene Bedürfnis nach Zugehörigkeit und Nähe zurzeit nicht oder nur ungenügend erfüllt ist. Folgen einer solchen Verwechslung können, wie die nachfolgende erste Fallgeschichte dieses Kapitels zeigt, unangenehme Missverständnisse sein. Spontane Empfindungen können sich jedoch mit der Zeit in tiefere Gefühle wandeln.

Zu den spontanen Empfindungen gehören ebenfalls ärgerliche Reaktionen von Eltern auf ein unerträgliches Verhalten ihrer Kinder. Wenn eine Mutter bei dem anhaltenden Gebrüll ihrer kleinen Tochter beispielsweise in diesem Moment denkt: „Am liebsten würde ich sie adoptieren lassen ...", ist dies Ausdruck ihrer spontanen Empfindung eines heftigen Unwohlseins. Dieses aktuelle Unwohlsein hat nichts mit ihrem tiefen Gefühl der Liebe zu ihrer Tochter zu tun. Es fällt uns nicht immer leicht, derartige spontane Empfindungen ohne schlechtes Gewissen anzunehmen. Doch haben sie ihre Daseinsberechtigung. Sie gehören zu uns und zu unserem Leben, und es ist wichtig zu lernen, sie ohne Schuldgefühle zu akzeptieren.

Ein echtes Gefühl, das ich zu einer anderen Person – gewissermaßen von Herz zu Herz – entwickelt habe, ist dauerhafter. Es hängt nicht davon ab, ob diese Person gerade anwesend ist oder nicht. Es ist, anders als die spontane Empfindung, nicht direkt mit einem Ereignis verbunden oder damit, was dieser Mensch uns gegenüber tut oder nicht tut. Wie wir im fünften Übungsschritt gesehen haben, ist ein tiefes Gefühl, beispielsweise unsere Liebe zu einem anderen Menschen, erst einmal unabhängig von unserer Beziehung zu ihm. Wir haben keine wirkliche Macht über unsere Gefühle. Sie entstehen in uns, wachsen, vertiefen sich, werden manchmal misshandelt und verändern sich oder auch nicht. Es ist wichtig, sich bewusst zu machen, dass wir zwar etwas tun können, um unsere Gefühle zu nähren, dass wir aber Gefühle weder bei uns selbst noch bei anderen erzwingen können. Niemand weiß, wie lange sie bestehen bleiben.

Wenn Sie mehr zu dieser Unterscheidung zwischen Gefühlen und spontanen Empfindungen wissen wollen und das Gelesene vertiefen möchten, schlage ich Ihnen vor, das gleichnamige Kapitel in dem Buch „Einfühlsame Kommunikation"[24] von Jacques Salomé zu lesen. Sie können auch die Liste zu den tiefen Gefühlen bei der Methode ESPERE im Anhang (Seite 234) des vorliegenden Übungsbuchs einsehen. Für diesen achten Übungsschritt erscheint es mir vor allem wichtig, dass Sie die Unterscheidung zwischen den beiden Begriffen kennen und somit ihre unterschiedlichen Auswirkungen in Ihrem eigenen Leben beobachten können.

Ich möchte Sie im Weiteren mit dem dritten wichtigen Begriff dieses Übungsschrittes, den „Emotionen", vertraut machen und Ihnen erklären, welche Bedeutung diese für Ihre Beziehungen und für Ihren Weg zu einer innigeren Verbindung mit sich selbst haben können.

Was verstehen wir bei der Methode ESPERE unter „Emotionen"?

Wie wir gesehen haben, unterscheiden wir in der Umgangssprache selten zwischen den verschiedenen Bezeichnungen, um auszudrücken, was wir fühlen. Gefühl und Emotion werden meist als Synonyme verwendet, selbst wenn beide Begriffe manchmal unterschiedlich definiert werden. Diese unklare Abgrenzung liegt auch daran, dass die meisten von uns nicht gelernt haben, ihre eigenen Gefühle, Emotionen und unterschiedlichen Empfindungen deutlich wahrzunehmen und zu unterscheiden. Wenn Sie jedoch mit „sich selbst ins Reine kommen", Missverständnisse mit anderen Menschen vermeiden wollen und ein tieferes Verständnis der Methode ESPERE erhalten möchten, ist die Beschäftigung mit diesen äußeren Begriffen Ihres inneren Seins sehr wichtig. Als Hilfestellung zu dieser Unterscheidung finden Sie im Anhang (Seite 236) zusätzlich zur Liste tiefer Gefühle ebenfalls eine Liste von Emotionen bei der Methode ESPERE. Für diejenigen unter Ihnen, die bereits mit der Gewaltfreien Kommunikation vertraut sind, möchte ich anmerken, dass der Begriff des „Gefühls" bei Marshall Rosenberg weitgehend dem entspricht, was wir in der Methode ESPERE „Emotion" nennen.

Nach der Methode ESPERE sind Emotionen (aus dem Lateinischen „emovere" = erschüttern, aufwühlen) im Unterschied zu den tiefen Gefühlen mit einem bestimmten Ereignis in der Gegenwart verbunden. **Emotionen** werden **als eine Form von Sprache** angesehen, mit der wir versuchen, das auszudrücken (oder auch zu verstecken), was in uns **ein Echo von Vergangenem** hervorruft. Stellen Sie sich vor, dass eine Freundin zu Ihnen sagt: „So angezogen kannst du aber nicht mitkommen" und Sie merken, wie Ihnen die Tränen kommen oder dass Sie wütend werden. Bei einer so heftigen Reaktion können Sie davon ausgehen, dass der einfache Satz Ihrer Freundin einen wunden Punkt bei Ihnen getroffen und ein Echo ausgelöst hat, das Sie emotional (beispielsweise mit Traurigkeit oder Wut) reagieren lässt. Das Echo aus der Vergangenheit könnte zum Beispiel sein, dass Ihre Mutter oft Ihre Kleiderauswahl kritisiert hatte und Ihnen das Gefühl gab, hässlich und ohne guten Geschmack zu sein. Vielleicht haben Sie auch diesen oder einen ähnlichen Satz wiederholt in unangenehmen Situationen gehört. Die einfachen Worte Ihrer Freundin waren hier der Auslöser für das schmerzhafte Echo und für Ihre emotionale Reaktion darauf.

Wann immer jemand etwas zu Ihnen sagt, Sie etwas lesen oder sehen und Sie merken, dass sich Ihnen der „Hals zuschnürt", Ihnen Tränen kommen oder Sie auf eine andere Weise heftig reagieren, haben Sie es mit Emotionen zu tun, die etwas Wichtiges aus Ihrer inneren Erfahrungswelt ausdrücken. Emotionen stellen also eine Sprache dar, die uns auf schmerzliche „innere Notsituationen" hinweist. Sie können in uns auf einer indirekten Ebene vergangene unangenehme Erfahrungen wachrufen oder uns auf einer direkteren Ebene auf derzeit unbefriedigte Bedürfnisse hinweisen.

Zu den grundlegenden Emotionen, die bei der Methode ESPERE unterschieden werden, gehören Freude (ausgedrückt zum Beispiel durch Lachen), Traurigkeit (ausgedrückt zum Beispiel durch Weinen, aber auch durch Schweigen), Wut, Abscheu und Angst (ausgedrückt beispielsweise über heftige körperliche Bewegungen, Schreien). Dazu gibt es eine Vielzahl weiterer emotionaler Empfindungen und Variationen davon. Eine genauere Vorstellung von der Vielfalt erhalten Sie mit Hilfe der bereits erwähnten Liste im Anhang (Seite 236).

Es ist wichtig zu verstehen, dass Emotionen uns etwas sagen wollen. Auch wenn wir sie beispielsweise in Form von großem Ärger oder tiefer Trauer als unangenehm erleben, sollten wir lernen, sie als eine Art „Freunde aus unserem Unterbewusstsein" anzusehen. Auf diese Weise sind Emotionen selbst niemals wirklich negativ für uns. Sie helfen uns, etwas zu verstehen, das gerade wesentlich und wichtig für uns ist. Es ist der Auslöser, meist in Form einer bestimmten Botschaft durch einen anderen Menschen (seine Worte, seine Haltung, seine Gesten, sein Verhalten), der als positiv oder negativ erlebt wird.

ESPERE-Beziehungshygiene-Regel:

Wie können Sie diese Erklärungen für Ihre Beziehung zu sich und zu anderen nutzen?

Für Ihre Beziehung zu sich selbst: Versuchen Sie zu akzeptieren, dass ihr Gegenüber nur der Auslöser einer heftigen emotionalen Reaktion ist, die Ursache dafür aber tiefer und bei Ihnen selbst liegt. Sie haben dann verschiedene Möglichkeiten, mit dieser heftigen Reaktion und ihren möglichen Ursachen umzugehen.

a) Sie können auf der direkten und aktuellen Ebene versuchen herauszufinden, welches Ihrer Beziehungsbedürfnisse (siehe Schritt 7 ab Seite 132), oder allgemein: welches spezifische Bedürfnis zurzeit mit der Person, die Ihre emotionale Reaktion ausgelöst hat, nicht befriedigt ist. Erika aus der Fallgeschichte im letzten Kapitel könnte beispielsweise feststellen, dass ihre ungehaltene Reaktion darauf, dass Markus immer die Türen offen lässt, direkt mit ihrem kaum befriedigten Bedürfnis nach Wahrung ihrer Intimsphäre zusammenhängt. Sie könnte sich also wie im zugehörigen Übungsteil (Seite 143) vorgeschlagen, einfühlsam und intensiv um dieses Bedürfnis kümmern. Dies würde bewirken, dass sie sich selbst erst einmal wohler fühlt.

Marshall Rosenberg lehrt in der Gewaltfreien Kommunikation, dass unsere Gefühle daraus resultieren, ob unsere Bedürfnisse erfüllt werden[25]. Er unterscheidet dabei nicht zwischen spontanen Empfindungen, tiefen Gefühlen und Emotionen, sondern geht davon aus, dass unsere „Gefühle" uns helfen können, unbefriedigte Bedürfnisse aufzuspüren und etwas für ihre Befriedigung zu tun. Das Vier-Schritte-Modell der Gewaltfreien Kommunikation ist meiner Meinung nach eine große Hilfe zu lernen, auf dieser direkten und gegenwartsbezogenen Ebene leichter Zugang zu bekommen sowohl zu dem, was wir fühlen, als auch zu den eigenen Bedürfnissen.

b) Bei der Methode ESPERE liegt ein zusätzlicher besonderer Schwerpunkt auf dem, was wir mit Hilfe unserer Emotionen über unsere erlebte Vergangenheit erfahren können, über Prägungen und Erfahrungen, die unsere heutigen Beziehungen zu anderen Menschen und unseren Umgang mit uns selbst beeinflussen. Menschen können Emotionen also nutzen, um zu erkunden, was sie als Echo in Bezug auf Vergangenes widerspiegeln. Dies wird möglich, wenn Sie eine „Beziehung" zu einer Ihrer Emotionen aufbauen, zum Beispiel zu einer Wut, einer Enttäuschung, einer Niedergeschlagenheit oder Traurigkeit, indem Sie diese symbolisieren. Sie geben Ihrer Emotion damit einen Platz in Ihrem Leben, können sie betrachten und versuchen zu hören und zu verstehen, was sie Ihnen mitzuteilen hat. Wie Sie dies praktisch umsetzen können, werde ich Ihnen im ESPERE-Übungsteil am Ende dieses Kapitels erklären.

Eine vertiefende Arbeit mit Ihren Emotionen bringt Sie bewusst in Kontakt mit alten, aber noch offenen oder wieder aufgebrochenen Wunden. Sie können sich entschließen, die Arbeit mit Ihren Emotionen selbst in die Hand zu nehmen und auf diese Weise nach und nach zu einer Heilung alter Verletzungen und Wunden gelangen. Eine Arbeit mit sehr tiefen, schmerzlichen Ebenen Ihrer Lebensgeschichte überschreitet jedoch den Rahmen dieses Übungsbuches[26]. Mein Anliegen ist es, Ihnen mit diesem Buch und den Übungen zunächst einmal eine direkte, wohltuende Möglichkeit zu zeigen, mit eigenen Emotionen einfühlsam umzugehen und zu verhindern, dass Sie Ihre Beziehung zu anderen Menschen stark belasten.

Für Ihre Beziehungen zu anderen: Wenn wir mit unseren Emotionen heftig auf das reagieren, was ein anderer Mensch (als Auslöser) gesagt oder getan hat, wenn wir zum Beispiel ärgerlich oder wütend werden, rufen wir bei unserem Gegenüber meist Unwohlsein hervor. Nehmen wir beispielsweise einen Mann, der sich darüber ärgert, dass seine Frau, ohne ihn zu fragen, einen seiner Pullover angezogen hat, obwohl er das nicht mag; seine Schwester hatte das während seiner Kindheit schon häufig zu seinem großen Ärger getan. Vielleicht wird der Mann laut, schreit seine Frau an oder haut auf den Tisch: „Ich kann das nicht ausstehen, wenn du einfach an meine Sachen gehst ..." Vielleicht fügt er auch in seinem Ärger noch ein heftiges Schimpfwort hinzu. Die Frau bekommt in dieser Situation den gewaltvoll ausgedrückten Ärger ihres Mannes, sein Schreien, seine Gesten, eventuell das Schimpfwort direkt durch den Beziehungskanal geschickt. Erfahrungsgemäß ist sie nun nicht mehr in der Lage, einfühlsam und friedvoll mit dieser Situation umzugehen. In den meisten Fällen wird der Stresspegel der Frau steigen, sie reagiert selbst verletzt und emotional. Der Streit läuft Gefahr zu eskalieren.

Welche Möglichkeiten bietet die Methode ESPERE, mit einer solchen Situation so umzugehen, dass die Qualität der Beziehung nicht darunter leidet?

a) Unsere Beziehung zu einem Menschen wird am wenigsten belastet, wenn es uns gelingt, eine heftige Emotion, beispielsweise großen Ärger oder Wut, nicht innerhalb der Beziehung „abzureagieren". Je mehr uns bewusst ist, dass unsere Emotion auf unsere Seite des Beziehungschals gehört und wir hier die Verantwortung für sie übernehmen müssen, desto leichter wird es uns mit der Zeit fallen, sie nicht unseren Mitmenschen anzulasten. Dies bedeutet nun nicht, dass wir die Emotion unterdrücken sollen, im Gegenteil: Wir sollten eine Gelegenheit finden, sie außerhalb der Beziehung auszudrücken und wenn möglich sie dem anderen zu einem späteren Zeitpunkt ruhig zu zeigen und mit ihm darüber zu sprechen. Sie können (oder sollten sogar) Ihren Ärger, Ihre Wut oder Enttäuschung herauslassen, aber möglichst an einem Ort, wo Sie allein sind. Eine andere Möglichkeit ist es, ein „Wut- oder Ärgerkissen" zu benutzen. Dieses wird von Kindern sehr gern angenommen (aber auch von Erwachsenen, beispielsweise in Form eines Punchingballs): Jedes Mal, wenn ein Familienmitglied wütend ist, darf es das Wutkissen oder den Punchingball nehmen und darauf einschlagen. Durch den Akt dieses in der Familie als Ritual akzeptierten „Draufhauens" zeigt die ärgerliche oder wütende Person, dass es ihre eigene Wut ist, die sie hier ausdrückt und für die sie die Verantwortung übernimmt. Die Emotion wird niemand anderem aufgeladen und nicht direkt in die Beziehung eingebracht. Gleichzeitig stellt sich durch dieses „Wutventil" ein Gefühl der Erleichterung ein.

b) Für die Qualität Ihrer Beziehung zu anderen ist es ebenfalls hilfreich, sich wieder auf der direkten Gegenwartsebene mit dem nicht befriedigten Bedürfnis zu verbinden, das sich hinter der Emotion verstecken kann. In dem genannten Beispiel könnte der Mann versuchen, hinter seinem ausgedrückten Ärger über den „unrechtmäßig entliehenen" Pullover sein Bedürfnis nach Wahrung seiner Intimsphäre (seine persönlichen Sachen will er nur selbst benutzen) zu erspüren und mit seiner Frau darüber zu sprechen. Zwar hat er erst einmal durch seine gewaltvolle Reaktion (Schreie, auf den Tisch schlagen) seine Emotion in der Beziehung ausgedrückt, doch gelingt es ihm über die Entdeckung seines nicht befriedigten Bedürfnisses, vielleicht in einem zweiten Schritt, einen einfühlsameren Austausch mit seiner Frau zu finden. So kann er vielleicht erreichen, dass sie sein Bedürfnis nach Wahrung seiner Intimsphäre hört und es in Zukunft eher berücksichtigt[27]. Vielleicht fühlt sie sich in einer einfühlsameren Atmosphäre auch ermutigt, ihre eigenen Beziehungsbedürfnisse anzusprechen.

Fallgeschichten

Tatjana und Thomas schlenderten durch die Innenstadt Barcelonas. Thomas legte, wie schon oft in den letzten Monaten, während er mit seiner Studienfreundin die vielen Sehenswürdigkeiten der Stadt besichtigt hatte, lässig den Arm um Tatjanas Schultern. Plötzlich sagte Tatjana zu ihm: „Du, Thomas, habe ich dir schon gesagt, dass nächste Woche mein Freund Jonas aus Berlin kommt und drei Wochen der Semesterferien mit mir verbringt? Meinst du, wir können dann gemeinsam einiges unternehmen? Es ist immer so lustig und interessant mit dir zusammen." Thomas nahm abrupt seinen Arm von Tatjanas Schultern und schaute sie fassungslos und zornig an: „Was meinst du mit ‚mein Freund Jonas'?" „Aber ich hab dir doch von Anfang an gesagt, dass ich in Deutschland einen festen Freund habe", erwiderte Tatjana unangenehm überrascht. „Hast du das vergessen?" Thomas entgegnete heftig und so laut, dass die Leute auf der Straße sich nach ihm umdrehten. „Ob ich das vergessen habe? Ich dachte, das sei für dich längst zu Ende. Hat dir das denn überhaupt nichts bedeutet, dass wir seit Monaten jeden freien Moment zusammen verbracht haben, dass wir Hand in Hand umhergelaufen sind ... Hast du gar nicht gemerkt, wie sehr ich mich in dich verliebt habe?" Er drehte sich um und rempelte dabei aus Versehen Judith, eine andere Auslandsstudentin an, die gerade zu ihnen stoßen wollte. Ohne sich zu entschuldigen und noch mal umzudrehen, ging Thomas schnellen Schrittes davon. „Du, der ist aber sauer", meinte Judith. „Habt Ihr euch gestritten?" „Ich habe ihm einfach gesagt, dass nächste Woche mein Freund aus Berlin kommt, und da hat er mich angeschrien. Als ob ich ihm je etwas anderes versprochen hätte", erwiderte Tatjana verständnislos. „Ich habe mich immer sehr wohl mit ihm gefühlt, aber für mich war trotzdem auch klar, dass ich meinem Freund Jonas treu bleibe. Er wartet seit Monaten darauf, dass mein Auslandssemester endlich zu Ende geht."

Tatjana hatte zu diesem Zeitpunkt nicht verstanden, dass Thomas und sie – unausgesprochen – unterschiedliche Beziehungen angeboten hatten: Thomas hatte sich verliebt, tiefe Gefühle zu ihr entwickelt und auf eine Partnerschaftsbeziehung gehofft. Tatjana, die sich einfach sehr wohl mit ihm gefühlt hatte, bot ihm, ohne es mit Worten klarzustellen, auf der Ebene ihrer positiven Empfindungen eine vertrauensvolle Kameradschaftsbeziehung an.

Ein erster Schritt, die Situation zu klären, wäre hier eine externe Visualisierung mit zwei Beziehungsschals für die zwei unterschiedlichen Beziehungen und mit zwei Gegenständen, um die tiefen Gefühle von Thomas und die Empfindungen von Tatjana darzustellen.

„Simon, komm bitte sofort in die Küche", donnerte die Stimme von Jochen durch das Haus. Der engagierte und meist liebevolle Vater von drei Kindern hatte mit seinem Ältesten „ein Hühnchen zu rupfen". Simon, der gerade siebzehn geworden war, kam mürrisch an die Küchentür. „Was ist denn jetzt schon wieder?", fragte er mit einem trotzigen Gesichtsausdruck seinen wütenden Vater. „Schau dir diese Schweinerei hier an. Du warst heute dran mit Spülen und die Küche sauber zu machen, und nichts ist gemacht." „Tut mir leid, Paps, ich hab's vergessen. Aber musst du dich wegen solcher Kleinigkeiten immer gleich so aufregen?" Jochen drehte sich zornig und innerlich weiter schimpfend um und ging ohne eine Antwort zu seiner Frau ins Wohnzimmer. Er ärgerte sich darüber, dass er seinen Sohn schon wieder angeschrieen hatte – und auch darüber, dass dieser sich wieder mal nicht an die gemeinsam aufgestellten Regeln für die Mitarbeit im Haushalt hielt. „Ich glaube, wir sollten Simon wirklich mehr Freiheit lassen", sagte seine Frau, die schon gemerkt hatte, dass ihr Mann und ihr ältester Sohn seit einiger Zeit in Sachen Regeln aneinandergerieten. Dabei hatte Jochen wiederholt mit seinem Sohn gesprochen, und sie hatten abgemacht, dass Simon als angehender Erwachsener weniger von seinen Eltern kontrolliert werden sollte. Umgekehrt hatte Simon zugesagt, dass er sich besser an die gemeinsamen Regeln halten würde, und tat dies meistens auch. Dennoch reagierte Jochen nach wie vor extrem empfindlich darauf, wenn Simon eine Abmachung mit seinem Vater nicht ganz genau einhielt. „Ich weiß, dass du den Kindern ein guter Vater sein willst und dass du deswegen sehr darauf achtest, ihnen einen festen Rahmen in unserer Familie zuzuweisen", sagte Jochens Frau. „Aber warum fällt es dir nur so schwer, nicht aus der Haut zu fahren, wenn Simon auch nur eine Kleinigkeit nicht so macht, wie es mit dir abgemacht war?"

Jochen verstand selbst nicht so recht, warum er nach wie vor so stark auf Simons Verhalten, das für einen Jugendlichen ja durchaus normal war, reagierte. Er bemühte sich doch sehr, Simons Bedürfnis nach Autonomie zu unterstützen und sein eigenes Bedürfnis nach Anerkennung als guter Vater zu befriedigen. Was er lange Zeit nicht sehen konnte, war, dass sich hinter seinem Bedürfnis, ein guter Vater für Simon und seine Geschwister zu sein, eine alte, nicht verheilte Wunde aus seiner eigenen Kindheit versteckte: Jochen hatte als Kind sehr darunter gelitten, dass sein Vater nie anwesend war – und somit seine Rolle als „guter Vater" nicht hatte ausfüllen können. Seine starke emotionale Reaktion auf das Verhalten seines Sohnes, sein Ärger und seine Wut hatten ihn nicht nur mit seinem aktuellen Bedürfnis, selbst Anerkennung als Vater zu bekommen, in Verbindung gebracht. Sie hatten ihm ebenfalls als schmerzliches Echo widergespiegelt, wie sehr er als Kind seinen Vater gebraucht hätte. Ein erster Schritt, mit dieser Erkenntnis umzugehen, wäre es, sich mit der Emotion in Verbindung zu setzen und ihr beispielsweise mit einer Symbolisierung behutsam Raum zu geben.

ESPERE-Übungsteil

Zum achten Übungsschritt biete ich Ihnen Übungen auf drei verschiedenen Aktionsebenen an:

a) der Ebene der Beobachtung von Empfindungen, Gefühlen und Emotionen in Ihren Beziehungen,
b) der Ebene des visuellen Darstellens mit Hilfe der externen Visualisierung,
c) der Ebene der Kontaktaufnahme mit Ihren Emotionen durch Symbolisierung.

Versuchen Sie bitte, einfühlsam mit sich selbst herauszufinden, welche der angebotenen Übungen zurzeit am besten zu dem passt, was Ihnen gerade in Ihren Beziehungen zu anderen Menschen und in Ihrer Beziehung zu sich selbst am wichtigsten ist.

Übung 26: Spontane Empfindungen und tiefe Gefühle feststellen

Bitte beobachten und notieren Sie, wie Sie sich mit den Menschen aus Ihrem Beziehungsumfeld fühlen. Auch für diese Übung können Sie die Liste Ihrer Beziehungen aus dem Mind-Mapping in Übung 1 (Seite 54) zur Hilfe nehmen. Bei welchen der Personen, die dort verzeichnet sind oder mit denen Sie sich gerade beschäftigen wollen, fühlen Sie sich beim Zusammentreffen eher wohl oder eher unwohl? Fühlen Sie sich an verschiedenen Tagen unterschiedlich wohl mit ein und derselben Person? Zu welchem Menschen auf Ihrer Beziehungsliste können Sie tiefere Gefühle in sich spüren: Gefühle von starker Zuneigung und Zärtlichkeit oder Gefühle von Gleichgültigkeit, schwacher oder starker Abneigung? Zur Unterstützung können Sie die Liste der tiefen Gefühle im Anhang hinzuziehen (Seite 234). Wenn es sich wirklich um tiefe Gefühle handelt, müssten Sie diese meist in derselben Stärke spüren, unabhängig davon, ob Sie gerade mit der jeweiligen Person zusammen sind oder nur an sie denken.

Übung 27: Ihre Emotionen beobachten

a) Beobachten Sie bitte, welche starken Emotionen Sie selbst oder andere Menschen in Ihrem Umfeld wiederholt ausdrücken. Notieren Sie in Ihre ESPERE-Unterlagen, zu welchen Zeitpunkten, an welchen Orten, in welchem Kontext und mit wem diese Emotionen auftreten.
Ich beobachte bei .... wiederholt folgende starke Emotion in diesem Zusammenhang/dieser Situation:
....

Spüren Sie in sich die Bereitschaft, Emotionen als eine eigene innere Sprache anzuerkennen? Wie leicht fällt es Ihnen, die Idee zu akzeptieren, dass das Verhalten anderer Menschen bei Ihnen Emotionen nur auslöst und dass die Ursache mit Ihnen selbst zu tun haben kann? Bitte schreiben Sie Ihre derzeitige persönliche Antwort zu diesen Fragen auf.
Für mich sind heftige Emotionen ein Ausdruck von ....
....

b) Versuchen Sie bitte über die erneute Beschäftigung mit Ihren verschiedenen Rollen jenen inneren Anteil von sich zu erkennen, der wiederholt die von Ihnen im Übungsteil 27a beschriebene Emotion erlebt. Welche Rolle nehmen Sie ein, während Sie diese Emotion ausleben? Hilfreich können dabei Ihre ESPERE-Aufzeichnungen zu Ihren Rollen aus Übungsschritt 6 sein. Zum besseren Verständnis der Übungsaufgabe möchte ich Sie an die Fallgeschichte mit Jochen und seinem Sohn Simon erinnern: Jochen erlebte seinen heftigen Ärger über das Verhalten von Simon nicht in seiner Rolle als *Berufstätiger* oder als *Gefährte*. Es ist vielmehr der innere Anteil von ihm, der sich mit der Rolle des *Vaters* identifiziert. Der reagierte wütend darauf, dass Simon die gemeinsame Abmachung nicht genau einhielt.
In welcher Ihrer Rollen reagieren Sie am häufigsten mit heftigen Emotionen auf andere Menschen?

Übung 28: Emotionen und damit verbundene Bedürfnisse extern visualisieren

a) Üben Sie sich im externen Visualisieren Ihrer Emotionen. Wenn Sie beispielsweise sehr ärgerlich sind, versuchen Sie einen Gegenstand aus Ihrer direkten Umgebung auszuwählen, der Ihren Ärger darstellt, zum Beispiel einen Stift, ein Buch, eine Teekanne, einen Stuhl. Versuchen Sie, ob es Ihnen gelingt, sich über diesen extern visualisierten Gegenstand mit Ihrer Emotion zu verbinden und zu erkennen, dass Sie nicht identisch mit Ihrer Emotion sind. Üben Sie auf diese Art und Weise möglichst zunächst nur dann, wenn Sie allein sind. Wenn Sie sich mit dieser Art des Umgangs mit Ihren Emotionen vertraut gemacht haben und diesen Umgang in Ihr Leben integriert haben, können Sie später auch versuchen, die externe Visualisierung in die Beziehung zu Ihnen wichtigen Menschen einzuführen. Sie lernen so nach und nach, sich und andere nicht mehr mit auftretenden Emotionen zu verwechseln und sich vielleicht auch daran zu erinnern, dass Ihre Emotionen eine sehr persönliche Botschaft für Sie haben können.
Ich möchte Ihnen hier mit der folgenden beschriebenen Inszenierung eine Idee geben, wie diese Übung der externen Visualisierung einer plötzlich auftretenden Emotion Ihnen unter anderem nutzen kann: Birgit geht allein durch eine Straße, als sie plötzlich

sieht, wie zwei Jugendliche eine alte Frau angreifen und ihr die Handtasche wegnehmen wollen. In dem Moment, wo sie den Angriff erlebt, verspürt sie heftige Angst. Sie beginnt schneller zu atmen. Es besteht die Gefahr, dass die Angst sie regelrecht lähmt – und dann bewirkt, dass sie nicht in der Lage ist, kompetent in dieser Situation zu reagieren. Doch Birgit ist mit der externen Visualisierung vertraut, sie entscheidet blitzschnell, sich nicht mit dieser Angst zu identifizieren. Sie wählt das Hochhaus vor ihr, um ihre Angst visuell darzustellen. Diese blitzschnelle Visualisierung erlaubt es Birgit, sich nicht durch ihre Angst lähmen zu lassen und handlungsfähig zu bleiben. Sie kann nun überblicken, welche Möglichkeiten sie hat, effizient zu reagieren – zum Beispiel sich schnell in einem Hauseingang zu verbergen, um mit ihrem Handy Hilfe herbeizurufen ...

b) Benutzen Sie die externe Visualisierung, um Ihre Emotionen *und* Ihre Bedürfnisse sichtbar darzustellen. Auch wenn heftige Emotionen Sie mit ursprünglichen Wunden verbinden können, sollten Sie sich nicht ständig fragen, ob eine Ihrer Emotionen Ihnen gerade wieder etwas als Echo aus der Vergangenheit zu sagen hat. Dies ist nicht sinnvoll und belastet unnötig Ihr Leben und Wohlbefinden. Es ist erfahrungsgemäß jedoch hilfreich, sich anzugewöhnen, zumindest *heftige* Emotionen bewusst wahrzunehmen. Wenn Sie sich dazu bereit fühlen, können Sie sich auch fragen, auf welcher Ebene die Emotion eine Botschaft für Sie enthält. Eine direkte Möglichkeit wäre, wie in der Gewaltfreien Kommunikation zu versuchen, das Bedürfnis festzustellen, das bei Ihnen gerade nicht befriedigt ist, und etwas für seine Befriedigung zu tun. Es ist oft leichter, dieses Bedürfnis zu identifizieren, wenn Sie es durch eine externe Visualisierung „materialisieren" und über Kontakt mit dem ausgewählten Objekt versuchen, sich mit Ihrem Bedürfnis zu verbinden und es zu benennen.
Sind Sie jedoch wiederholt in bestimmten Situationen mit einer heftigen Emotion wie Ärger, Wut, Trauer oder Niedergeschlagenheit im Umgang mit sich und anderen konfrontiert, können Sie aus diesen Wiederholungen herauskommen, wenn Sie den indirekten Weg gehen, um einer Verbindung der Emotion mit Ihrer Vergangenheit auf den Grund zu gehen. Bitte lesen Sie dazu die folgende Übung.

Übung 29: Eine Emotion symbolisieren und zu Wort kommen lassen

Wenn Sie herausfinden möchten, warum Sie in bestimmten Situationen immer wieder mit der gleichen Emotion reagieren, empfehle ich Ihnen, sie über eine Symbolisierung besser kennenzulernen und ihr Raum zu geben. Wählen Sie dazu einen Gegenstand als Symbol aus, der Sie in Ihrer Umgebung, in der Wohnung, draußen oder in einem Geschäft, anspricht: ein Stein, ein Stück Holz, ein Haushaltsgegenstand, eine Figur. Sie können Ihre Emotion auch spontan aufmalen, ohne viel über Form und Farbe nachzudenken, und dieses Bild als Symbol benutzen. Eine sehr schöne und besonders wirksame Art, eine Emotion zu symbolisieren, ist, sie aus Lehm oder Knetmasse zu formen. Überlassen Sie dabei bitte möglichst Ihren Händen die Arbeit, ohne sie durch Gedanken und ästhetische Empfindungen zu beeinflussen. Diese spezielle Form, ein Symbol herzustellen, ermöglicht erfahrungsgemäß vielen Menschen einen besonders leichten Zugang zu ihrer Intuition und zu tieferen Bereichen ihres Unterbewusstseins.

Wenn Sie einen Gegenstand für Ihre Emotion ausgewählt oder hergestellt haben, schlage ich Ihnen folgende weitere Vorgehensweise vor:

- Versuchen Sie bitte, bewusst mit Ihren Händen und Ihrem Blick regelmäßig einen Kontakt zu ihrem Symbol herzustellen.
- Finden Sie für dieses Emotionssymbol einen besonderen Platz in Ihrer Wohnung, an dem Sie es immer wieder sehen, allderings möglichst nicht im Schlafzimmer in Bettnähe, da es Ihren Schlaf beeinflussen könnte.
- Wenn Sie Ihr Symbol regelmäßig berühren oder sich damit beschäftigen, versuchen Sie bitte bewusst zu akzeptieren, dass diese Emotion zurzeit zu Ihnen gehört, einen Platz in Ihrem Leben beansprucht und von Ihnen gehört werden möchte.
- Wenn Sie anerkennen können, dass Ihre Emotion zu Ihnen gehört und Sie sich freundlich und einfühlsam um sie kümmern wollen, „besänftigen" Sie Ihre Emotion: Stellen Sie beispielsweise eine schöne brennende Kerze neben Ihr Symbol oder machen Sie ihm eine angenehme Musik an; lesen Sie ihm etwas vor oder erzählen Sie ihm etwas. Erfahrungsgemäß haben die meisten Menschen zu Anfang Sorge, sich solcherart (vor sich selbst) lächerlich zu machen. Dies legt sich jedoch meist schnell, wenn Sie sich an einen bewussten einfühlsamen Umgang mit Symbolen gewöhnt haben. Es ist auch hilfreich, sich klarzumachen, dass Sie nicht Musik **für einen Gegenstand** anmachen. Sie nehmen vielmehr über diesen von Ihnen ausgewählten Gegenstand Kontakt mit einem **Ihrer inneren Anteile** auf – und wohltuende Musik kann Sie dabei ebenso wie das Licht einer Kerze unterstützen. Gehen Sie bitte möglichst kreativ mit Ihrem Symbol um und versuchen Sie dabei, sich auf Ihre individuelle Art und Weise mit Ihrer Emotion anzufreunden.
- Gut wäre es auch, wenn Sie Ihre Emotion zu Wort kommen lassen können, um ihre mögliche Botschaft an Sie zu hören. In diesem Fall können Sie beispielsweise erst einmal selbst mit Ihrem Symbol sprechen und ihm mitteilen, wie Sie sich fühlen, seitdem es einen realen Platz in Ihrer Wohnung hat. Sie können sich dann in einem zweiten Schritt ein oder zweimal die Woche hinsetzen und notieren, was das Symbol Ihnen sagen kann. Zum Beispiel könnte ein symbolisierter Ärger Ihnen auf Ihr Blatt diktieren: „Ich habe die Nase voll davon, dass dein Kollege (Name) sich immer wieder in den Vordergrund schiebt. Und du tust nichts dagegen! Aber danach beschwerst du dich und jammerst ..." Wenn Sie in dieser Form über eine längere Zeit Kontakt mit Ihrer Emotion herstellen, wird sich erfahrungsgemäß die Art, wie sich Ihre Emotion ausdrückt, verändern. Auch in den Beziehungen, die vorher durch Ihre Emotion belastet waren, wird sich etwas positiv verändern.

Menschen, die Erfahrung mit der Gestalttherapie[28] haben, wird es wahrscheinlich leichter fallen, auf diese Art und Weise mit einem Gegenstand als Symbol zu sprechen. Aber auch ohne eine solche Erfahrung gelingt es den meisten Menschen nach kurzer Zeit, ein Unwohlsein oder ihre Befürchtung, sich lächerlich zu machen, zu überwinden und einen Dialog mit ihrem Symbol zu beginnen. Allerdings sollten Sie sich dies vielleicht eher vornehmen, wenn Sie allein zu Hause sind oder zumindest Mitbewohner entsprechend vorbereiten.

Mein Tipp: Wenn Sie einmal eine effiziente Möglichkeit suchen, beispielsweise großen Ärger so loszuwerden, dass er nicht Ihre Beziehung belastet, versuchen Sie Folgendes: Nehmen Sie Ihren Ärger mit auf eine mindestens 20 Minuten lange Autofahrt, bei der Sie *allein* sind. Schimpfen Sie nun so übertrieben, wie Sie nur können, über das Verhalten der Person, die Ihren Ärger ausgelöst hat (ja, auch mit Ausdrücken, die sonst nur im Blind-Taub-System SAPPE erlaubt sind). Sagen oder schreien Sie alles, was Ihnen in den Kopf kommt, möglichst ohne Unterbrechung. Irgendwann werden Sie feststellen, dass Ihnen die Munition ausgegangen ist und Sie nicht mehr weiterschimpfen wollen oder können. Das Ende dieser befreienden „Loslass-Übung" ist meist ein befreiendes Lachen oder wenigstens ein humorvolles Schmunzeln. Wenn ich diese Übung selbst mache, kann ich in der Regel nach spätestens 15 Minuten über meine alten Homo SAPPIERUS-Reaktionen lachen und mir überlegen, was ein Homo ESPERUS nun konstruktiv mit dieser Situation und dem Ärger anstellen würde ... Falls Sie nicht die Möglichkeit haben, allein Auto zu fahren, können Sie diese Übung auch während eines Spaziergangs machen, vielleicht sollten Sie dazu einen einsamen Weg suchen ...

* * *

IHRE FOKUSBEZIEHUNG und FOKUSPERSON

Führen Sie die Übungen dieses Übungsteils auch in Bezug auf Ihre Fokusperson aus. Unterscheiden Sie zwischen Ihren spontanen Empfindungen, die Sie haben, wenn Sie mit ihr zusammen sind, und Ihren tieferen Gefühle für sie. Diese Gefühle erkennen Sie daran, dass Sie sie relativ unverändert spüren, wenn Sie Ihre Fokusperson lange nicht sehen. Beantworten Sie bitte in Ihren ESPERE-Unterlagen auch folgende Fragen in Bezug auf Ihre Emotionen:
- Welche Emotionen drücken Sie wiederholt im Kontakt mit Ihrer Fokusperson aus?
- Welche Emotionen beobachten Sie bei Ihrer Fokusperson in Bezug auf Sie als Person und Ihr Verhalten?

⇢ In welchen Situationen beobachten Sie heftige emotionale Reaktionen im Kontakt mit Ihrer Fokusperson?

Benutzen Sie die ESPERE-Begleiter, um Kontakt mit den Emotionen aufzunehmen, die Sie wiederholt in Bezug auf Ihre Fokusperson ausdrücken. Können Sie diese als Echo von unerfüllten Bedürfnissen oder als Echo aus Ihrer Vergangenheit verstehen?

* * *

Schritt 8: Das Wichtigste in Kürze

Zum Thema Empfindungen, tiefe Gefühle und Emotionen:

- Bei der Methode ESPERE unterscheiden wir in unseren Beziehungen zu anderen Menschen zwischen unseren spontanen Empfindungen und tiefen Gefühlen. Diese Unterscheidung hilft, Missverständnisse zu verringern.
- Emotionen stellen eine eigene Sprache dar, mit der wir im Allgemeinen schmerzliche „innere Notsituationen" verstecken, die uns aber helfen kann, diese Notsituationen bewusst zu entdecken. Emotionen können uns auf einer direkten Ebene auf aktuell unbefriedigte Bedürfnisse hinweisen oder sich auf einer indirekten Ebene als Echo vergangener schmerzlicher Erfahrungen zu Wort melden.
- Das Verhalten anderer Menschen ist nicht Ursache, sondern Auslöser unserer Emotionen.
- Der ESPERE-Begleiter Beziehungsschal und die externe Visualisierung und Symbolisierung erlauben uns, auf unterschiedlichen Ebenen mit unseren Emotionen umzugehen und Konflikte friedlich und einfühlsam zu lösen.

Was Sie erfahren konnten:

Für Ihre Beziehungen zu anderen Menschen:

Indem wir lernen, unsere heftigen Emotionen nicht in unseren Beziehungen abzureagieren, erleichtern wir die Beziehungen. Gelingt es uns, über unsere Emotionen zu sprechen und die Verantwortung dafür zu übernehmen, entspannen wir Konflikte und verhindern ihre Wiederholung.

Für Ihre Beziehung zu sich selbst:

Sie können sich entscheiden, auf unterschiedliche Art und Weise mit Ihren Emotionen Kontakt aufzunehmen und ihre Sprache zu verstehen. Insbesondere die Symbolisierung von Emotionen unterstützt effizient dabei, diese zu begleiten.

Schritt 9: Heilsame Symbolarbeit in der Beziehung zu sich und zu anderen

In diesem Kapitel erfahren Sie ...

- in welchen verschiedenen Lebensbereichen Sie Symbolisierungen zur Lösung von äußeren und inneren Konflikten sinnvoll einsetzen können;
- wie Sie mit Hilfe von Symbolen Kontakt zu dem, was in Ihrem Inneren geschieht, aufnehmen und damit einfühlsam umgehen können;
- wie Sie offen gebliebene Situationen durch behutsame Symbolisierungen abschließen können;
- wie Sie beim Symbolisieren am besten vorgehen und was Sie dabei besonders beachten sollten.

Die Symbolisierung als ständig präsentes Hilfsmittel

In der Einleitung zum Beziehungsmodell der Methode ESPERE hatte ich Ihnen erste Erklärungen zu dem ESPERE-Begleiter Symbolisierung gegeben. Ich hatte dazu angemerkt, dass die Symbolisierung sicherlich der weitestgehende und faszinierendste Teil der Methode ESPERE ist. Sie braucht aber auch viel Zeit und Geduld, um wirklich verstanden und effizient benutzt zu werden. Wahrscheinlich haben Sie schon selbst bei den Übungen zur Symbolisierung in den vorhergehenden Übungsschritten feststellen können, dass Symbole in den verschiedensten Bereichen Ihres Lebens einsetzbar sind. In diesem neunten Übungsschritt möchte ich Ihnen die vielfältigen Anwendungen dieses für mich heilsamsten und spannendsten Werkzeuges der Methode ESPERE detaillierter erläutern. Sie ist für mich und für alle, die sich entschieden haben, die Sprache des Homo ESPERUS immer häufiger zu benutzen, zu einem unverzichtbaren Hilfsmittel im täglichen Leben geworden.

Was die Symbolisierung ermöglicht

Symbolisieren bedeutet, etwas, das in unserem Inneren geschieht, durch einen Gegenstand im Außen darzustellen. Auf diese Weise können wir das, was in unserem Inneren geschieht und was zuvor nicht greifbar war, über unsere Sinne wahrnehmen. Wir können es sehen, berühren und in Kontakt damit treten. Die Symbolisierung erlaubt es, uns mit unserer Lebenskraft zu verbinden und verloren gegangene Energie und Kraft wieder neu zu schöpfen. Sie hilft uns, Opferhaltung und Abhängigkeit loszulassen, indem sie es uns ermöglicht, einfühlsam die Verantwortung zu übernehmen für:
- unsere Gefühle und Empfindungen,
- unsere Emotionen,
- unsere Wünsche und Projekte,
- unsere Bedürfnisse.

Mit Hilfe dieses konkreten und praktischen Werkzeugs erlauben und ermöglichen wir uns eine tief greifende innere Heilungsarbeit. Ohne anderen Menschen oder „dem Leben" die Schuld an eigenem Unglück zuzuweisen oder von unserer Seite aus erneut Gewalt auszuüben, können wir mit Hilfe der Symbolisierung erfahrene Gewalt, Bitterkeit und Groll loslassen. Dazu können wir symbolisch darstellen:
- Worte, die uns nicht gutgetan haben,
- Befehlssätze, die uns eingeengt und definiert haben,
- Worte oder Taten, die uns Gewalt zugefügt haben oder die wir als solche empfunden haben.

Wir können durch die Symbolisierung sehen, dass wir nicht mit unseren Emotionen oder Gefühlen identisch sind. Wir erleben es als hilfreich, dass wir uns weder niederdrücken noch verwechseln lassen müssen mit:
- einer Angst: „Ich bin mehr als meine Angst ...",
- einer Verwundung: „Ich bin mehr als diese alte Wunde, die wieder schmerzt ...",
- einer Krankheit: „Ich bin nicht meine Krankheit, nicht meine Behinderung ...",
- einem Verhalten: „Ich bin mehr als dieses unangenehme Verhalten von mir ...",
- einem nicht befriedigten Bedürfnis: „Ich werde selbst aktiv und befriedige mein Bedürfnis ..."

Die Vorgehensweise beim Symbolisieren

Das Symbolisieren erfolgt in verschiedenen Schritten:

a) **Wir machen uns bewusst,** mit welchem Lebensbereich wir uns durch eine Symbolisierung tiefer beschäftigen wollen, und definieren möglichst klar, **was genau das Ziel dieser Symbolisierung ist.**

b) **Wir wählen ein konkretes Symbol aus.** Dazu versuchen wir zu spüren, welcher Gegenstand für uns am besten unser Thema darstellt. Wir können uns beispielsweise von einem Objekt in unserer Wohnung, im Garten oder auch in einem Geschäft „ansprechen" lassen und es auf diese Weise auswählen. Wir können ebenfalls ein Symbol selbst anfertigen, indem wir es aus Lehm formen, ein Bild malen oder auf andere Weise materialisieren. Jeder als Symbol gewählte Gegenstand stellt einen Teil von uns selbst dar. Während der Zeit, in der wir ihn als Symbol benutzen, investieren wir Energie in ihn. Durch diese Energie wird er für uns zu einer Art „Energiekatalysator".

c) **Wir kümmern uns um das Symbol.** Wir widmen ihm möglichst jeden Tag durch liebevolle und wohlwollende Handlungen eine besondere Aufmerksamkeit. Wir können es bei uns tragen, häufig in die Hand nehmen, es anschauen und erfühlen, angenehme Aktivitäten mit ihm zusammen unternehmen, etwa ins Kino damit gehen, in ein Konzert oder ins Theater, eine Kerze vor das Symbol stellen, Musik anmachen, ihm einen Platz zuweisen, den unser Blick oft streift ... Wir können mit ihm reden und uns klarmachen, dass es mit seiner Anwesenheit und Existenz unser Unterbewusstsein anspricht.

d) **Wir beobachten über einem längeren Zeitraum,** was wir mit unserem Symbol tun, beispielsweise ob sich etwas an unserem Symbol verändert, ob es beispielsweise seine Farbe oder Form verliert, ob Teile abbrechen oder ob und wie sich etwas in unserem Leben verändert. Haben Sie bitte Geduld mit sich, wenn Sie Ihr Symbol öfter einmal verlegen oder vergessen. Das ist bei vielen Symbolisierungen ebenso normal wie der Umstand, dass der von Ihnen gewählte Gegenstand sich mit der Zeit verändern kann. Es ist auch hilfreich und interessant, aufmerksam darauf zu achten, wie andere Menschen, vor allem uns nahestehende, mit unserem Symbol (unbewusst) umgehen.

e) **Wir erkennen die Lebensdauer des Symbols.** Wir benötigen ein bestimmtes Symbol nur so lange, wie wir Energie in die Verwirklichung eines Wunsches, eines Bedürfnisses oder eines anderen Vorhabens investieren wollen. Ist dieser Prozess (erst einmal) abgeschlossen und zum Beispiel ein Vorhaben verwirklicht, benötigen wir das Symbol nicht mehr. Wir können ihm aber sozusagen „als Dank" für seine Hilfe einen schönen Platz in unserer Wohnung geben. Es kann ebenfalls vorkommen, dass Sie ein bestimmtes Symbol eine Zeit lang „auf Eis" legen – und damit die Verwirklichung des dazugehörigen Symbolwunsches – und sich zu einem späteren, vielleicht geeigneteren Zeitpunkt, erneut intensiv darum kümmern.

> **Bitte beachten Sie:**
> Bei der Symbolisierung der Methode ESPERE wird das ausgewählte Symbol nicht zu einem Amulett oder zu einer Art Objekt, mit dem man zaubern kann. Es entfaltet einzig und alleine seine Wirkung, weil es einer tiefen Empfindung und inneren Motivation der Person entspricht, die es bewusst ausgewählt hat. Es ist auch kein Voodoo-Objekt: Es kann keinen anderen Menschen darstellen oder dazu benutzt werden, jemandem Schaden zuzufügen. Es wird nicht den anderen verändern, ihn netter, geduldiger oder verliebter machen! Mit einer Symbolisierung achte ich meine eigenen Wünsche, Bedürfnisse und Gefühle, indem ich sie „aus mir herausnehme" und, wenn ich will, auch anderen zeige.

Sich beim Symbolisieren nicht von innerem Widerstand entmutigen lassen

Es kommt vor, dass bei der konkreten Durchführung einer Symbolisierung an verschiedenen Stellen ein innerer Widerstand fühlbar wird. So könnten Sie beispielsweise feststellen, dass Sie längere Zeit nicht exakt jenen Gegenstand finden, der Ihnen genau als Symbol für Ihr Vorhaben vorschwebt. Oder Sie merken, wie schon zuvor erwähnt, dass Sie Ihr Symbol oft vergessen, es nicht finden oder wiederholt an Plätzen aufheben, an denen Sie es nicht sehen oder berühren können. Oder Sie haben es mit Ihrem inneren Zensor oder „Kritiker" zu tun und fühlen sich unangenehm von Ihren Vorstellungen berührt, was andere Menschen über Sie denken könnten, wenn sie sähen, dass Sie ständig einen bestimmten Gegenstand mit sich tragen und sich mit ihm beschäftigen.

Wenn Ihnen Ihr Vorhaben wirklich wichtig ist und Sie das Gefühl haben, alles tun zu wollen, um es zu verwirklichen, können Sie sich behutsam und verständnisvoll mit Ihrem inneren Widerstand und seinen unterschiedlichen Ausdrucksweisen beschäftigen. Dies kann bedeuten, dass Sie auch Ihr inneres Nein symbolisieren und mit Hilfe dieses Symbols versuchen herauszufinden, wo dieses Nein herkommt und was es Ihnen sagen will. Sie können beispielsweise notieren, welche Gedanken Ihnen kommen, wenn Sie Ihr Symbol anschauen und einen Widerstand wahrnehmen. Geben Sie nicht auf! Die meisten Symbolisierungen können durchgeführt werden, ohne dass Sie sich mit großem inneren Widerstand auseinandersetzen müssen. In einer weiterführenden Anwendung der Methode ESPERE gibt es in diesem Zusammenhang auch die Möglichkeit, symbolisch mit unseren verschiedenen inneren Anteilen (beispielsweise jenem Anteil, der Widerstand leistet, oder jenem, der etwas verändern will) zu arbeiten und sie miteinander in Harmonie und ins Gleichgewicht zu bringen.

Mit einer Symbolisierung unvollendete Situationen einfühlsam beenden

Kennen Sie das Gefühl, dass in einer wichtigen Beziehung zu einem anderen Menschen etwas nicht ausgesprochen oder gehört worden ist und dieses Unausgesprochene nach wie vor in Ihnen weiterwirkt? Gleichviel, ob diese Person heute noch lebt oder schon verstorben ist, ob das Unausgesprochene mit einer erzwungenen oder gewollten Trennung oder einer erfahrenen, nie angesprochenen Gewalt zusammenhängt – es bleibt eine innere Wunde zurück, eine offene, nicht beendete Situation. In der Regel verdrängen wir derartige schmerzliche Erlebnisse oder wir versuchen, nicht an sie zu denken. Wir sagen uns innerlich: „Es ist vorbei, wir müssen eine neue Seite aufschlagen." Oder: „So ist das Leben, daran kann man nichts ändern …"

Unsere Lebensgeschichte ist voll von derartigen unvollendeten Situationen, die sich sogar manchmal zu echten Familiengeheimnissen entwickeln können. Auch wenn wir es nicht wahrhaben wollen, können solche inneren Löcher und offenen Kreise unser Leben weiter belasten, zu unangenehmen Wiederholungen ähnlicher Konflikte und zu psychosomatischen Beschwerden führen. Um dies zu vermeiden und offene Kreise zu schließen, können wir uns zu jeder Zeit entscheiden, diese unvollendeten Situationen auf symbolische Art und Weise zu beenden. Ein wesentlicher Grundsatz der Beziehungsökologie der Methode ESPERE besagt:

> Jeder vergangene oder aktuelle Konflikt, der auf der **Wirklichkeitsebene** blockiert ist, kann auf der **symbolischen Ebene** von seiner Blockade befreit und gelöst werden!

Dies bedeutet, dass die Symbolisierung ein äußerst wertvolles und heilsames Werkzeug anbietet, Konflikte auch mit jenen Menschen zu lösen, mit denen aus den unterschiedlichsten Gründen kein direkter Kontakt und Austausch mehr möglich ist, und auf diese Weise inneren Frieden zu finden. Es gilt die folgende Beziehungshygiene-Regel:

ESPERE-Beziehungshygiene-Regel:

Wir versuchen, offen gebliebene Situationen mit uns nahestehenden Menschen mit Hilfe von Symbolisierungen zu beenden. Dadurch können wir mit diesen Menschen innerlich Frieden schließen und aufhören, den Preis für offene Wunden zu bezahlen.

In den nachfolgenden Fallgeschichten werden Sie Menschen kennenlernen, denen Symbolisierungen geholfen haben, offene Situationen zu vollenden und innere Konflikte aufzulösen. Wie Sie in der ersten Geschichte sehen werden, liegt eine große Hilfe darin, symbolische Briefe zu schreiben. Diese richten sich entweder an die Person, mit der es zu dieser Situation kam, oder an uns selbst. Dieser Symbolbrief ist nicht dazu gedacht, abgeschickt zu werden! Er soll uns vielmehr helfen, sich innerlich mit dieser Person zu verbinden. Gleichzeitig ermöglicht er uns eine Klarstellung der eigenen Gedanken, Emotionen und Gefühle, die mit dieser Situation verbunden sind. Diese Briefe helfen uns auch dabei, mit unseren verschiedenen inneren Anteilen Kontakt aufzunehmen und entstandene Löcher und Wunden zu schließen. Sie eröffnen uns einen leichteren Zugang zu unserem Unterbewussten.

Ich möchte Ihnen in diesem Kapitel eine größere Zahl von Fallgeschichten zu verschiedenen Möglichkeiten der Symbolisierungen vorstellen, die ich auch etwas ausführlicher als in den vorherigen Übungsschritten beschreibe. Dies soll Ihnen dabei helfen, sich auf den verschiedenen Ebenen mit diesem wichtigen ESPERE-Begleiter vertraut zu machen. Gleichzeitig unterstützen Sie die Erfahrungen anderer Menschen dabei, Ihre eigene Kreativität zu aktivieren und Ihnen Mut zu machen, auch selbst Symbolisierungen in den verschiedensten Bereichen Ihres Lebens unterstützend und hilfreich einzusetzen.

Fallgeschichten

Symbolisierungen in Situationen, die offen geblieben sind:

Sollte sie von ihrem seltsamen Traum wirklich erzählen? Brigitte rutschte unruhig auf ihrem Stuhl im Seminarraum herum. Schließlich, als die Seminarleiterin fragte, ob jemand eine persönliche Erfahrung mitteilen wollte, meldete sie sich zögernd: „Ich habe seit einiger Zeit immer wieder denselben Traum", fing sie unsicher an zu erzählen. „Drei Personen stehen in dem Traum um mich herum und strecken ihre Hände nach mir aus. Ich weiß nicht, wer sie sind, kann auch ihre Gesichter nicht erkennen", sagte Brigitte, „sie wirken wie Geister auf mich". „Willst du versuchen, den Inhalt deines Traums mit einer externen Visualisierung darzustellen?", fragte die Seminarleiterin. Brigitte war einverstanden und versuchte ihre erste Beziehungs-Darstellung. Dazu wählte sie spontan zwei Frauen und einen Mann aus ihrer Gruppe aus, um mit ihnen ihre „Geister" darzustellen. „Wähle bitte drei Beziehungsschals aus, um dich mit diesen Geistern zu verbinden", schlug die Trainerin vor. Brigitte folgte dieser Aufforderung und suchte aus einem Korb drei helle freundliche Beziehungsschals. Sie behielt jeweils ein Ende in ihrer Hand und gab ihren drei ausgewählten Personen jeweils das andere Ende in die Hand.

Als Brigitte die zwei Frauen und den Mann, die so mit ihr verbunden waren, nun anschaute, liefen ihr Tränen die Wangen runter. „Hast du Fehlgeburten erlebt oder abgetrieben?", fragte die Trainerin sie behutsam und freundlich. Brigitte nickte. Mit Hilfe der vorsichtigen Fragen ihrer Seminarleiterin wurde ihr klar, dass die drei „Traumgeister" ihre drei ungeborenen Kinder darstellten. „Ich dachte, ich hätte diese Abtreibungen längst verarbeitet", sagte Brigitte leise. Doch tatsächlich hatte sie offene Situationen hinterlassen und niemals eine Trauerarbeit in Bezug auf diese nicht geborenen Kinder angefangen. „Ich schlage dir vor, diese unvollendeten schmerzhaften Erfahrungen symbolisch zu beenden", sagte die Trainerin zu Brigitte. Sie schlug ihr vor, jedem ihrer drei Kinder einen Abschiedsbrief zu schreiben, und fragte sie: „Was könntest du dir vorstellen zu tun, um das Leben der drei Kinder zu symbolisieren?" Brigitte antwortete spontan: „Ich kann mir vorstellen, drei verschiedene Obstbäume für sie zu pflanzen, für ‚Marion', ‚Christine' und ‚Fabian' ..."

Einige Monate später schickte Brigitte Fotos von den drei Obstbäumen, einem Kirsch-, einem Apfel- und einem Pfirsichbaum, die sie gepflanzt hatte. Sie schrieb, dass sie nach einiger Vorbereitungszeit jedem ihrer drei ungeborenen Kinder einen liebevollen Abschiedsbrief schreiben konnte. Diese hatte sie am Fuß jedes Baumes als symbolische Handlung verbrannt und die Asche mit der Gartenerde vermischt. Seitdem war ihr Traum nicht wiedergekommen. Brigitte hatte in der nachfolgenden Zeit sich liebevoll um ihre drei Obstbäume gekümmert. Zusätzlich hatte sie auch ihren unbewussten Wunsch nach einem Kind mit einem kleinen Rosenquarz symbolisiert, den sie mit sich trug, oft berührte und anschaute[29].

Symbolisieren in schwierigen Situationen mit Kindern

„Lass mich in Ruhe!" Die zehnjährige Sabrina saß auf ihrem Bett und klebte Pferdebilder in ein Album. Sie schaute Bernhard, ihren Vater, der nach seiner Arbeit in ihr Zimmer gekommen war, nicht einmal an. „Was ist denn bloß mit dir los?", fragte Bernhard sie wieder einmal, denn er verstand nicht, warum Sabrina sich oft so abweisend und aggressiv ihm gegenüber verhielt. Aber auch heute bekam er keine Antwort. Ebenso wenig verstand seine Frau das Verhalten der Tochter. Aber es war deutlich, dass Sabrina anscheinend immer weniger mit ihrem Vater zu tun haben wollte

Bernhard, der schon so vieles ausprobiert hatte, um mit seiner Tochter in Kontakt zu kommen, entschloss sich einige Wochen später, an einem Workshop zu Eltern-Kind-Beziehungen teilzunehmen, der auf seiner Arbeitsstelle angekündigt worden war. Dort erzählte er dem Seminarleiter und den anderen Eltern, die ihm aufmerksam zuhörten: „Ich weiß noch, wie sehr ich selbst als kleiner Junge oft verzweifelt war, wenn mein Vater und meine Mutter mich ungerecht behandelt hatten. Mit meiner kleinen Sabrina wollte ich so vieles ganz anders machen. Aber ..." Bernhard suchte nach Worten, während seine Gruppe geduldig und einfühlsam darauf wartete, dass er weitersprechen konnte. „Sabrinas ständiges Schreien als kleines Baby hat mich damals verrückt gemacht. Ich war eifersüchtig darauf, dass meine Frau sich nur noch um sie zu kümmern schien, und habe oft versucht, Sabrina durch Anschreien und Klapse auf den Hintern zum Schweigen zu bringen. Ich fühle mich schuldig, weil ich sie als Baby so behandelt habe, und wollte schon oft mit ihr darüber sprechen. Sie hat dann immer gesagt, sie habe mich lieb und sie würde sich an nichts erinnern ... Nur, dass sie mich heute überhaupt nicht mehr an sich ranlässt!"

Der Leiter des Workshops schlug Bernhard vor, mit einer externen Visualisierung seinen eigenen Schmerz und seine Machtlosigkeit darzustellen und anzuerkennen, dass er das Verhalten seiner Tochter nicht auf deren Beziehungsseite verändern konnte. Er erklärte ihm, wie er mit einer Symbolisierung versuchen konnte, den blockierten Zugang zu seiner Tochter zu öffnen. Er könne so sich selbst und insbesondere auch seiner Tochter helfen. Bernhard erzählte einige Wochen später: „Ich hatte Sabrina zuerst anhand von mehreren Knoten in unserem Beziehungsschal gezeigt, was mir in unserer bisherigen Beziehung wehtat. Mit einer offenen Kiste mit Holzstückchen, Nähgarn, Löffeln und anderen Haushaltsgegenständen zeigte ich ihr meine Schwierigkeit, einfühlsam mit ihr umzugehen. Sie hat nur zugehört, ohne etwas zu sagen. Als ich aber einen großen, stark verzweigten Ast auf ihren Tisch legte, hat sie gefragt, was das denn sei. Ich fühlte mich in dem Moment so nervös, dass ich nicht direkt antworten konnte. Glücklicherweise hatte ich aber für diesen Fall einen kleinen Brief an sie vorbereitet, den ich ihr vorlas:

*"Meine geliebte Tochter,
ich zeige Dir mit diesem Ast all das von meinem bisherigen Verhalten zu Dir, was Dir nicht gutgetan hat, beispielsweise wenn ich Dir als kleines Kind wehgetan habe, meine Wutausbrüche und meine oft ungeschickten und verletzenden Worte Dir gegenüber. Ich fühle mich sehr unglücklich damit und ich bitte Dich, mir symbolisch all das wieder zurückzugeben, was Dich verletzt hat. Auch wenn Du mir gesagt hast, dass Du mich lieb hast und nicht darüber reden wolltest, fühle ich mich dennoch nicht wohl mit dem, was ich Dir von mir gegeben habe und das, wie ich glaube, nicht gut für Dich war. Es hilft mir sehr, wenn Du es mir zurückgeben kannst.
Dein Papa"*

Sabrina hatte darauf erst einmal nichts geantwortet, den Ast auf dem Tisch ignoriert, den Brief aber mit in ihr Zimmer genommen. Vier Tage später ist sie zu mir gekommen und hat mich gefragt, was genau sie machen müsse, um etwas zurückzugeben, was sie nicht mehr haben wolle, und ich erklärte es ihr. Am nächsten Tag kam Sabrina abends zu mir. Sie hatte etwas hinter ihrem Rücken versteckt und schaute mich kaum an. Dann gab sie mir einen großen schwarzen Karton mit roten, schwarzen und gelben Zacken bemalt und Löchern, die sie offensichtlich mit viel Energie und Wut hineingeschnitten hatte. Sie sagte: „Da hast du es, ich will es nicht mehr!" Ich habe sie behutsam umarmt und dabei gespürt, wie stark ihre symbolische Handlung uns beide tief berührte. Wir haben danach gemeinsam den Karton und den Ast im Garten verbrannt.

Bernhard erzählte, dass seit dieser symbolischen Rückgabe sein Verhältnis zu seiner Tochter sich vollkommen verändert hatte. Sabrina hörte auf, sich selbst und andere häufig zu verletzen. Sie kam von da an oft abends nach seiner Arbeit zu ihm und erzählte ihm freiwillig davon, was sie tagsüber erlebt und was sie beschäftigt hatte.

Symbolisieren mit Schachteln und Dosen, um uns von etwas zu befreien

Als der Patenonkel der sieben Jahre alten Miriam aus Guatemala zurückkam, brachte er ihr eine Streichholzschachtel mit fünf kleinen, vielleicht zwei Zentimeter langen Püppchen mit. Er erzählte ihr zu seinem Geschenk: „In Guatemala haben ganz viele Kinder diese kleinen Püppchen, die ihnen beim Einschlafen helfen. Wenn ein Kind abends nicht schlafen kann, weil es Angst oder Sorgen hat, nimmt es diese Püppchen und erzählt jeder Puppe eine seiner Sorgen oder Ängste. Dann legt es sie wieder in ihre Schachtel, die „Sorgenschachtel" genannt wird. Und die Eltern sagen ihren Kindern, dass am nächsten Morgen alle Sorgen weggeflogen sind ..." Und Miriams Onkel meinte: „Du kannst es auch so machen. Wann immer du eine Sorge hast, kannst du sie den Püppchen anvertrauen und sie in die Sorgenschachtel stecken." Und weil er als Lehrer in der Schule schon mit seinen Schülern viele andere symbolische Schachteln, Dosen und Säcke ausprobiert hatte, fügte er hinzu: „Du kannst auch, wenn du zum

Beispiel oft ärgerlich bist, dir zusätzlich eine Kiste für Ärger oder für Schmerzen basteln." Er wusste nämlich, dass Miriam oft morgens mit großem Ärger und Bauchschmerzen in die Schule kam – die Klassenlehrerin hatte es Miriams Eltern schon öfters erzählt, ohne dass sie herausgefunden hatten, wie sie Miriam helfen konnten.

Miriam war ganz begeistert vom Geschenk ihres Onkels. Während vieler Wochen nahm sie abends im Bett ihre Püppchen eins nach dem anderen aus der Streichholzschachtel und erzählte ihnen ihre Sorgen. Und sie schlief sehr viel schneller und ruhiger ein.

Wenn Kinder ihre Sorgen erst einmal benennen können, verlieren die meisten ihre enorme Bedeutung. Es handelt sich hier um eine Art symbolisches Spiel, mit dem Kinder loslassen können, was sie stört. Sie tauschen sich auf diese Weise leicht mit ihrem Unterbewusstsein aus.

Eine Woche, nachdem sie ihre Püppchen geschenkt bekommen hatte, kam sie zu ihrem Onkel und fragte: „Kannst du mir auch zeigen, wie ich eine ‚Ärgerschachtel' und eine Schachtel für mein Bauchweh mache?" Gemeinsam suchten die beiden Schuhkartons, die Miriam bunt anmalte. Auf den einen schrieben sie „Ärger- und Wutkiste" und auf den anderen „Kiste für alle Schmerzen". Beide Kisten bekamen einen Platz vor Miriams Zimmer neben der Tür.

Von da an holte Miriam morgens, wenn sie sich, wie so oft, beim Frühstück über das Verhalten ihrer kleinen Schwester ärgerte, ein Blatt und malte blitzschnell ihren Ärger auf, verknüllte das Blatt und brachte es in ihre Ärgerkiste. Auch wenn sie Bauchweh hatte, malte sie es entweder auf oder suchte einen Stein im Garten, um das Bauchweh darzustellen und dann in die Kiste für ihre Schmerzen zu legen. Von da an konnte Miriam in der Schule sehr viel ruhiger mitarbeiten, sie beklagte sich nicht mehr so oft über Bauchschmerzen. Von Zeit zu Zeit schaute sie die Sachen in ihren Kisten an und warf vieles davon weg, wie ihr Onkel es ihr beigebracht hatte ...

Miriams Onkel hatte in seiner Schulklasse symbolische Schachteln eingeführt für alles, was seine Schüler als ungerecht, gewalttätig oder traurig empfanden. Am Eingang des Klassenzimmers hatten die Kinder ihre bunt bemalten Kisten stehen, auf die sie „Gewaltkiste", „Nicht-gut-Schachtel", „Wutschachtel" oder „Schachtel für Traurigkeit" geschrieben hatten. In diese konnte sie vor dem Unterricht all das, was sie traurig oder wütend machte, mit einem Symbol ablegen, um offener und ruhiger dem Schulgeschehen folgen zu können. Seit er die symbolischen Schachteln eingeführt hatte – die übrigens mit der Zeit von allen Kindern benutzt wurden –, konnte Miriams Onkel sehr viel ungestörter unterrichten ...

Symbolisieren von Wünschen und Projekten

Edith saß vor ihrem Telefon und überlegte, wen sie noch anrufen könnte. Sie war 27 Jahre alt und nun seit fast einem Jahr schon arbeitslos. Bald würde sie ihr Arbeitslosengeld gekürzt bekommen. „Ich finde sowieso nie eine Arbeit, was soll ich da noch rumtelefonieren", sagte sie sich trübsinnig. „Niemand wird mich haben wollen." Trotzdem nahm sie zögernd den Hörer ab und rief ihren Schulfreund Tobias an, den sie letzte Woche im Supermarkt getroffen hatte. Als Sozialarbeiter war er gewohnt, Beschäftigungslosen bei ihrer Arbeitssuche zu helfen, und er hatte ihr angeboten, gemeinsam ihre Bewerbungsunterlagen zu überarbeiten. „Komm doch vorbei", schlug er Edith gut gelaunt vor.

Etwas später saßen sie zusammen über Ediths Lebenslauf und Zeugnissen. Sie hatte mit 19 Jahren angefangen, in den verschiedensten Berufszweigen zu arbeiten: als Bedienung in Restaurants, in der Rezeption von Hotels, als Verkäuferin und nach einer Zusatzausbildung an der Abendschule als Sekretärin. Aber seit sie vor einem Jahr umgezogen war, um wieder in der Nähe ihrer Eltern und Freunde zu wohnen, fand sie keine Arbeit mehr. „Die Angst, weiter arbeitslos zu bleiben, lähmt mich regelrecht, und ich schaffe es kaum, mich nach möglichen Stellen umzusehen", erklärte sie Tobias. Dieser lächelte sie freundlich an und erwiderte: „Ich habe vor Kurzem eine Ausbildung in ‚Einfühlsamer Kommunikation' abgeschlossen. Dort haben wir gelernt, dass sich hinter jeder Angst ein Wunsch versteckt. Was hältst du davon, zu versuchen, dich nicht weiter auf deine Angst zu konzentrieren, sondern auf deinen Wunsch, eine passende und gut bezahlte Arbeit zu finden? Wenn du willst, kann ich dir beibringen, so einen Wunsch zu symbolisieren und dich um ihn zu kümmern. Das wird dir helfen, dich nicht mehr gelähmt zu fühlen!"

Edith reagierte auf Tobias Vorschlag zunächst zurückhaltend, wollte es dann aber doch ausprobieren. Zwei Wochen später besuchte sie Tobias erneut und erzählte: „Ich habe gleich am nächsten Tag, nachdem du es mir vorgeschlagen hast, eine wunderschöne große und blühende Pflanze, ein „Fleißiges Lieschen", für meinen Wunsch gesucht, eine interessante und gut bezahlte Stelle in einem Büro zu finden. Ich habe bewusst eine Pflanze ausgewählt, die man oft gießen muss. Und ich habe mich jeden Tag liebevoll um sie gekümmert, genauso, wie du es mir erklärt hattest: Ich habe ihr Musik vorgespielt, mit ihr ferngeschaut, sie gegossen, gedüngt ... Zunächst ging auch alles gut. Ich habe mich sehr wohl mit meinem Symbol gefühlt und es stimmt: Ich fühle mich nicht mehr gelähmt und machtlos. Nach zwei Wochen hat mein fleißiges Lieschen aber begonnen, Blätter zu verlieren, und ich weiß nicht warum. Ich habe im Blumengeschäft nachgefragt und mir wurde bestätigt, dass ich mich richtig um die Pflanze kümmere. Ich verstehe es nicht ..." Tobias hatte Edith mit einem Lächeln in den Augen aufmerksam zugehört und fragte sie nun schmunzelnd: „Hast du dich eigentlich jeden Tag nur um die Pflanze gekümmert oder hast du auch bewusst etwas für deinen Wunsch getan, Arbeit zu finden ...?" Edith schaute ihn fragend an. Tatsächlich hatte sie sich nur liebevoll um ihre Pflanze gekümmert und gehofft, dass sich ihr Arbeitswunsch dadurch irgendwie verwirklichen würde. „Nun, eine Symbolisierung allein reicht nicht aus, um einen derartigen Wunsch zu verwirklichen", erklärte Tobias Edith. „Ich habe das anscheinend nicht klar genug gemacht." Er ging zu dem Flipchart in seiner Büroecke und schrieb für Edith auf, wie sie bei der Verwirklichung eines Wunsches als Projekt vorgehen sollte:

a) den Wunsch klar definieren;
b) die klare Aussage sich selbst gegenüber treffen, dass dieser Wunsch ab jetzt ernsthaft als Projekt verwirklicht werden und nicht mehr nur ein Wunsch bleiben soll;
c) den Wunsch mit einem Gegenstand symbolisieren und sich um das Symbol kümmern;
d) das Vorgehen festlegen, wie der Wunsch als Projekt zu verwirklichen wäre, also beispielsweise eine Liste aller Aktionen aufstellen, die zu seiner Realisierung führen können, und das Symbol daran „beteiligen";
e) jeden Tag mindestens eine der Aktionen der Liste durchführen, um der Verwirklichung des Projekts näher zu kommen, und die Liste mit weiteren möglichen Aktionen vervollständigen.

Tobias schaute Edith an. „In deinem Fall – ich denke ja schon, dass du deinen Wunsch nicht nur als Wunsch anerkennen, sondern ihn auch als Projekt verwirklichen willst – solltest du beispielsweise auf deine Liste schreiben, dass du täglich alle Stellenanzeigen in den Zeitungen und im Internet durchschaust, Aushänge verteilst, Bekannte bittest, sich für dich umzuhören, vielleicht eine Zusatzausbildung in Bürosoftware oder Fremdsprachen planst. Dies ist erfahrungsgemäß auch gleichzeitig eine effiziente Weise, dich um dein Symbol zu kümmern, mit dem du die Durchführung deiner Aktionen beispielsweise ‚besprechen' kannst. Willst du es versuchen?" Edith nickte zustimmend und dankbar für diese sehr genaue Erklärung, wie sie weiter vorgehen konnte.

Edith hatte diesmal verstanden, dass sie sich gleichzeitig um ihr Symbol kümmern und aktiv ihr Projekt verfolgen musste, eine Stelle zu bekommen. Ihre Symbolpflanze half ihr dabei, genügend Kraft und Motivation für die zur Realisierung ihres Wunsches notwendigen Handlungen aufzubringen, ihre Energie zu bündeln und darauf zu vertrauen, dass sich die richtigen Gelegenheiten finden würden. Drei Monate später brachte Edith Tobias freudestrahlend einen Delikatessen-Fresskorb als Dank für seine Unterstützung vorbei. Sie erzählte ihm glücklich, dass sie an der Volkshochschule einen Intensivkurs für Informatik belegt habe und dort einen sympathischen jungen Anwalt kennengelernt hatte. Dieser bot ihr am vierten Kursabend eine Arbeit als Sekretärin in seiner Kanzlei an. Sie hatte inzwischen die Stelle angenommen und verdiente bei guten Arbeitsbedingungen genügend, um bald ihren heimlichen Wunsch, eine Ausbildung als Naturheilpraktikerin zu machen, verwirklichen zu können ...

ESPERE-Übungsteil

Mit diesem Übungsteil des neunten Übungsschritts möchte ich Ihnen helfen, auf einfühlsame Art und Weise herauszufinden, welche der vorgeschlagenen Symbolisierungsthemen für Sie zurzeit am hilfreichsten sein könnten. Sie konnten in dem vorhergehenden Theorieteil und den Fallgeschichten feststellen, dass im Umgang mit Symbolen besonders stark unsere intuitive, kreative Seite angesprochen ist. Diese intuitive Seite, die eng mit unserem Unterbewusstsein verbunden ist, können Sie erfahrungsgemäß einfacher aktivieren, wenn Sie möglichst entspannt und vertrauensvoll mit Ihrem jeweiligen Vorhaben umgehen. Ich möchte Ihnen daher vorschlagen zu versuchen, bei den folgenden Übungen für die Auswahl Ihrer Symbole und den Umgang mit ihnen, wann immer es Ihnen möglich ist, eine vertrauensvolle und entspannte Haltung einzunehmen. Sie können dazu verschiedene Ideen ausprobieren und versuchen, auch bei ernsten Themen Ihre Kreativität und Ihren Sinn für Humor nicht zu vergessen.

Erfahrungsgemäß hilft es, sich bei einer wichtigen Symbolisierung von einem vertrauten, Ihnen wohlgesinnten Menschen begleiten zu lassen und ihm regelmäßig von Ihren Erfahrungen zu erzählen. Sie können ihn bitten, Sie auf Beobachtungen aufmerksam zu machen, die Ihnen selbst manchmal durch einen zu geringen Abstand zu Ihrer persönlichen Geschichte entgehen können. Zuweilen sehen nicht direkt betroffene, uns wohlgesinnte Menschen wichtige Details, die uns nicht bewusst geworden sind.

Übung 30: Ein Symbolisierungsthema finden

Beobachten Sie bitte während mehrerer Tage, welche Themen, beispielsweise in Verbindung mit verschiedenen äußeren oder inneren Konflikten, Sie im Alltag zurzeit am stärksten beschäftigen. Vielleicht wird Ihnen schon sehr schnell klar sein, was für Sie gerade am wichtigsten ist: Sie spüren, ohne viel nachzudenken, mit welchem Aspekt Ihres jetzigen Lebens Sie gern einen innigeren Kontakt aufbauen wollen und wozu Sie die „Meinung" Ihres Unterbewusstseins und seine Unterstützung brauchen.

Es kann jedoch auch passieren, dass Sie nicht so genau wissen, was Sie gerade jetzt gerne symbolisieren könnten, um in Ihrem Leben einen Schritt weiterzukommen. Vielleicht haben Sie auch mehrere Themen zur Auswahl und können sich nicht so recht entscheiden, womit Sie anfangen. Hier kann es Ihnen helfen, die verschiedenen Themen und Ideen aufzuschreiben, die Ihnen zu unterschiedlichen Anlässen einfallen. Sie können mit dieser Liste auch die Übung 32 durchführen, die oft dabei hilft, den spielerisch-kreativen Teil unserer rechten Gehirnhälfte anzusprechen und auf diese Weise eine Entscheidungshilfe zu erhalten. Mögliche Aspekte, die Sie in Ihrer jetzigen Lebenssituation symbolisieren könnten, wären:

- ein Gefühl der Zuneigung oder Liebe, das Sie zur Zeit aufgrund einer gewollten oder erzwungenen Trennung mit einer bestimmten Person nicht ausleben können;
- ein Wunsch, der in Ihnen arbeitet und nicht zur Ruhe kommt und der jetzt nicht (oder vielleicht nie) erfüllbar ist. Dies kann beispielsweise der Wunsch sein, mit einem Partner ein Kind zu haben, der selbst keine Kinder bekommen kann;
- einen Wunsch, den Sie als Projekt verwirklichen wollen (siehe auch Übung 33);
- eine Angst, die Sie in einer positiv formulierten, umgekehrten Form als Wunsch symbolisieren sollten;
- eine Emotion (siehe ESPERE-Übungsteil des 8. Übungsschritts);
- etwas, das Sie in ihrem Alltag und bei Ihren Verpflichtungen behindert – dies können auch körperliche Beschwerden, wie Rückenschmerzen oder Migräne sein;
- ein Bedürfnis, das in Ihnen gerade jetzt nach stärkerer Befriedigung[30] ruft (siehe auch Übungsteil des Kapitels zum Schritt 7 zu den Beziehungsbedürfnissen, ab Seite 141) ...

Bitte beachten Sie:

Versuchen Sie nicht, Symbolisierungen bei schwerwiegenden Problemen und Themen, zum Beispiel psychische oder körperliche Traumata, Depressionen oder andere schwere Krankheiten, allein durchzuführen oder anderen vorzuschlagen. Die in diesem Übungsbuch beschriebenen Symbolisierungen sind NICHT für derartige Themen vorgesehen. Die vorgeschlagenen Übungen ersetzen weder die Arbeit mit einem professionellen Therapeuten noch den Gang zu kompetenten Ärzten.

Übung 31: Externe Visualisierung als Entscheidungshilfe

Die folgende externe Visualisierung zur Entscheidungshilfe kann mit einer entspannten und eher spielerischen Herangehensweise erfahrungsgemäß viel Spaß machen. Sie trainiert Sie dabei, die verschiedenen Formen, Farben und Größen von Symbolen als Teil der Symbolsprache berücksichtigen zu lernen.

Sie ist dazu gedacht, Sie dabei zu unterstützen, eine derzeitige Priorität in Ihrem Leben herauszufinden und zu entscheiden, welches Thema Sie vorrangig gerade jetzt bearbeiten sollten: Sie haben beispielsweise mehrere verschiedene wichtige Wünsche erkannt, etwa den Wunsch nach einer neuen Wohnung, nach einer besser bezahlten Arbeit, nach einer spannenden Reise. Oder Sie haben drei neue wichtige Projekte zur Auswahl und wissen nicht, für welches Sie sich entscheiden sollen. Vielleicht sind Ihnen auch mehrere wichtige Bedürfnisse bewusst geworden und Sie wollen mit Hilfe eines Symbols sich möglichst um das gerade vorrangige kümmern.

Bevor Sie sich intensiver mit der Beschreibung der Übung auseinandersetzen, beachten Sie bitte, dass diese Übung in der Regel nur dann funktioniert, wenn Sie sich in einer positiven Stimmung befinden. In einer Situation, in der Sie beispielsweise mit heftigen Emotionen wie großer Niedergeschlagenheit, tiefer Traurigkeit oder Ratlosigkeit konfrontiert sind, sollten Sie sich zuerst um diese Emotionen kümmern. Ich schlage Ihnen in diesem Fall vor, Ihre Emotion zu symbolisieren und ihr zuerst zuzuhören (sehen Sie dazu bitte auch die Übung 29). – Suchen Sie aber eine leichte und spielerische Hilfe zu der Entscheidung, was Sie zurzeit am besten symbolisieren könnten, ist die folgende Übung oft hilfreich. So gehen Sie vor:

Suchen Sie eine große Menge von Gegenständen (20 bis 30 an der Zahl) aus Ihrer Wohnung und platzieren Sie diese ungeordnet zum Beispiel auf einen Tisch. Die Objekte sollten möglichst unterschiedliche Größen, Farben, Materialien und Formen haben. Besitzen Sie beispielsweise eine Küchenschublade, in der gewöhnlich jene Dinge landen, die sonst keinen Platz im Haushalt finden, leeren Sie diese einfach einmal aus. Benutzen Sie, was Ihnen in die Hände fällt: Kaffeebecher, Gläser, Nähgarn, Figuren, Spielsachen, Vasen, Kristalle, Zeitschriften ... Nehmen Sie nun bitte für jedes Ihrer Themen, die Sie identifiziert haben und die Ihnen derzeit zur Auswahl stehen, einen Zettel zur Hand. Es sollten mehr als zwei Themen sein, doch nicht zu viele. Schreiben Sie nun das jeweilige Thema auf die Zettel, beispielsweise auf den ersten den Wunsch, eine eigene Pfadfindergruppe ins Leben zu rufen, auf den zweiten den Wunsch, mit dem Partner in einen Tanzverein einzutreten, auf den dritten den Wunsch, allein nach Südfrankreich zu reisen ...

Nun falten Sie die Zettel zusammen und mischen sie diese. Nehmen Sie mit einer Hand den ersten Zettel und greifen Sie mit geschlossenen Augen wahllos einen der Gegenstände. Legen Sie nun beides zur Seite und nehmen Sie den zweiten Zettel in die Hand. Greifen Sie wieder mit geschlossenen Augen einen zweiten Gegenstand und fahren Sie so fort, bis Sie für jeden Zettel einen Gegenstand ausgewählt haben. Öffnen Sie nun alle Zettel und notieren Sie bitte in Ihren Unterlagen, welchen Gegenstand Sie jedem Ihrer Themen zugeordnet haben.

Lassen Sie sich nun von den Gegenständen anregen: Jede Eigenschaft des jeweiligen Objektes kann einen Hinweis darauf geben, wie wichtig das zugehörige Thema für Sie derzeit ist. Persönliche Vorlieben und Assoziationen zu diesen Gegenständen werden Ihnen wahrscheinlich die besten Hinweise auf aktuelle Prioritäten geben. Spielen Sie mit den von Ihnen ausgewählten Objekten, schreiben Sie Ihre Ideen und Assoziationen dazu auf oder fragen Sie einen guten Freund, was ihm spontan zu Ihrer Auswahl einfällt. Nach diesem Vorgang werden Sie sich erfahrungsgemäß leichter für ein Thema entscheiden können, das Sie weitergehend bearbeiten wollen. Bitte beachten Sie, dass diese externe Visualisierung mit verschiedenen Objekten Ihnen die Auswahl aus verschiedenen Themen erleichtern soll. Es handelt sich nicht um die Suche nach einem passenden Symbol. Diese erfolgt in einem weiteren Schritt.

Übung 32: Sich um ein Symbol kümmern

Wenn Sie ein Thema gefunden haben, wählen Sie bitte ein Symbol dafür aus, wie im Abschnitt „Die Vorgehensweise beim Symbolisieren" auf Seite 166 beschrieben. Beobachten und notieren Sie bitte, wie Sie sich um dieses Symbol kümmern. Denken Sie regelmäßig an Ihr Symbol? Treten Sie jeden Tag mit ihm in Kontakt, schauen Sie es an, berühren Sie es und unternehmen etwas Angenehmes mit ihm? Oder vergessen Sie es? Geht es Ihnen kaputt oder verlieren Sie es sogar? Welchen Platz wählen Sie in Ihrer Wohnung für Ihr Symbol? Verändert es seine Form oder Farbe? Wie fühlen Sie sich mit Ihrem Symbol? Schreiben Sie möglichst detailliert auf, was Sie mit Ihrem Symbol erleben. Die Art, wie Sie mit Ihrem Symbol umgehen, wird Ihnen Informationen darüber geben, wie Sie unbewusst mit Ihrem Symbolisierungsthema umgehen und ob es innere Blockaden gibt, die Sie beispielsweise bei der Verwirklichung eines bestimmten Projekts zurzeit noch behindern. Sie können Ihre Erfahrungen auch mit anderen Menschen teilen und ihnen vorschlagen, ebenfalls auszuprobieren, was bewusst ausgewählte Symbole in ihrem Leben bewirken können.

Übung 33: Einen Wunsch als Projekt konkret verwirklichen

Wenn Sie einen Wunsch haben, den Sie jetzt in Ihrem Leben verwirklichen möchten, gehen Sie bitte in folgenden Schritten vor:

a) Formulieren Sie bitte klar und präzise Ihren Wunsch und beschreiben Sie ihn im Detail. Erst wenn Ihnen wirklich klar ist, was Sie wollen, können Sie auch an die Verwirklichung gehen!

b) Wählen Sie nun bitte ein Symbol für diesen konkreten Wunsch. Es kann sein, dass Sie Ihre Wahl sehr schnell treffen und das passende Objekt finden. Es kann aber auch sein, dass Sie länger brauchen, bis Sie fühlen, dass Sie das richtige Objekt haben. Nehmen Sie sich diese Zeit! Wenn Sie Ihr Symbol gefunden haben, kümmern Sie sich bitte, wie in Übung 32 vorgeschlagen, aufmerksam darum.

c) Beschreiben Sie so detailliert wie möglich, wie Sie diesen Wunsch als Projekt verwirklichen können. Bitten Sie auch nahestehende Menschen um Rat und Unterstützung, was Sie tun können, um Ihr Projekt zu verwirklichen. Legen Sie dazu mehrere Listen zu den folgenden Punkten an:

- Eine Liste aller Nachteile, welche mit der Verwirklichung Ihres Projektes verbunden sein könnten. Dies mag paradox erscheinen, doch ist es erfahrungsgemäß wichtig, sich genau über die Nachteile klar zu werden, um so berücksichtigen zu können, dass Sie durch die Verwirklichung Ihres Wunsches Ihren Zielen auch wirklich näher kommen. Möchten Sie sich beispielsweise beruflich verändern, kann das bedeuten, dass Sie Ihre Arbeitskollegen verlieren und lieb gewordene Gewohnheiten aufgeben müssen, dass Sie umziehen oder sich fortbilden müssen.
- Eine Liste aller Hilfsmittel, die Ihnen zur Verfügung stehen oder um die Sie andere bitten können. Dies können bei einer Arbeitssuche der Zugang zum Internet sein, Bewerbungsbilder, Kontakte mit Menschen, die schon in dem neuen Arbeitsbereich arbeiten, oder mit Personen, die gemeinsam mit Ihnen Ihre Bewerbungsunterlagen optimieren können.
- Eine Liste Ihrer eigenen Grenzen, die eine erfolgreiche Verwirklichung des Projektes behindern könnten. Was sind Ihre Schwachpunkte, Toleranzschwellen, Zweifel und Ungewissheiten?

d) Definieren Sie einen Zeitrahmen, den Sie sich für die Verwirklichung Ihres Projektes geben wollen, und halten Sie ihn fest. Wählen Sie auch Zeitpunkte für Zwischenetappen.

e) Nehmen Sie sich möglichst jeden Tag von Ihrer Liste wenigstens einen Schritt vor, der Sie der Realisierung Ihres Vorhabens näher bringt. Bei dem Wunsch nach einer neuen Arbeit kann das bedeuten, den Stellenteil in der Zeitung zu lesen, sich darüber zu informieren, welche Anforderungen die neue Stelle mit sich bringen würde und welche Zusatzausbildung sinnvoll dafür wäre, ehemalige Kolleginnen anzurufen und vieles mehr. Lassen Sie sich von Ihrem Symbol unterstützen und denken Sie bitte daran: Ihre Symbolarbeit unterstützt Sie dabei, die notwendige Energie zu mobilisieren, günstige Gelegenheiten zu erkennen und anzuziehen sowie Geduld und Vertrauen zu entwickeln. Um Ihr Projekt zu realisieren, bedarf es konkreter Aktionen Ihrerseits auf der direkten Ebene. So „beweisen" Sie, dass es Ihnen mit Ihrem Projekt ernst ist!

f) Überprüfen Sie bitte regelmäßig Ihren Zeitrahmen und die verschiedenen Listen, die Sie angelegt haben. Passen Sie gegebenenfalls Ihren Zeitrahmen an oder fügen Sie Ihrer Liste neue Punkte hinzu. Wie sind Sie mit Ihrem Symbol umgegangen, während Sie versuchten, Ihren Wunsch als Projekt zu verwirklichen? Schreiben Sie bitte Ihre Erfahrungen so detailliert wie möglich auf, auch als Unterstützung für weitere Projekte.

* * *

IHRE FOKUSBEZIEHUNG und FOKUSPERSON

Gibt es ein Thema, das Sie gerne in Bezug auf Ihre Fokusbeziehung symbolisieren wollen? Sie könnten beispielsweise einen Wunsch symbolisieren, den Sie in Bezug auf diese Person haben, sollten sich dabei aber vorher klarmachen, dass es Ihr persönlicher Wunsch ist, den Sie auf **Ihrer** Beziehungsseite mit einem Symbol darstellen. Wenn Sie sich um diesen Wunsch kümmern, ohne insgeheim zu hoffen, dass sich dadurch etwa ein bestimmtes Verhalten Ihrer Fokusperson wie durch Magie verändert, werden Sie merken, wie Sie Spannung aus der Beziehung nehmen. Wenn es Ihnen möglich ist, dann zeigen Sie Ihrer Fokusperson Ihr Symbol und stellen Sie klar, dass Sie sich um diesen Wunsch kümmern, ohne zu erwarten, dass Ihr Gegenüber sich deshalb verändert. Benutzen Sie eventuell den Beziehungsschal, um sich noch einmal klarzumachen, dass Sie Ihren Wunsch nur auf Ihrer Seite der Beziehung erfüllen können.

* * *

Schritt 9: Das Wichtigste in Kürze

Zur vielfältigen Anwendung von Symbolisierungen:

- Die Symbolisierung ermöglicht es uns, mit dem, was in unserem „Innern" geschieht, im „Außen" einen kreativen, heilsamen Kontakt aufzubauen. Dies gilt beispielsweise für unsere Ängste, Schmerzen, Wünsche und Bedürfnisse.
- Durch ihre vielfältigen Anwendungsmöglichkeiten erlaubt uns die Symbolisierung, uns da abzuholen, wo wir gerade stehen, und auf diese Weise offene Situationen behutsam und schrittweise zu beenden.
- Symbolisierungen helfen uns auch dabei, unsere Bedürfnisse, unsere realisierbaren und nicht realisierbaren Wünsche anzuerkennen und uns um sie zu kümmern. Sie bündeln unsere Energie und Aufmerksamkeit zur Umsetzung jener Wünsche, die wir als „Projekte" erfüllen wollen.

Was Sie erfahren konnten:

Für Ihre Beziehungen zu anderen Menschen:

Die Qualität unserer Beziehungen ist häufig dadurch belastet, dass alte Konflikte nicht aufgelöst wurden und dass uns frühere Verhaltensweisen anderer Menschen immer noch unangenehm berühren oder schmerzen. Symbolisierungen können Ihnen wirkungsvoll helfen, noch offene Konflikte behutsam zu klären, Blockaden aufzulösen und alte Wunden heilen zu lassen.

Für Ihre Beziehung zu sich selbst:

Bewusst ausgewählte und angewandte Symbole können als Ihre ständigen Lebensbegleiter eine intuitive Brücke zu Ihrem Unterbewusstsein bauen. In den verschiedensten Bereichen Ihres Lebens erlauben Ihnen Symbole, Ihre inneren Konflikte mit Kreativität und wachsender Achtung für sich selbst anzuerkennen und aufzulösen.

Schritt 10: Sich einfühlsam durch das Leben begleiten – und sich dabei liebevoll um das „innere Kind" kümmern

In diesem Kapitel erfahren Sie ...
- was es bedeutet, sich selbst eine gute Lebensbegleiterin, ein guter Lebensbegleiter zu sein;
- dass es wichtig ist zu lernen, sich selbst Vater und Mutter zu sein, indem Sie sich so liebevoll und einfühlsam um sich kümmern, wie Sie es immer schon gebraucht hätten;
- wie Sie Kontakt mit Ihrem inneren Kind aufnehmen und seine Kreativität und Lebensfreude dadurch befreien, dass Sie verstärkt alte Lasten loslassen.

„Mut haben, sich selbst ein guter Begleiter, eine gute Begleiterin zu sein ..."

Jacques Salomé schreibt in seinem Sinngedicht mit dem Titel „Mut haben, sich selbst ein guter Begleiter zu sein": „Du selbst bist im Herz all deiner Beziehungen, nicht im Zentrum. ... Du bist verantwortlich für die Achtung, die Liebe und den Respekt, den du dir entgegenbringst. Du kannst die Qualität deiner Beziehungen zu anderen Menschen verbessern! Du trägst dafür selbst die Verantwortung. Du bist aber nicht allein für die gesamte Beziehung verantwortlich! ..."

Aufbauend auf diesem Text, den Sie am Ende des Buches (Seite 223) in seiner vollständigen Fassung finden[31], habe ich Ihnen in den vergangenen neun Schritten vielfältige Übungen vorgestellt, mit denen Sie die Qualität Ihrer Beziehungen zu Ihren Mitmenschen verbessern können. Mein besonderes Anliegen ist es jedoch auch, Ihnen zu helfen, immer einfühlsamer und liebevoller mit sich selbst umzugehen – und die Verantwortung dafür zu übernehmen, für sich Achtung, Liebe und Respekt zu entwickeln. In diesem zehnten und letzten Übungsschritt biete ich Ihnen daher an, die Übungen der vorhergehenden Kapitel in diesem Sinne weiterzuführen und zu vertiefen. Es geht in diesem Übungsschritt darum zu erkennen, was es konkret bedeuten kann, sich selbst die beste Freundin, der beste Lebensbegleiter zu sein – und warum es hilfreich ist, wenn Sie sich auf Ihrem weiteren Übungsweg mit Ihrem „inneren Kind" verbinden.

Eine gute Mutter und ein guter Vater für sich selbst werden

Wie Sie sich vielleicht aus der Beschreibung des Blind-Taub-Systems SAPPE zu Beginn des Buches erinnern, haben die Menschen der vorigen Generationen in der Regel nicht gelernt, ihre eigenen Bedürfnisse und Wünsche einfühlsam anzuerkennen und zu befriedigen. So kommt es, dass auch heute viele Erwachsene Eltern hatten, die Ihnen während ihrer Kindheit nicht das geben konnten, was sie dringend gebraucht hätten: Die Erfüllung ihrer grundlegenden Beziehungsbedürfnisse und insbesondere eine bedingungslose Annahme und Liebe. Ein großer Teil der Ausbildung in der Methode ESPERE sowie der Bücher von Jacques Salomé und auch dieses Übungsbuch befassen sich daher mit folgender Frage:

Wie können Menschen lernen, das zu bekommen, was Sie brauchen, um glücklicher mit sich und anderen zu sein? – Der einzige Weg dahin ist, selbst die Verantwortung dafür zu übernehmen.

Jacques Salomé bezeichnet diesen Lernvorgang: „**Sich selbst eine gute Mutter UND ein guter Vater zu werden.**" Er bezieht sich dabei auf die Fähigkeit, die jeder Mensch auf dem Weg zum Erwachsenen entwickeln kann: Sich um sich selbst so zu kümmern, wie es einfühlsame, aufmerksame und liebevolle Eltern tun.

ESPERE-Beziehungshygiene-Regel:

Ich erwarte nicht von anderen Menschen, dass sie meine unbefriedigten Wünsche und Bedürfnisse erfüllen. Ich übernehme dafür selbst die Verantwortung, indem ich für mich selbst ein guter Vater und eine gute Mutter bin.

Sich als eigene „liebevolle Eltern" um sich selbst zu kümmern, bedeutet konkret:

- sich genügend Anerkennung, Wertschätzung, Sicherheit und Liebe zu geben;
- sich verantwortungsvoll um seine physischen, gefühlsmäßigen, intellektuellen und materiellen Bedürfnisse zu kümmern;
- seine nicht realisierbaren Wünsche symbolisch anzuerkennen und sich die Mittel zu geben, die realisierbaren Wünsche in Form von Projekten zu verwirklichen;
- den eigenen Werten und Vorstellungen treu zu sein und seine eigene Meinung gleichberechtigt neben die anderer Menschen zu stellen, ohne diese überzeugen zu wollen;
- es zu wagen, von sich zu sprechen: von seinen Gefühlen, Emotionen, Wünschen, Ideen;
- und insbesondere: zu beginnen, sich um sein inneres Kind zu kümmern, das darauf meistens schon lange wartet ...

Das innere Kind und der innere Erwachsene

Das innere Kind ist jener Anteil von uns, der mit unserer Kreativität und Neugierde, unserer Sanftheit und Verspieltheit, unserer Spontaneität und Intuition verbunden ist. Es hat Zugang zu all den natürlichen Empfindungen und Gefühlen, die zu dem ursprünglichen Wesen eines neugeborenen Kindes gehören. Im Laufe ihrer Kindheit und Jugend verlieren viele Menschen durch unterschiedliche Erfahrungen oft ihren Zugang zu einem Teil dieser natürlichen Fähigkeiten und Talente. Das innere Kind hat sich dann durch unbefriedigte Bedürfnisse und schmerzliche Erfahrungen in unser tieferes Inneres zurückgezogen. Es fühlt sich nicht beachtet und nicht geliebt. Um die Kreativität, die Lebensfreude und die versteckten Fähigkeiten des inneren Kindes wieder in uns zu wecken, ist es notwendig, dass unser erwachsenes Selbst oder der „innere Erwachsene" lernt, sich dem inneren Kind einfühlsam zu nähern. Er muss dessen Vertrauen gewinnen und ihm zeigen, dass er sich von nun an verantwortungsvoll um das innere Kind kümmern will. Der innere Erwachsene ist jener Teil in uns, der liebevoll und einfühlsam die Rolle des Vaters und der Mutter für uns selbst übernehmen kann.

Es gibt von verschiedenen Autorinnen interessante Konzepte und Anleitungen, um mit dem inneren Kind behutsam Kontakt aufzunehmen. „Das Arbeitsbuch zur Aussöhnung mit dem inneren Kind"[32] von Erika Chopich und Margaret Paul erscheint mir dazu eine gute Unterstützung zu sein. Bei der Methode ESPERE haben wir festgestellt, dass es eine besonders wertvolle Hilfe ist, den Kontakt zum inneren Kind nicht nur gedanklich und als inneres Bild entstehen zu lassen, sondern auch über eine Symbolisierung herzustellen. Die Symbolisierung macht diesen Kontakt konkret sicht- und fühlbar.

Das innere Kind symbolisieren und sich darum kümmern

Wie kann man sein inneres Kind symbolisieren? Bei der individuellen Begleitung von Menschen, die den Wunsch haben, mit ihren inneren Anteilen behutsam Kontakt aufzunehmen, schlagen wir meistens zwei verschiedene Vorgehensweisen vor: Entweder Sie suchen sich eine Puppe oder ein Plüschtier, das Sie anspricht, oder Sie stellen sich eine Puppe oder eine andere Figur für Ihr inneres Kind selbst her. Wenn Sie sich die Zeit nehmen, ein geeignetes Symbol für Ihr inneres Kind zu finden oder es selbst zu fabrizieren, werden Sie diesen zuvor versteckten oder verdrängten Teil von Ihnen schrittweise bewusster wahrnehmen.

Nachdem Sie ein Symbol für Ihr inneres Kind gefunden haben, können Sie auf ähnliche Art und Weise damit umgehen, wie Sie es mit einem wirklichen Kind tun würden: Nehmen Sie sich die Zeit, Ihrem inneren Kind zuzuhören, es zu umarmen und ihm einen Platz in Ihrem Leben, zum Beispiel in Ihrem Zimmer, zu geben. Versuchen Sie herauszubekommen, was Ihr inneres Kind gerade am meisten von Ihnen braucht. Versichern Sie ihm, dass Sie von nun an gemeinsam mit Ihrem inneren Erwachsenen die Rolle von Mutter und Vater für das innere Kind übernehmen. Und vor allem: Versuchen Sie die Kreativität, Intuition und Energie Ihres inneren Kindes langsam zu befreien und zu entfalten, indem Sie gemeinsam mit ihm frühere Lasten symbolisch loslassen, und zwar nur jene Lasten, die aktuell an die Oberfläche kommen. Im ESPERE-Übungsteil finden Sie weitere Ideen, konkrete Fragen und Übungen, die Ihnen bei dem vielleicht noch ungewohnten Umgang mit Ihrem inneren Kind helfen können.

Alte Lasten verstärkt loslassen

In verschiedenen Übungen dieses Buches hatte ich Ihnen vorgeschlagen, alte Definitionen, Befehlssätze und unangenehme Erfahrungen und Lasten anzuschauen und symbolisch loszulassen. Solche Übungen berühren manchmal sehr stark unsere Innerlichkeit. Daher ist es eine wichtige Regel der Einfühlsamen Kommunikation, nur jene Dinge anzuschauen, die gerade an die Oberfläche kommen (wollen). Sie sollten nichts erzwingen, sondern auch in diesem Zusammenhang versuchen, achtungsvoll, behutsam und geduldig mit sich selbst umzugehen. Respektieren Sie Ihr Tempo! Die besten aktuellen Hinweise auf Dinge, die an Ihrer Oberfläche wirken und Sie zum Handeln einladen, sind Ihre sich wiederholenden starken emotionalen Reaktionen.

Sie können Ihrem inneren Kind beim Abwerfen alter, unnötiger Lasten auch dadurch helfen, dass Sie Emotionen bewusst wie alte Freunde einladen und zulassen. Es gibt viele verschiedene Möglichkeiten für Sie, dies zu tun: Suchen Sie Orte Ihrer Kindheit auf, rufen Sie alte Bekannte oder Schulfreundinnen an, besuchen Sie Verwandte und sprechen Sie mit ihnen über Erlebnisse aus Ihrer Kindheit und vieles andere mehr. Im ESPERE-Übungsteil dieses Kapitels finden Sie auch eine Übung, mit der Sie alte Definitionen von sich abwerfen und durch neue affirmative und Ihnen wohltuende Aussagen ersetzen können. Dies ist eine Weiterführung und Vertiefung der Übung 8 im Übungsschritt 2 (Seite 71) zu den zwingenden Befehlssätzen.

Fallgeschichten

Während Anne zuhörte, wie Theresa den Gesprächskreis-Teilnehmern von ihrer Mutter erzählte, schnürte sich ihr Hals zu und sie spürte, wie ihr die Tränen kamen. Theresa hatte gerade gesagt, dass sie als Kind immer brav gewesen sei, um ihrer Mutter keine Sorgen zu machen, und dass sie versucht hatte, sie vor den oft heftigen Angriffen ihres Vaters zu beschützen. „Genauso habe ich das doch auch gemacht", schrie Anne innerlich auf, traute sich aber nicht, es auch vor der Gruppe zu sagen. Richtig zuhören konnte sie danach nicht mehr. Aufgerüttelt und immer noch mit einem Kloß im Hals, fuhr Anne nach dem Gesprächskreis nach Hause zu ihrer Mutter, mit der sie auch mit nun 36 Jahren noch zusammenlebte. Meistens verstanden sie sich ja recht gut. Anne half ihrer inzwischen 65-jährigen Mutter, das Haus sauber zu halten, und ordnete sich meistens ihren Wünschen unter. Sie hatte bis vor kurzem in einer Gärtnerei gearbeitet, war aber nun seit einigen Wochen krankgeschrieben, da sie immer stärkere Rückenschmerzen hatte und sich nicht mehr bücken konnte. Während der zwei Wochen bis zu ihrem nächsten Gesprächskreistreffen zum Thema „Einfühlsame Beziehungen aufbauen" dachte Anne oft daran, wie sie auf Theresas Erzählungen reagiert hatte.

Beim nächsten Treffen erzählte sie den anderen Teilnehmerinnen: „Als Theresa das letzte Mal von ihrer Mutter gesprochen hatte, habe ich richtig körperlich gefühlt, wie sehr mich meine Mutter all die Jahre mit ihren Wünschen und Erwartungen erdrückt hat – auch wenn ich das, was ich fühlte, in dem Moment nicht in Worte fassen konnte. Und als Theresa beschrieben hat, wie sie als ‚kleine Theresa' immer ihre Mutter zu schützen versuchte, ist mir klar geworden, dass auch ich es so gemacht habe. Seit ich fünf Jahre alt war und meine Schwester auf die Welt kam, hatte ich das Gefühl, dass sich niemand mehr um mich gekümmert hat, um das, was ich brauchte und wollte. Mein Vater begann damals, meine Mutter ständig anzuschreien und auch zu schlagen. Ich habe versucht, Mama zu beschützen und die Angriffe meines Vaters von ihr abzulenken. Auch nach der leidvollen Trennung von meinem Vater bin ich all die Jahre bei meiner Mutter geblieben. Wie ein Murmeltier im Winter habe ich es verschlafen, mich um meine Wünsche und Bedürfnisse zu kümmern. Ich habe um des lieben Friedens willen immer alles gemacht, was meine Mutter und meine kleine Schwester von mir wollten ..."

Der Gesprächskreisleiter schlug Anne vor, sich mit einer Symbolisierung um ihr inneres Kind, um die „kleine Anne" zu kümmern. Er erklärte ihr, dass sie dafür beispielsweise ein Plüschtier oder eine Puppe als Symbol nehmen könne. Er wies sie auch darauf hin, dass ihre Rückenschmerzen damit zusammenhängen könnten, dass sie immer noch versuchte, „das Wohl ihrer Familie auf ihren Rücken zu nehmen ..." (33)

Einige Monate später erlebte die Gruppe eine große Überraschung: Anne wirkte sehr verändert: Ihre Augen blickten klarer und glänzten. Sie hielt sich aufrecht und lächelte, während sie ihre Erfahrungen mitteilte: „Ich habe mir eine Puppe gefertigt und jeden Tag an ihr und an ihren Kleidern gearbeitet. Während ich die ‚kleine Anne' jeden Tag etwas mehr angezogen habe, ist mir klar geworden, welche Bedürfnisse ich als Kind hatte und welche ich heute als Erwachsene habe: Die ‚kleine Anne' braucht viel Anerkennung, Zärtlichkeit und Wertschätzung. Die ‚große Anne' braucht Selbstvertrauen, Eigenliebe, Gesellschaft und vielleicht auch einen Partner. Nach ein paar Wochen fast täglichen Austauschs mit meinem inneren Kind merkte ich, wie ich mich plötzlich viel stärker, lebendiger und energievoller gefühlt habe. Mein Vertrauen in mich und meine Möglichkeiten ist gewachsen. Ich habe auch gespürt, wie mein Bedürfnis danach, als Erwachsene nicht mehr mit meiner Mutter zusammenzuleben, stärker wurde. Ich habe dieses Bedürfnis, wie wir es gelernt haben, symbolisch mit einem kleinen Holzhäuschen dargestellt und es eines Tages meiner Mutter gezeigt und erklärt. Und obwohl Mama entsetzt reagierte und später auch gemeinsam mit meiner Schwester versuchte, mir Schuldgefühle einzureden, habe ich es zum ersten Mal geschafft, ‚nein' zu sagen. Ich werde mich jetzt weiter um meine kleine Anne kümmern und uns eine Wohnung suchen ... Meine Mutter ist noch so fit; eine Haushaltshilfe könnte ihr helfen, auch ohne mich klarzukommen. Und wisst ihr was: Ich habe wieder angefangen, in der Gärtnerei zu arbeiten, denn meine Rückenschmerzen sind inzwischen fast verschwunden ..."

„Was für ein toller Ring, zeig doch mal!" Martins Freund Frank betrachtete bewundernd den fein gearbeiteten silbernen Ring, der Martin gerade aus seinem Geldbeutel gefallen war. „Ist der für deine neue Freundin Sonia?" Martin lächelte etwas verlegen. „Nein, es ist ein Symbol für meinen Wunsch, endlich die richtige Frau zu finden! Weißt du noch, was uns die Trainerin in unserem Symbolseminar letztes Jahr gesagt hatte: Wenn ihr einen ganz wichtigen Wunsch habt, könnt ihr ihn symbolisieren und so einfacher verwirklichen. Das will ich ausprobieren!" „Was stellt der Ring denn dar", fragte Frank stirnrunzelnd. Martin, attraktiv und dynamisch, hatte in letzter Zeit schon so vieles ausprobiert, um dauerhaft eine Paarbeziehung einzugehen: verschiedenste Seminare besucht, mit einem Psychologen, den Frank nicht sehr schätzte, teure Therapiesitzungen absolviert, Briefe an eine „Kummerkastentante" geschrieben. Ob ihm dieses Symbol weiterhelfen würde? „Wie soll sie denn sein, diese richtige Frau für dich?", fragte Frank vorsichtig. „Och", meinte Martin, „sie soll genauso gerne tanzen wie ich, gut aussehen, zärtlich, aufmerksam und für mich da sein ... und mir trotzdem genügend Unabhängigkeit lassen!" „Na, dann kümmere dich mal richtig um dein Symbol!", lachte Frank und knuffte seinen Freund: „Viel Erfolg!"

Martin kümmerte sich sehr sorgfältig um den wertvollen Ring als sein Symbol für die richtige Frau und nahm ihn überall hin mit. Jeden Tag verband er sich in Gedanken mit seinem ihm so wichtigen Wunsch. Als er wenige Zeit später tatsächlich eine tolle Frau kennen lernte, war er überglücklich. Uschi mochte es ebenso sehr wie er, tanzen zu gehen und zärtliche Abende zu verbringen, und sie sah gut aus. Aber nach wenigen Monaten trennte sie sich ohne viele Erklärungen von Martin. Kurz vor der Trennung hatte Martin seinen ihm so wichtigen silbernen Ring verloren. Er verstand nicht, was er falsch gemacht hatte, und fragte sich, ob Symbolisierungen in seinem Fall aus irgendeinem Grund nicht funktionierten. Frustriert rief er Frank an und traf sich mit ihm in einer Bar. Er erzählte ihm von seinem letztendlich missglückten Symbolversuch und ärgerte sich ein wenig, als Frank darüber schmunzelte. „Was sagt deine Mutter eigentlich zu deinen ständig wechselnden Freundinnen?", fragte ihn der Freund. „Das ist ihr, glaube ich, ganz egal. Sie hat sich immer nur wenig um mich gekümmert und mir auch als Kind nie viel Zuwendung und Zärtlichkeit gegeben. Vielleicht hoffe ich ja immer noch, dass eine Freundin mir das geben kann, was ich damals nicht bekam. Vielleicht will ich ja zu viel von ihr? Oft sagen sie zu mir: Ich bin doch nicht deine Mutter. Uschi auch. Und es sind immer sie, die mich verlassen."

Frank trommelte mit den Fingern im Takt zu der lauten Musik auf den Tisch und überlegte. „Sag mal, erinnere dich an unser Seminar. Hatte die Trainerin nicht einmal gesagt, dass wir unsere Wünsche und Projekte manchmal durch übernommene Befehlssätze aus unserer Kindheit blockieren? Könnte das nicht bei dir der Fall sein? Dass deine Mutter oder dein Vater irgendetwas gesagt haben, was verhindert, dass du mit einer Frau zusammenbleiben kannst?" „Glaub ich eigentlich nicht", antwortete Martin. „Meine Mutter hat mir nur einmal als Jugendlicher einen total dummen Satz gesagt, der mir damals wehgetan hat. Aber das war nichts Wichtiges." „Was hat sie denn gesagt?", fragte Frank neugierig. Martin lächelte verlegen: „Als ich das erste Mal unglücklich verliebt war, sagte sie mir eines Tages: ‚Du brauchst dich gar nicht so anzustrengen. Du wirst sowieso immer das falsche Mädchen aussuchen!'"

Im weiteren Gespräch mit Frank fand Martin heraus, dass dieser Satz seiner Mutter keineswegs unwichtig für ihn gewesen war. Er hatte ihn in der stark emotional gefärbten Situation als unglücklich verliebter Jugendlicher unbewusst als Befehlssatz und praktisch als mütterliches Verbot übernommen, die „richtige Partnerin" zu finden. Martin war erleichtert, etwas tun zu können, um seinen Wunsch nach einer dauerhaften Partnerschaft zu verwirklichen. Ihm war klar geworden, dass er zwar ein neues Symbol für diesen Wunsch aussuchen konnte. Vorrangig war aber, den Befehlssatz seiner Mutter, der ihn so lange schon geprägt hatte, symbolisch loszulassen. Er formte dazu mit Tonerde eine Tafel und klebte darauf mit Buchstaben – ebenfalls aus Tonerde geformt – den Satz: „Du brauchst dich gar nicht so anzustrengen. Du wirst sowieso immer das falsche Mädchen aussuchen!" Dieses Symbol stellte er sich auf seinen Schreibtisch und entfernte alle paar Tage einen Buchstaben, um, seinem inneren Empfinden folgend, den Befehl seiner Mutter schrittweise loszulassen. Um sich selbst um sein Bedürfnis nach Zärtlichkeit zu kümmern, hatte er sich einen wunderschönen Pullover aus Mohairwolle gekauft ...

ESPERE-Übungsteil

In diesem letzten Übungsteil werde ich Ihnen einige Ideen mitgeben, wie Sie Ihr inneres Kind symbolisieren und mit ihm Kontakt aufnehmen können. Ich schlage Ihnen vor, diesen Kontakt schrittweise behutsam herzustellen, besonders, wenn die Idee eines inneren Kindes für Sie noch ungewohnt ist. Wie bei den vorherigen Übungsvorschlägen gilt auch hier, dass Sie entscheiden sollten, nur auszuprobieren, was Ihnen von Ihrem Empfinden her jetzt richtig erscheint. Letztendlich geht es bei der Einfühlsamen Kommunikation mit der Methode ESPERE darum, auf dem Weg zu Ihrer inneren und äußeren Entfaltung die unterschiedlichen Anteile von sich anzuerkennen und in Harmonie zu bringen – in Ihrem Tempo!

Bitte beachten Sie:

Benutzen Sie zur Durchführung der folgenden Übungen das Symbol Ihrer inneren Kraft, das Sie in Übung 15 (Seite 110) auswählten. Vielleicht haben Sie das Symbol nur übungshalber ausgesucht und nicht länger aufgehoben? Sie können in diesem Fall die Übung erneut durchführen und natürlich einen anderen Gegenstand zu Ihrer Unterstützung auswählen.

Ich schlage Ihnen vor, Ihre innere Kraft von nun an als ein dauerhaftes Symbol auszuwählen. In vielen Situationen, in denen Sie innere Unruhe verspüren, eine schwierigere Aufgabe vor sich haben oder mit inneren und äußeren Konflikten konfrontiert sind, ist es hilfreich, sich über die Augen und den Tastsinn mit Ihrer inneren Kraft zu verbinden. Sie haben diese Kraft wie jeder Mensch in sich, und es ist gut, dies gerade in schwierigen Momenten zu spüren und sich dadurch zu unterstützen. Wählen Sie in Ihrer Wohnung einen Platz für dieses wertvolle Symbol, an dem Ihr Blick regelmäßig darauf fallen kann. Auf diese Weise kann es Sie daran erinnern, dass es zu Ihrer Unterstützung jederzeit bereit steht. Falls Sie in einer schwierigen Situation das Symbol Ihrer inneren Kraft nicht zur Hand haben, können Sie sich immer auch durch eine externe Visualisierung über einen weiteren Gegenstand mit Ihrer inneren Kraft verbinden.

Übung 34: Ihr inneres Kind symbolisieren

a) **Ersten Kontakt aufnehmen:** Dieser Übungsteil soll Ihnen helfen, eine Vorstellung zu bekommen, wer genau Ihr inneres Kind ist, wie alt es gerade sein mag und wie es aussehen könnte:

Nehmen Sie sich ein leeres Blatt und Stifte und versuchen Sie, Ihr inneres Kind zu malen. In welchem Alter hätten Sie es als Kind am meisten gebraucht, dass Ihre Eltern sich besonders einfühlsam um Sie kümmern? Schreiben Sie bitte spontan, ohne nachzudenken, das Alter Ihres Inneren Kindes auf, um das Sie sich jetzt kümmern wollen: Mein inneres Kind ist ... Jahre alt.
Versuchen Sie sich zu malen, so wie Sie aussahen, als Sie in diesem Alter waren. Vielleicht möchten Sie sich zur Unterstützung ein Foto von sich in diesem Alter dazunehmen. Falls Sie keins zur Verfügung haben, fragen Sie Ihre Eltern oder Verwandte, ob sie Ihnen ein Foto von Ihnen als Kind in diesem Alter zur Verfügung stellen können. Was sagt Ihnen das Bild? Welche Farben haben Sie benutzt? Was tut Ihr Kind auf dem Bild, das Sie gerade gemalt haben? Wenn Sie ein Foto von sich in diesem Alter haben, schauen Sie es sich ebenfalls genau an. Womit hat sich das Kind auf diesem Foto Ihrem Empfinden nach gerade beschäftigt? Notieren Sie Ihre Emotionen und alle Empfindungen und Gefühle, die bei dieser Kontaktaufnahme mit Ihrem inneren Kind an die Oberfläche kommen.

b) Ein Symbol für Ihr inneres Kind finden: In welcher Form würden Sie am ehesten Ihr inneres Kind symbolisieren? In Form einer selbst hergestellten oder gekauften Puppe? In Form eines Plüschtieres oder einer anderen Figur, die Ihnen spontan in den Sinn kommt? Wenn Sie Anregungen für diese Symbolisierung brauchen, können Sie beispielsweise in einen Spielzeugladen gehen und sich von der Vielfalt an Plüschtieren und Puppen inspirieren lassen. Hinweis für Männer: Es gibt inzwischen auch eine immer größere Auswahl an männlichen Puppen. Meiner Erfahrung nach suchen die meisten Männer jedoch eher ein Plüschtier als Symbol für ihr inneres Kind.
Wenn Sie eine Puppe für Ihr inneres Kind selbst herstellen wollen: Lassen Sie sich von Fotos anregen, um Ihre Puppe auf ähnliche Weise anzuziehen, wie Sie selbst damals gekleidet waren.

c) Sich um Ihr symbolisiertes inneres Kind kümmern: Nehmen Sie die von Ihnen ausgewählte Puppe oder das Plüschtier in den Arm, als ob Sie ein wirkliches Kind in den Arm nehmen würden, und verbinden Sie sich dabei in Gedanken mit ihm. Stellen Sie sich deutlich vor, dass es Ihr erwachsenes Selbst ist, Ihre innere Erwachsene, die sich auf diese Art und Weise um das kleine innere Kind kümmert. Manche Menschen glauben, sie würden sich mit ihrem inneren Kind verbinden, indem sie sich wieder wie ein Kind verhalten. Doch Sie sind nicht Ihr inneres Kind – es ist Teil von Ihnen. Manchen Menschen hilft es dann, ein weiteres Symbol für den inneren Erwachsenen zu finden, um sich bewusst für diese Aufgabe mit ihm zu verbinden.
Wie fühlen Sie sich, wenn Sie Ihr inneres Kind im Arm halten und es anschauen? Beschreiben Sie Ihre Erfahrungen bitte möglichst offen und einfach, ohne Wertung und Beurteilung.

d) Nehmen Sie sich bitte möglichst jeden Tag etwas Zeit für Ihr inneres Kind. Auch wenn es zu Anfang nur fünf Minuten sind, aber dafür regelmäßig fünf Minuten! Schauen Sie das von Ihnen ausgewählte Plüschtier oder die Puppe an und sprechen Sie mit Ihrem inneren Kind. Stellen Sie ihm Fragen. Versuchen Sie, in sich hineinzuhören und schreiben Sie auf, was Ihr inneres Kind Ihnen antwortet. Einfühlsame Fragen an Ihr inneres Kind sind beispielsweise:

- Wie fühlst du dich?
- Was magst du gern?
- Wen magst du gern?
- Was magst du überhaupt nicht?
- Wen magst du nicht gern?
- Was brauchst du?
- Was fürchtest du und wovor fürchtest du dich?
- Was kann ich tun, damit du dich in Sicherheit und geborgen fühlst?
- Was kann ich heute für dich tun?
- Was willst du mir (vielleicht seit Langem schon) mitteilen?

Gehen Sie, so gut es Ihnen zu diesem Zeitpunkt möglich ist, auf die Bedürfnisse Ihres inneren Kindes ein. Nehmen Sie es zu Unternehmungen mit, die einem Kind Spaß machen können. Fragen Sie Ihr inneres Kind, welche kreativen, intuitiven oder spielerischen Sachen es gerne machen und unternehmen würde.

Bitte beachten Sie:

Erfahrungsgemäß kann bei diesen Übungen mit dem inneren Kind folgende Situation eintreten: Wie ein wirkliches Kind versucht auch Ihr inneres Kind Ihre Aufmerksamkeit – die es endlich bekommt – möglichst viel oder gar ausschließlich zu erhalten. Dabei kann der Konflikt entstehen, dass Sie Ihre Rolle als Mutter und Vater Ihres inneren Kindes so sehr ausfüllen, dass für Ihre übrigen Rollen nicht mehr genügend Zeit und Aufmerksamkeit übrig bleiben (siehe Übungsschritt 6, Seite 116ff). Versuchen Sie im Umgang mit Ihrem inneren Kind Ihre verschiedenen Rollen auszugleichen. Nehmen Sie Ihr inneres Kind nicht mit, wenn Sie ganz klar in der Rolle des Erwachsenen andere Aufgaben durchführen müssen – zum Beispiel in Ihrem Beruf oder in einer Konfliktsituation mit anderen Erwachsenen. Sie würden auch ein reales Kind nicht mitnehmen, wenn Sie derartige Situationen als Erwachsene meistern müssen! Lassen Sie Ihr inneres Kind in solchen Fällen bewusst zu Hause und erklären Sie ihm liebevoll, aber bestimmt, warum. Schaffen Sie ihm einen gemütlichen Platz, an dem es auf Sie warten kann – vielleicht umgeben von anderen Plüschtieren und von Dingen, die ihm Sicherheit geben.

Übung 35: Zwingende Befehlssätze und alte Prägungen loslassen

Wie im Theorieteil angekündigt, möchte ich Ihnen an dieser Stelle noch eine Übung anbieten, mit der Sie gemeinsam mit Ihrem inneren Kind verstärkt alte überflüssige Lasten, insbesondere alte Definitionen und zwingende Befehlssätze, loslassen können. Manchmal rufen diese Übungen – wie auch verschiedene Übungen aus vorhergehenden Übungsschritten – starke Emotionen hervor. Versuchen Sie bitte, diese wie alte Freunde oder gutmeinende Bekannte willkommen zu heißen. Es ist Ihr inneres Kind, das mit diesen Emotionen auf vergangene Erfahrungen reagiert. Nehmen Sie in diesem Fall das Symbol für Ihr inneres Kind möglichst in den Arm und trösten Sie es auf dieselbe Art, wie Sie ein echtes trauriges oder weinendes Kind trösten würden. Besonders der Übungsteil c wird Ihrem inneren Kind wahrscheinlich sehr guttun.

a) **Fragen beantworten:** Ziel dieser Übung ist es herauszufinden, welche Befehlssätze und Definitionen Sie in Ihrer Kindheit von Ihren Eltern oder anderen Bezugspersonen übernommen haben. Die folgenden Fragen helfen Ihnen dabei, sich an verbal oder nonverbal ausgedrückte Befehle oder Aussagen über Sie zu erinnern. Nehmen Sie sich bitte Zeit und versuchen Sie zurückzudenken. Notieren Sie die Nummer der Fragen, auf die Sie mit „ja" geantwortet haben, bitte für die nachfolgenden Übungsteile.

1. An welche Emotionen aus Ihrer Kindheit erinnern Sie sich, die Ihnen durch Bemerkungen oder eine abwertende Haltung Ihrer Eltern oder anderer Bezugspersonen untersagt wurden? Beispielsweise Ihre kindliche Neugier, Wut, Freude, Ihr Interesse, Erstaunen oder Ihre Angst ...

2. Kam es häufig vor, dass Ihre Eltern, Lehrer oder andere wichtige Menschen Ihrer Kindheit Ihre Erfolge und besonderen Fähigkeiten banalisiert haben? Etwa in der Form: „Das war doch nichts Besonderes." „So toll war das auch wieder nicht." „Das hättest du aber besser machen können."

3. Hatten Sie den Eindruck, dass Ihre Eltern Ihre Geschwister bevorzugt haben und ihnen mehr Zuwendung zukommen ließen?

4. Haben Sie häufig erlebt, dass Sie von Ihren Eltern nicht ernst genommen wurden, und diese sich über Sie lustig gemacht haben? Etwa: „Was hast du nur für komische Ideen?" „Denk nicht so viel nach, das tut dir nicht gut!"

5. Waren Sie als Kind regelmäßig zu warm angezogen und haben in Ihren Kleidern geschwitzt?

6. Würden Sie heute im Rückblick sagen, dass Sie während Ihrer Kindheit oft daran gehindert wurden, selbstständig Dinge zu tun und Verantwortung zu übernehmen?

7. Haben Sie zufällig mitbekommen, dass Ihre Eltern während ihrer Gespräche davon geredet haben, dass ihre Beziehung als Paar sich seit Ihrer Geburt verschlech-

tert hat? Hat Ihnen die Haltung Ihres Vaters oder Ihrer Mutter dieses Gefühl vermittelt?

8. Wurden Sie aus unterschiedlichsten Gründen daran gehindert, Ihre Freunde und Schulkameradinnen zu besuchen?

9. Wurden Sie oft von wichtigen Entscheidungen, die in Ihrer Familie getroffen wurden, ausgeschlossen?

10. Haben Sie Ihre Kindheit in einer Krankenatmosphäre verbracht: mit Gerüchen nach Medikamenten, Apotheke, Krankenhaus, mit ständig geschlossenen Fenstern, Hustengeräuschen?

11. Haben Ihr Vater oder Ihre Mutter Distanz zu Ihnen gehalten: Haben sie Nähe und Zärtlichkeit vermieden, waren also nicht oder seltener, als Sie es wünschten, *Papa* oder *Mama* für Sie?

12. Haben Ihre Eltern oder andere Erwachsene zu Ihnen, wenn Sie weinten, gesagt: „Du musst nicht weinen! Es ist gar nicht schlimm!" Oder: „ Du musst stark sein!" „Jungen weinen nicht!"?

13. Wurde Ihnen als Kind schon sehr früh große Verantwortung übertragen: sich um den kranken kleinen Bruder oder die Schwester zu kümmern, Mahlzeiten zuzubereiten, den Haushalt sauber zu halten u.a.?

14. Haben Ihnen Ihr Vater oder Ihre Mutter „gestanden", dass Sie kein Wunschkind gewesen sind und dass die Schwangerschaft Ihrer Mutter ein „Unfall" war?

15. Hatten Sie den Eindruck, dass Ihr Vater oder Ihre Mutter sich Ihnen gegenüber so verhalten oder Sie so angezogen haben, als ob Sie ein kleiner Junge seien (als Mädchen) oder ein kleines Mädchen (als Junge)?

16. Haben Ihre Eltern oder andere Bezugspersonen Sie oft in Ihren Vorhaben, Ideen und Plänen gebremst und Sie an vielem, was Sie gerne gemacht hätten, gehindert?

17. Haben die Erwachsenen Ihrer Familie (Elternteile, Großeltern …) Ihnen ihre eigenen Probleme (in verschiedenen Rollen als Erwachsene) anvertraut und von Ihnen einen Ratschlag erbeten?

18. Haben Sie oft mitbekommen, dass Ihre Eltern Sie als Kind mit den Kindern von anderen verglichen und bewertet haben? Haben Ihre Eltern im Allgemeinen oft wertende Vergleiche angestellt?

19. Hatten Sie als Kind den Eindruck, dass Sie sich für Ihre Eltern nie genug anstrengten und dass Sie mit Ihren Ergebnissen fast immer unzufrieden waren?

20. Wurden in Ihrer Familie keine Kosenamen benutzt und zärtliche Worte ausgetauscht?

21. Wenn Sie anderer Meinung waren als Ihre Eltern, durften Sie diese nie ohne negative Konsequenzen ausdrücken? Wurden Sie nachdrücklich entmutigt, etwas auch anders zu sehen und mitzuteilen?

22. Haben Ihre Eltern Sie daran gehindert, einen Sport oder etwas anderes, was Ihnen gefallen hat (Theater, Tanz, Singen, Reiten ...), zu machen?

23. Hatten Sie als Kind das Gefühl, dass Ihre erweiterte Familie zerrissen war, dass Sie zum Beispiel selten Kontakt mit Ihren Cousins, Großeltern, Tanten und anderen Verwandten hatten?

24. Hatten Sie den Eindruck, dass Ihr Vater oder Ihre Mutter sich über Ihren Erfolg in der Schule oder in irgendeinem anderen Bereich Ihres Lebens nur wenig oder überhaupt nicht freuen konnte?

25. Wenn Sie heute zurückdenken, empfinden Sie, dass Ihre Eltern Sie als Jugendliche wie ein Kind (und nicht wie einen angehenden Erwachsenen) behandelten?

b) **Zwingende Befehlssätze aufschreiben:** Die folgenden Sätze entsprechen vom Inhalt her den Botschaften oder zwingenden Befehlssätzen, die Sie erhalten haben, falls Sie auf die Fragen in Teil a mit „ja" geantwortet haben. Die Reihenfolge der Aussage stimmt mit den Fragen von a überein. Sie finden also Ihre persönlichen Befehlssätze, indem Sie in Teil b nach den entsprechenden Nummern jener Fragen schauen, die Sie in Teil a mit „ja" beantwortet haben. Die Sätze aus der Liste geben dabei nur den Kern der Botschaften bzw. der empfangenen Befehle wieder. Die Eltern selbst können dies sprachlich oder durch ihr Verhalten ganz anders ausgedrückt haben:

1. Behalte deine Emotionen für dich! (Es interessiert niemanden, was du fühlst!)

2. Du sollst dich nicht so wichtig nehmen! (Du bist nicht wichtig! Das, was du kannst, ist nicht wichtig!)

3. Du bist nicht so liebenswert wie deine Geschwister! (Die anderen haben mehr Wert!)

4. Denk nicht so viel nach! (Du kannst sowieso nichts von Interesse beitragen!)

5. Sei nicht gesund! (Uns ist es lieber, du bist krank und kannst nicht so viel machen!)

6. Werd nur nicht groß! (Bleib klein und lass mich für dich sorgen!)

7. Du störst! Existiere nicht! (Du solltest nicht da sein/uns nicht stören! Halt dich klein!)

8. Gehöre keiner Gruppe oder Gemeinschaft an! (Du sollst zu niemandem gehören!)

9. Werd nicht groß! (Bleib klein und unbedeutend!)

10. Sei nicht gesund! (Du musst auch nicht gesünder als deine Familie sein!)

11. Lass keine Nähe zu! (Zärtlichkeit und Nähe sind nichts für dich!)

12. Lass keine Gefühle zu! (Weine nicht, du musst stark sein!)

13. Sei kein Kind! (Als Kind bist du für mich ohne Nutzen!)

14. Existiere nicht! (Du solltest eigentlich gar nicht da, nicht geboren sein!)

15. Du sollst ein anderes Geschlecht haben! (Du solltest ein Junge/ein Mädchen sein!)

16. Mach es nicht! (Versuch nicht das zu machen, was du gern machst!)

17. Sei kein Kind! (Ich brauche eine/n Partner/Partnerin, einen Erwachsenen, kein Kind!)

18. Du schneidest im Vergleich schlecht ab! (Du bist nicht so gut wie die anderen!)

19. Hab keinen Erfolg! (Du kannst/und sollst es uns nicht recht machen!)

20. Komm nicht nahe! (Lass keine Nähe und Zärtlichkeit zu!)

21. Denk nicht! Hab keine eigene Meinung! (Es ist gefährlich, anderer Meinung zu sein!)

22. Mach es nicht! (Du kannst nicht das machen, was du willst/was dir Spaß macht!)

23. Gehöre zu niemandem! (Du hast keine Wurzeln und brauchst keine. Bleib alleine!)

24. Hab keinen Erfolg! (Du hast kein Recht, Erfolg zu haben! – Ich hatte auch keinen!)

25. Bleib klein! (Du sollst nicht unabhängig werden! Du sollst mich nicht verlassen!)

Wenn Sie diese Sätze lesen, fällt Ihnen ja vielleicht auch *Ihr* Satz ein. Ein Satz, den Sie in diesem Zusammenhang von Ihren Bezugspersonen gehört haben. Dann nehmen Sie bitte auch „Ihren" persönlichen Satz für die weitere Übung. Versuchen Sie bitte eine zu Ihnen passende symbolische Vorgehensweise oder ein symbolisches Ritual zu finden, um diese Befehlssätze, die Sie als Kind direkt oder indirekt erhalten und übernommen haben, bewusst und nachdrücklich loszulassen. Sie können diese aufschreiben und vergraben, sie verbrennen oder, aufgeschrieben auf ein Papier, ein Stück Holz oder auf einen Stein, einem Bach, Fluss, See oder dem Meer anvertrauen (siehe auch Übung 8 aus dem Übungsschritt 2, Seite 71).

c) **Positive Affirmationen zu Ihrem Recht, ein eigener Mensch und zutiefst menschlich zu sein:** Ersetzen Sie bitte die zwingenden Befehlssätze durch positive Affirmationen dessen, was Ihnen als Mensch zusteht, was richtig und wichtig für Sie ist.

Sie finden im Folgenden Aussagen zu Ihrem Recht, einfach menschlich und Ihr eigener Mensch zu sein. Suchen Sie sich diejenigen heraus, die Sie in diesem Moment am meisten ansprechen, und versuchen Sie diese in Ihr Leben zu integrieren. Es sind allgemeine Aussagen dessen, was Sie sich als Rechte zugestehen können, dürfen und sollten, um sich selbst besser durch Ihr Leben zu begleiten. Sie sind in Einklang mit den Grundsätzen der Beziehungsökologie der Methode ESPERE.

Ich habe heute das Recht, ein eigener Mensch und zutiefst menschlich zu sein:

- Ich habe das Recht, unglücklich darüber zu sein, dass ich als Kind oft nicht erhalten habe, was ich brauchte, auch darüber, dass ich Dinge erhalten habe, die nicht gut für mich waren und die ich nicht wollte.
- Ich habe das Recht, meine eigenen Werte und Vorstellungen zu verwirklichen und mir selbst treu zu sein und zu bleiben.
- Ich habe das Recht, „nein" zu allem zu sagen, zu dem ich nicht bereit bin und bei dem ich meine eigenen Werte nicht achte.
- Ich habe Recht auf meine Menschenwürde und darauf, dass mir Achtung entgegengebracht wird.
- Ich habe das Recht, mich einzig allein aufgrund dessen, was ich selbst fühle und für richtig halte, für oder gegen etwas zu entscheiden.
- Ich habe das Recht, meine eigenen Wünsche und meine Bedürfnisse in allen Bereichen meines Lebens selbst zu respektieren und auch andere zu bitten, sie zu achten.
- Ich habe das Recht, Irrtümer zu begehen und nicht perfekt zu sein.
- Ich habe das Recht, meine eigene Meinung in Diskussionen zu vertreten und sie gleichberechtigt neben die Meinung anderer zu stellen.
- Ich habe das Recht, meine Prioritäten zu setzen und diese zu verwirklichen.
- Ich habe das Recht, mich nicht für das Verhalten anderer Menschen, für ihre Probleme, und für das, was sie sich aufgeladen haben, verantwortlich zu fühlen.
- Ich habe das Recht, keine Lügen, nicht einmal Notlügen, zu benutzen und auch von anderen Ehrlichkeit mir gegenüber zu erwarten.
- Ich habe das Recht, so zu empfinden und zu fühlen, wie ich es tue.
- Ich habe das Recht, mich mit jemandem, den ich liebe, auch einmal unwohl zu fühlen oder auch wütend über sein Verhalten zu sein. Ich stelle durch diese spontane Empfindung von Unwohlsein nicht meine Liebe zu dieser Person in Frage.
- Ich habe das Recht, Angst zu haben und es auch zu sagen, ohne meine Angst anderen aufzulegen. Ich mache mich dadurch nicht lächerlich.
- Ich habe das Recht, meine Meinung zu ändern, wann immer ich fühle, dass ich mir sonst nicht mehr treu sein kann.

- Ich habe das Recht, so zu sein, wie ich bin, und mich so auch gut zu finden, ohne mir zu sagen, dass ich weniger wert als andere bin.
- Ich habe das Recht, meine von anderen oder früheren Zeiten übernommene Scham, meine Schuldgefühle und meine Ängste loszulassen. Ich kann ohne sie leben!
- Ich habe das Recht, glücklich zu sein, ganz gleich, wie meine Vergangenheit war, die meiner Familie, meines Landes …
- Ich habe das Recht nach einem eigenen Raum, nach meiner Intimsphäre, nach Zeit nur für mich.
- Ich habe das Recht, mich zu entspannen, zu spielen und einfach Spaß und Freude an meinem Leben zu haben.
- Ich habe das Recht, mich in meinem Tempo und so, wie es für mich richtig ist, zu verändern und mich weiterzuentwickeln.
- Ich habe das Recht, erwachsen zu werden und als Koautorin meines Lebensdrehbuchs die Verantwortung für mein Leben zu übernehmen.
- Ich habe das Recht, meine Kommunikationsfähigkeiten zu verbessern und alles zu tun, dass andere mich verstehen können.
- Ich habe das Recht, Freunde und liebe Menschen um mich zu haben und mich mit anderen Menschen wohlzufühlen.
- Ich habe das Recht, in einer Umgebung zu leben, in der ich mich sicher fühle.
- Ich habe das Recht, gesünder zu sein als diejenigen, von denen ich abstamme, und auch gesünder zu sein als diejenigen, die um mich herum leben.
- Ich habe das Recht, mich um mich gut zu kümmern, wo immer ich auch bin.
- Ich habe das Recht, Nähe und Zärtlichkeit zuzulassen und anderen Menschen zu vertrauen.
- Ich habe das Recht, bedingungslose Liebe zu geben und zu erhalten.
- Ich habe das Recht, Worte, Aussagen, Befehle, „Missionen" und Verhaltensweisen, die nicht gut für mich sind, nicht zu behalten. Ich kann sie loszulassen.

* * *

IHRE FOKUSBEZIEHUNG und FOKUSPERSON

Fragen Sie Ihr inneres Kind, wie es sich mit Ihrer Fokusperson fühlt. Ist diese Person jemand, den Sie schon als Kind kannten? Wenn ja, welche Beziehung hatten Sie als Kind zu Ihrer jetzigen Fokusperson? Erinnern Sie sich an Befehlssätze, die diese Person Ihnen mitgegeben hat? Falls Sie Ihre heutige Fokusperson nicht schon als Kind kannten, erinnert Sie Ihre Fokusperson durch ihr Aussehen, ihr Verhalten und durch die Emotionen, die Sie bei Ihnen wachruft, an einen bestimmten Menschen aus Ihrer Kindheit? Welche Befehlssätze, Definitionen oder Missionen könnte dieser Mensch Ihnen als Kind mitgegeben haben?

Falls Sie zu diesem Übungszeitpunkt Konflikte mit Ihrer Fokusperson haben, erklären Sie nun Ihrem inneren Kind, dass es sich deswegen keine Sorgen mehr zu machen braucht. Es ist nicht an ihm als Kind, diese Konflikte durchzustehen. Erklären Sie ihm, wenn möglich, dass Sie jetzt mit Ihrem erwachsenen Selbst die Verantwortung für die Konflikte mit anderen Menschen übernehmen, und zwar mit den Mitteln, die Ihnen als Erwachsene heute zur Verfügung stehen. Durch die Erklärungen und Übungen zur Methode ESPERE haben Sie ja inzwischen einige effiziente Werkzeuge, um einfühlsam mit solchen Situationen umzugehen.

Bewerten Sie nun am Ende der zehn Übungsschritte erneut die Beziehungsqualität in Ihrer Fokusbeziehung. Welchen Qualitätswert (1 bis 10) geben Sie ihr heute? Bitte kreuzen Sie an:

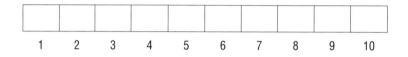

Bitte blättern Sie noch mal zurück und überlegen sich, wie sich die Qualität Ihrer Beziehung zu Ihrer Fokusperson im Lauf der zehn Übungsschritte verändert hat.

* * *

Schritt 10: Das Wichtigste in Kürze

Sich um das innere Kind kümmern:

- Ein wesentlicher Aspekt bei der Vermittlung der Methode ESPERE ist die Frage: Wie können Menschen lernen, Eigenverantwortung dafür zu übernehmen, dass sie alles, was sie zum Glücklichsein brauchen, sich selbst einfühlsam geben?
- Um die eigenen Bedürfnisse einfühlsam befriedigen zu können, ist es wichtig zu lernen, sich selbst ein guter Vater und eine gute Mutter zu sein. Die Fähigkeit, sich als „gute Eltern" um sich selbst aufmerksam und verantwortungsvoll zu kümmern, kann man mit Hilfe seines erwachsenen Selbst entwickeln.
- Wir können unseren inneren Anteil, der darauf wartet, dass wir uns mit unserem erwachsenen Selbst liebevoll um ihn kümmern, unser „inneres Kind" nennen. Indem wir es symbolisieren und uns aufmerksam darum kümmern, können wir blockierte Kreativität, Intuition und Neugier befreien und leichter durchs Leben gehen.

Was Sie erfahren konnten:

Für Ihre Beziehungen zu anderen Menschen:

Dadurch, dass Sie sich um Ihr inneres Kind kümmern und ihm selbst das geben, was Sie zuvor von anderen Menschen erwarteten, können Sie starke Erwartungshaltungen und großen Druck aus Ihren Beziehungen zu anderen nehmen.

Für Ihre Beziehung zu sich selbst:

Indem Sie sich einfühlsam und aufmerksam um Ihr inneres Kind bemühen, versöhnen Sie einen wichtigen inneren Anteil von sich mit der Gesamtheit dessen, was zu Ihnen gehört. Indem Sie Ihrem inneren Kind zuhören, haben Sie leichteren Zugang zu Ihren tiefen Bedürfnissen als bisher und können Wege suchen, diese zu befriedigen.

VI. Sich von Ihrem ESPERE-Coach beraten lassen

Wie geht es Ihnen jetzt?

Bei diesem Kapitel angekommen, haben Sie inzwischen eine Menge neuer Vokabeln, Regeln und Konzepte aus der Sprache des Homo ESPERUS kennengelernt. Diese haben Ihnen vielleicht in verschiedenen Bereichen Ihres Lebens eine neue Sicht auf Ihre Beziehungen zu anderen Menschen erlaubt und Sie ermutigt, Ihre Verständigung mit Ihren Mitmenschen und mit sich selbst zu verändern. Wie geht es Ihnen heute damit? Was würden Sie gerne von nun an weiter tun?

In diesem, den Übungsteil abschließenden Kapitel, biete ich Ihnen an, als Erstes eine Art Bilanz dessen zu wagen, was Sie bisher gelernt und verändert haben. Dazu schlage ich Ihnen vor, sich selbst dadurch zu unterstützen, dass Sie den wohltuenden Kontakt mit einem weiteren wertvollen Helfer aufnehmen, Ihrem „inneren ESPERE-Coach".

Sich mit Ihrem inneren ESPERE-Coach beraten

Nachdem Sie in den vorhergehenden Übungsschritten mit Ihrem inneren Kind und Ihrem inneren Erwachsenen schon zwei Anteile Ihrer Persönlichkeit kennengelernt haben, möchte ich Sie an dieser Stelle mit Ihrer inneren „klugen Beraterin" oder Ihrem inneren „klugen Berater" bekannt machen. Dieser Berater oder diese Beraterin ist so etwas wie eine einfühlsame, weitblickende, kluge Person aus Ihrem Inneren, die weiß, was für Sie hilfreich und wichtig ist – und wie es für Sie weitergehen kann. In diesem Übungsbuch bezeichne ich diesen inneren Persönlichkeitsanteil als **Ihren inneren Coach**[34]. Ihr Coach kann Sie bei der Bilanz Ihrer bisherigen Übungsschritte unterstützen. Er oder sie kann Sie ebenfalls dabei beraten, ob und welche der verschiedenen Übungen dieses Buches Ihnen für Ihre weitere Vorgehensweise am besten helfen können.

Was Sie mit Ihrem ESPERE-Coach besprechen können

Wenn Sie mit Ihrem inneren Coach zusammenarbeiten möchten, schlage ich Ihnen vor, diesen ebenso wie Ihr inneres Kind symbolisch darzustellen. Sie können dazu beispielsweise eine Figur oder einen anderen Gegenstand auswählen oder ein Bild von ihm oder ihr malen. Sie können ebenfalls die innere Bildvorstellung einer weisen Persönlichkeit oder auch eines Sie unterstützenden „inneren Teams"[35] zu Hilfe nehmen.

1. Sie können sich und Ihren ESPERE-Coach auf die Übungsbilanz vorbereiten, indem Sie Ihre ESPERE-Aufzeichnungen zur Hand nehmen und diese „gemeinsam" durchblättern oder durcharbeiten. Dabei können Sie Ihre Aufmerksamkeit auf eine bestimmte Frage richten oder versuchen, einen Gesamtüberblick über die bisher von Ihnen durchgeführten Übungen zu erhalten. Ihr ESPERE-Coach könnte sich mit Ihnen beispielsweise zu folgenden Fragen beraten:

- Welche neuen Sprachregeln haben Sie am meisten angesprochen? Konnten Sie diese in Ihren Alltag integrieren? Beispielsweise Personen nicht mehr mit ihrem Verhalten zu verwechseln, zwischen Ihren tiefen Gefühlen und dem Beziehungsgeschehen zu unterscheiden, hinter jeder Angst den dazugehörigen Wunsch zu entdecken ...
- Welche alten Sprachangewohnheiten des Systems SAPPE benutzen Sie seltener oder haben Sie fast vollständig abgelegt?
- Welcher der drei visuellen ESPERE-Begleiter Beziehungsschal, externe Visualisierung, Symbolisierung hilft Ihnen am wirksamsten dabei, einfühlsamer zu kommunizieren und auf Ihrer Seite der Beziehungen zu bleiben?
- Was hat sich in Ihren Beziehungen zu anderen Menschen verändert: mit Ihrer Fokusperson, mit anderen Personen aus Ihrem Beziehungskreis?
- Was hat sich in der Beziehung zu Ihnen selbst verändert? Gehen Sie etwas achtungsvoller, sanfter und einfühlsamer mit sich um? Geben Sie sich öfter als früher Anerkennung auch für kleine Schritte, die Sie erfolgreich gehen? Haben Sie eine Anerkennungsschachtel, einen Behälter für Ihre wenig befriedigten Bedürfnisse oder ein anderes Hilfsmittel in Ihrem Leben integriert, um Ihnen selbst gegenüber verstärkt Anerkennung und Wertschätzung auszudrücken?

2. Befragen Sie Ihren ESPERE-Coach bitte auch, was er Ihnen zu diesen weiterführenden Fragen rät:

- Wollen Sie auf der Grundlage der Erkenntnisse, die Sie bis jetzt zu Ihrer Fokusbeziehung gewonnen haben, sich weiterhin mit derselben Fokusperson beschäftigen?
- Wollen Sie sich mit einem anderen Menschen aus Ihrem Beziehungskreis verstärkt beschäftigen und die Qualität Ihrer Beziehung zu diesem Menschen als Ihrer neuen Fokusperson genauer betrachten?
- Wollen Sie sich einer bestimmten Frage besonders widmen? Beispielsweise welchen Wunsch Sie zurzeit besonders berücksichtigen und vielleicht als Projekt verwirkli-

chen könnten; wie es dazu kommt, dass Sie in einer bestimmten Situation auf eine bestimmte Art und Weise reagieren – mit Ärger, Enttäuschung, Niedergeschlagenheit; wie Sie sich um ein bestimmtes Bedürfnis stärker kümmern können ...
⇢ Wollen Sie Ihren aktuellen Übungsschwerpunkt verstärkt darauf legen, Ihren Umgang mit sich selbst achtungsvoller und wertschätzender zu gestalten?

Um Ihnen Ihre kreativen ESPERE-Coaching-Gespräche zu erleichtern, stelle ich Ihnen im Folgenden einen Überblick zu den gesamten Übungen dieses Buches vor. Dieser soll ihnen dabei helfen herauszufinden, welche Fragestellungen für Sie gerade Vorrang haben und welche spezifischen Übungen Ihnen bei Ihren aktuellen Fragestellungen helfen können. Um diesen Überblick sinnvoll nutzen zu können, sollten Sie das Übungsbuch vorher möglichst einmal vollständig durchgelesen haben. Dadurch ist Ihnen die zu den Übungen gehörige Theorie bekannt und Sie können mit Ihrem ESPERE-Coach leichter entscheiden, welche der verschiedenen Übungen für Sie gerade geeignet ist und Ihnen am besten weiterhelfen kann. Im Anhang finden Sie zusätzlich einen nach Kapiteln geordneten Überblick zu den zehn Übungsschritten.

Überblick zu möglichen Fragestellungen und dazu geeigneten Übungen

1. Frage: Wie lerne ich meine verschiedenen zwischenmenschlichen Beziehungen besser kennen und wie lerne ich, sie besser als bisher einzuschätzen?

⇢ Sie erhalten einen Überblick zu Ihren verschiedenen zwischenmenschlichen Beziehungen. *Übung 1 (Beziehungs-Mind-Mapping)*, Seite 54.
⇢ Sie finden heraus, welche Verhaltensweisen Sie bei Ihren verschiedenen Mitmenschen besonders stören. *Übung 16 a) (Beziehung und Gefühle in Partnerschaft oder Freundschaft)*, Seite 110.
⇢ Sie machen sich klar, dass mit jeder Ihrer verschiedenen zwischenmenschlichen Beziehungen unterschiedliche Rollen verbunden sind. *Übung 19 c) (Ihre Beziehungen und die damit verbundenen Rollen)*, Seite 125.
⇢ Sie finden heraus, welche Bedürfnisse Sie in Ihren verschiedenen zwischenmenschlichen Beziehungen haben. *Übung 22 a) (Ihre Beziehungen und Ihre Beziehungsbedürfnisse)*, Seite 141.
⇢ Sie können feststellen, zu welchen Menschen Sie tiefere Gefühle (Zuneigung, Abneigung ...) entwickelt haben, und können versuchen, in konkreten aktuellen Situationen diese Gefühle von Ihren spontanen Empfindungen zu unterscheiden. *Übung 26 (Spontane Empfindungen und tiefe Gefühle feststellen)*, Seite 157.
⇢ Als tiefer gehende ESPERE-Arbeit können Sie ebenfalls Ihr inneres Kind einfühlsam befragen, wie es sich in Bezug auf die Menschen Ihres Beziehungskreises fühlt. *Übung 34 d) (Ihr inneres Kind symbolisieren)*, Seite 193.

2. Frage: Wie kann ich die Qualität einer bestimmten Beziehung besser kennenlernen?

⇢ Sie wählen eine Fokusperson und Fokusbeziehung aus und beginnen, diese besser kennenzulernen. *Übung 2 (Eine bestimmte Beziehung auswählen)*, Seite 54.
⇢ Sie können Ihre Aufmerksamkeit darauf richten, wie Sie sich in dieser Beziehung verhalten. *Übung 3 (Die Beziehungsschal-Übung)*, Seite 55.
⇢ Sie untersuchen aufmerksam die Qualität Ihrer Fokusbeziehung und geben ihr eine aktuelle Einschätzung. *Übung 5 (Die Beziehungsqualität)*, Seite 57. Diese Einschätzung können Sie ebenfalls nach Durcharbeiten der Aufgaben in Bezug auf Ihre Fokusperson am Ende der Übungsschritte 3, 5, 7 und 10 wiederholen (Seiten 85, 114, 146, 200).
⇢ Sie führen die Übungen der verschiedenen Schritte in Bezug auf Ihre Fokusperson durch. In den *ESPERE-Übungsteilen jedes der zehn Übungsschritte* finden Sie spezielle Hinweise und Ratschläge, wie Sie die Qualität Ihrer Fokusbeziehung besser kennenlernen können.

3. Frage: Was kann ich konkret dafür tun, um mich selbst mit größerer Wertschätzung zu behandeln und mir Anerkennung entgegenzubringen?

⇢ Sie beginnen, sich über ausgewählte Symbole selbst bewusst Anerkennung zu geben. *Übung 4 (Die Anerkennungs-Kiste als erste Symbolisierungsübung)*, Seite 57.
⇢ Sie lernen, sich nicht mehr selbst zu kritisieren und abzuwerten. *Übung 6 b), (Die Kommunikationssaboteure in unserem Leben entdecken)*, Seite 68.
⇢ Sie stärken Ihr gutes Gefühl zu sich selbst durch das Aufschreiben und Einüben von positiven Affirmationen. *Übung 8 c) (Zwingende Befehlssätze loslassen)*, Seite 73.
⇢ Sie lernen stärker zu sich selbst zu stehen und es zu wagen, sich mit Ihren Emotionen, Ängsten und Wünschen zu beschäftigen. *Übung 10 (Drohungen und gefühlsmäßige Erpressungen ersetzen)*, Seite 84.
⇢ Sie lernen, sich nicht mehr mit einem negativen Bild von sich zu identifizieren. *Übung 13 (Ich und mein Verhalten)*, Seite 99.
⇢ Sie können ebenfalls Ihre innere Kraft symbolisieren und sich auf Ihre eigene Stärke und Fähigkeit stützen, Konflikte einfühlsam zu lösen. *Übung 15 (Die innere Kraft symbolisieren)*, Seite 110.
⇢ Sie lernen, sich mit verschiedenen inneren Anteilen (Ihren unterschiedlichen Rollen) zu verbinden und fangen an, jeden Anteil wertschätzend zu berücksichtigen. *Übung 21 b), c) (Hüte bewusst aufsetzen)*, Seite 128.
⇢ Um aus einer Opferhaltung herauszukommen, ist es notwendig, die Vorstellung loszulassen, dass Sie von früheren oder aktuellen Bezugspersonen die Befriedigung

Ihrer vergangenen und heutigen Bedürfnisse erhalten wollen. Dies lernen Sie mit der *Übung 24 (Mich um meine Beziehungsbedürfnisse kümmern)*, Seite 143.
⇢ Machen Sie sich mit der Idee vertraut, dass Ihre Emotionen eine eigene Sprache darstellen, und versuchen Sie über das Symbolisieren Ihrer Emotionen, einfühlsam Kontakt mit sich aufzunehmen. *Übung 29 (Eine Emotion symbolisieren und zu Wort kommen lassen)*, Seite 159.

4. Frage: Wie kann ich alte Sprachanteile und Beziehungssaboteure vermeiden lernen?

⇢ Sie achten bewusst darauf, wo, wann und mit wem Sie Beziehungssaboteure benutzen mit der *Übung 6 a), b) (Die Kommunikationssaboteure in unserem Leben entdecken)*, Seite 66 und der *Übung 9 (Drohungen und gefühlsmäßige Erpressung im Alltag entdecken)*, Seite 82.
⇢ Sie trainieren, wie Sie sich in Situationen, in denen Sie Beziehungssaboteure benutzen könnten, mit Ihren Emotionen verbinden. *Übung 6 (Die Kommunikationssaboteure in unserem Leben entdecken)*, Seite 66 und *Übung 10 (Drohungen und gefühlsmäßige Erpressungen ersetzen)*, Seite 84.
⇢ Sie üben sich darin, von sich selbst zu sprechen, indem Sie Ich-Botschaften benutzen. *Übung 7 (Ich-Botschaften entwickeln)*, Seite 70.

5. Frage: Was hilft mir dabei, Vergangenes, das mich in meinem heutigen Leben blockiert oder belastet (alte Definitionen, Abwertungen, Missionen ...), loszulassen?

⇢ Sie richten Ihre Aufmerksamkeit darauf, welche belastenden alten Bilder und Definitionen in Ihnen nachklingen und wirken, und versuchen, diese symbolisch loszulassen. *Übung 8 (Zwingende Befehlssätze loslassen)*, Seite 71.
⇢ Sie erkennen, wie sehr sich Ihr Verhalten, seit Sie ein Kind waren, immer wieder verändert hat. Sie sind viel mehr als nur ein bestimmtes Verhalten, Gefühl, eine Emotion oder sonst irgendein anderer Teil von Ihnen. *Übung 14 (Mein Verhalten in verschiedenen Altersabschnitten)*, Seite 100.
⇢ Sie können behutsam anfangen, Ihre Emotionen auch als Echo von Vergangenem wahrzunehmen und diesem mit Hilfe von Symbolisierungen einfühlsam zuhören. *Übung 29 (Eine Emotion symbolisieren und zu Wort kommen lassen)*, Seite 159.
⇢ Sie können die Symbolisierung nutzen, um sich jeweils dort abzuholen, wo Sie gerade in Ihrem Leben stehen, um von dort einen Schritt weiter zu gehen. *Übung 30 (Ein Symbolisierungsthema finden)*, Seite 176 und *Übung 31 (Externe Visualisierung als Entscheidungshilfe)*, Seite 177.

⋯▸ Sie beginnen, behutsam mit Ihrem inneren Kind Kontakt aufzunehmen, ein Symbol dafür zu finden und sich einfühlsam darum zu kümmern, um es so mit der Vergangenheit zu versöhnen. *Übung 34 a)-d) (Ihr inneres Kind symbolisieren)*, Seite 191.

⋯▸ Sie lassen in einer vertiefenden ESPERE-Arbeit Ihre alten, festgehaltenen Befehlssätze los und ersetzen diese durch wohltuende positive Affirmationen. *Übung 35 (Zwingende Befehlssätze und alte Prägungen loslassen)*, Seite 194.

6. Frage: Wie kann ich mein Kind, meinen Partner und andere Menschen ermutigen, Vertrauen in mich und in unsere Beziehung zu haben? Wie kann ich unsere Beziehungsqualität nähren?

⋯▸ Sie trainieren, andere seltener zu verletzen, indem Sie zwingende Befehlssätze, Abwertungen, Vergleiche und Schuldzuweisungen immer weniger benutzen. *Übungen 6 a),c) (Kommunikationssaboteure in unserem Leben entdecken)*, Seite 66ff.

⋯▸ Sie lernen, die Beziehungssaboteure Drohungen und gefühlsmäßige Erpressungen in Ihrem Umgang mit anderen Menschen zu identifizieren und nicht mehr zu benutzen. *Übung 9 a) (Drohungen und gefühlsmäßige Erpressungen im Alltag entdecken)*, Seite 82 und *Übung 10 (Drohungen und Erpressungen ersetzen)*, Seite 84.

⋯▸ Sie zeigen Ihren Mitmenschen, dass Sie deren Person von ihrem jeweiligen Verhalten unterscheiden: Es ist für andere sehr viel einfacher, wenn nur ihr Verhalten kritisiert wird und nicht ihre Person in Frage gestellt wird. Dies lernen Sie mit der *Übung 11 a)-c) (Ihre Mitmenschen und ihr unterschiedliches Verhalten)*, Seite 95.

⋯▸ Sie lernen darauf zu achten, im Austausch mit anderen Ihr Interesse auf die Person (Subjekt) des anderen zu richten und danach zu fragen, wie sie sich fühlt, anstatt über ein bestimmtes Thema (Objekt) zu diskutieren. *Übung 12 (Die Aufmerksamkeit auf die Person richten)*, Seite 98.

⋯▸ Sie machen sich selbst und Ihren Mitmenschen bewusst, dass Ihre tiefen Gefühle (zum Beispiel der Zuneigung) nicht im Beziehungskanal zirkulieren. Sie zeigen anderen Menschen, dass sie nicht fürchten müssen, wegen eines Verhaltens Ihre Zuneigung zu verlieren, mit den *Übungen 16-18 des fünften Übungsschritts (Beziehung und Gefühle in Partnerschaft oder Freundschaft/Gefühle in der Eltern-Kind-Beziehung. Übung zur Benutzung der ESPERE-Wegbegleiter)*, Seite 110ff.

7. Frage: Was hilft mir dabei, Konflikte und Missverständnisse mit anderen Menschen zu vermeiden?

⋯▸ Sie üben sich darin, Ich-Botschaften zu benutzen, also von sich und dem, was Sie fühlen, zu sprechen. Mit Ich-Botschaften können Sie ebenfalls negative, an Sie gerichtete Botschaften entschärfen. Dies lernen Sie mit der *Übung 7 (Ich-Botschaften entwickeln)*, Seite 70.

- Sie ermutigen andere, keine Drohungen und Erpressungen mit Ihnen zu benutzen, indem Sie ihnen anbieten, über die eigenen Emotionen zu sprechen. Dies erfahren Sie mit der *Übung 10 (Drohungen und gefühlsmäßige Erpressungen ersetzen)*, Seite 84.
- Sie kritisieren nicht mehr andere Menschen als Person, sondern lernen, von dem jeweiligen Verhalten zu sprechen. Ein Mensch, der nicht als Person angegriffen wird, muss sich weniger schützen und bleibt offen für einen kommunikativen Austausch. Dies trainieren Sie mit der *Übung 11 a)-c) (Ihre Mitmenschen und ihr unterschiedliches Verhalten)*, Seite 95ff.
- Sie gewöhnen sich an, Mitmenschen Ihre unterschiedlichen Rollen in den verschiedenen Beziehungen zu erklären oder in Form von bewusst aufgesetzten Hüten zu zeigen und auf diese Weise Konflikte zu vermeiden, die auf Missverständnissen und Rollenverwechslungen beruhen. Hierbei unterstützen Sie die *Übungen 19 c) (Ihre Beziehungen und die damit verbundenen Rollen)*, Seite 125 und *21 a) (Hüte bewusst aufsetzen)*, Seite 128.
- Sie lernen, eigene Emotionen durch einen Gegenstand visuell darzustellen und auch anderen zu zeigen. *Übung 28 a) (Emotionen und Bedürfnisse extern visualisieren)*, Seite 158.
- Sie vermeiden Konflikte, indem Sie das Verhalten des anderen nur als Auslöser, nicht als Ursache Ihrer eigenen Emotionen ansehen und indem Sie sich bereitfinden, sich um Ihre Emotionen gewaltfrei zu kümmern. *Übung 29 (Eine Emotion symbolisieren und zu Wort kommen lassen)*, Seite 159.

8. Frage: Wie kann ich konkret meine Beziehungen zu anderen Menschen entspannen und leichter als bisher gestalten?

- Sie können Ihre Beziehungen entspannen, indem Sie heftige Emotionen, wie Ärger und Wut, nicht innerhalb der Beziehung ausleben, sondern loslassen, wenn Sie allein sind. *Übung 29 (Eine Emotion symbolisieren und zu Wort kommen lassen)*, Seite 159.
- Sie können Spannungen aus Ihrem Miteinander mit anderen nehmen, indem Sie sich entscheiden, sich mit Hilfe von Symbolisierungen um Wünsche zu kümmern, die Sie in Bezug auf andere haben und nicht verwirklichen können (ohne auf der Seite der anderen zu sein). *Übungen 30 (Ein Symbolisierungsthema finden)*, Seite 176 und *32 (Sich um ein Symbol kümmern)*, Seite 179.
- Sie beginnen, nachtragende Gefühle gegenüber bestimmten Personen aus Ihrer Kindheit abzuschwächen, indem Sie alte zwingende Befehlssätze loslassen. *Übung 35 (Zwingende Befehlssätze und alte Prägungen loslassen)*, Seite 194.

9. Frage: Was kann ich tun, um das, was mir aktuell in meinem Leben fehlt, herauszufinden und mich um meine Wünsche und Bedürfnisse zu kümmern?

⇢ Sie versuchen, Ihre zurzeit nicht genügend ausgefüllten Rollen zu identifizieren und die damit verbundenen nicht befriedigten Bedürfnisse zu erkennen. *Übungen 19 a),b) (Ihre Beziehungen und die damit verbundenen Rollen), Seite 125 und 20 (Rollen bewusst machen), Seite 126.*

⇢ Sie finden heraus, wie Sie Ihre derzeit wichtigsten Rollen ins Gleichgewicht bringen. *Übung 21 (Hüte bewusst aufsetzen), Seite 128.*

⇢ Sie versuchen, die Verbindung zu den Beziehungsbedürfnissen herzustellen, die bei Ihnen als Kind nicht befriedigt wurden. *Übung 22 b) (Ihre Beziehungen und Ihre Beziehungsbedürfnisse), Seite 142.*

⇢ Sie erkennen, welche Ihrer Beziehungsbedürfnisse zurzeit nicht genügend befriedigt sind und kümmern sich bewusst um sie. *Übungen 23 (Der Barometerbaum Ihrer Beziehungsbedürfnisse), Seite 142 und 24 (Mich um meine Beziehungsbedürfnisse kümmern), Seite 143.*

⇢ Sie wagen es, Ihr Bedürfnis nach Zustimmung und Ihr Bedürfnis danach, Ihnen selbst treu zu sein, immer stärker ins Gleichgewicht zu bringen. *Übung 25 (Die Bedürfnisse nach Zustimmung und danach, sich selbst treu zu sein, ausgleichen), Seite 144.*

⇢ Sie machen sich mit der Idee vertraut, dass Ihre Emotionen Ihnen etwas darüber aussagen können, was in Ihrem jetzigen Leben unbefriedigt ist, beispielsweise bestimmte Bedürfnisse (auch unabhängig von Ihren Beziehungsbedürfnissen). *Übung 28 a) (Emotionen und Bedürfnisse extern visualisieren), Seite 158.*

⇢ Sie bauen mit Hilfe einer Symbolisierung einen kreativen, heilsamen Kontakt mit dem auf, was in Ihrem Inneren geschieht (beispielsweise mit Ihren Ängsten, Schmerzen, Wünschen und Bedürfnissen). *Übungen 30 (Ein Symbolisierungsthema finden), Seite 176 und 32 (Sich um ein Symbol kümmern), Seite 179.*

⇢ Sie setzen die Symbolisierung in einer vertiefenden ESPERE-Arbeit bewusst ein, um mit Ihren verschiedenen inneren Anteilen einfühlsam in Kontakt zu treten. *Übung 34 (Ihr inneres Kind symbolisieren), Seite 191.*

10. Frage: Was hilft mir dabei, meine Wünsche und Bedürfnisse ganz konkret zu verwirklichen?

⇢ Sie benutzen die Symbolisierung, um sich um einen Wunsch oder ein Bedürfnis zu kümmern. *Übungen 30 (Ein Symbolisierungsthema finden), Seite 176 und 32 (Sich um ein Symbol kümmern), Seite 179.*

⇢ Sie definieren einen konkreten aktuellen Wunsch (oder auch ein Bedürfnis) in Form eines Projektes, indem Sie einen Aktionsplan entwerfen und dabei die unterschiedlichsten Aspekte berücksichtigen. *Übung 33 (Einen Wunsch als Projekt konkret verwirklichen), Seite 179.*

Jeden kleinen Fortschritt wertschätzen und feiern

Beschreiben Sie Ihre Gedanken zu Ihren Übungsergebnissen bitte möglichst detailliert in Ihren ESPERE-Unterlagen. Sie können jederzeit eine neue Bilanz zu Ihren Übungen vornehmen. Bitte vermeiden Sie jeglichen Leistungsdruck, denn der kann Sie eher behindern als Ihnen helfen! **Es ist wichtig, dass Sie unterwegs sind** auf dem Weg zum Homo ESPERUS oder wie auch immer Sie Ihr Ziel nennen wollen. **Sie müssen nicht zu einem festgesetzten Zeitpunkt an einem bestimmten Zielpunkt angekommen sein.** Zwischenmenschliche Beziehungen und auch die Beziehung zu sich selbst lassen sich erfahrungsgemäß nicht unter Zeitdruck und in festgelegten Zeitrahmen verbessern. Manche Wünsche lassen sich schnell verwirklichen, manche brauchen etwas länger. Haben Sie bitte möglichst viel Geduld mit sich.

Auch die kleinste und behutsamste Veränderung zu einem einfühlsameren Miteinander mit sich und anderen ist schon ein Grund, sich selbst anzuerkennen und wertzuschätzen. Warum nicht einmal sich belohnen und das Erreichte feiern? Das gilt übrigens auch, wenn Sie keine umfassenden ESPERE-Unterlagen angelegt haben, sondern einfach so viel und so oft notiert und aufgezeichnet haben, wie es für Sie möglich und richtig war.

Bitte finden Sie Ihre eigenen Ideen, um sich Wertschätzung für Ihre schon geleistete Übungsarbeit zu geben. Belohnen Sie sich für jeden kleinen und großen Fortschritt mit etwas, das Ihnen guttut und Freude macht: ein Kinobesuch, ein interessantes Buch, eine Musik-CD, ein neues Kleidungs- oder Schmuckstück, ein schöner Abend mit der Freundin. Nutzen Sie auch die Kreativität Ihres inneren Kindes, um eine Feier mit einem oder mehreren guten Freunden zu veranstalten.

VII. Wenn ich mich selbst genügend schätze ...

Sich selbst genügend schätzen und lieben, um andere lieben zu können

Die wenigsten Menschen haben es gelernt, eine gute Beziehung zu sich selbst aufzubauen. Nach Jacques Salomé[36] ruht eine gute Beziehung zu sich selbst auf vier grundlegenden Haltungen:
1. Den Mut haben, sich selbst einfühlsame Liebe entgegenzubringen.
2. Den Mut haben, sich als einzigartigen und nicht austauschbaren Menschen zu schätzen und so anzunehmen, wie man ist.
3. Den Mut haben, Verantwortung für die eigenen Wünsche, Bedürfnisse und seine persönliche Lebensausrichtung zu übernehmen.
4. Den Mut haben, den eigenen Werten und Lebensentscheidungen treu zu sein und für sie einzustehen.

Eine gute Beziehung zu sich selbst aufzubauen bedeutet auch, sich zu erlauben, Abstand zu nehmen von der Auffassung: „Ich muss anderen eine Freude machen und mich um sie kümmern." Die „altruistische" Erziehung, die wir größtenteils erfahren haben, verursacht den meisten Menschen ein schlechtes Gewissen, wenn sie an das eigene Wohlergehen denken, vor allem, wenn sie zuerst an sich denken. Von klein auf hieß es für viele von uns: „Du musst zuerst an die anderen denken." Das „Ich" und das „Für-mich" gelten als egoistisch und werden abgelehnt. Obwohl in unserem christlichen Kulturraum die meisten Menschen den biblischen Auftrag, „Liebe deinen Nächsten wie dich selbst", kennen, haben sie doch in der Regel nur seine erste Hälfte integriert und die Bedeutung der zweiten Hälfte zu wenig beachtet. Es ist dennoch so, und im Grunde wissen es viele Menschen auch:

Als Erstes müssen wir uns selbst genügend lieben, bevor wir dazu fähig sind, einen anderen Menschen von Herzen lieben zu können.

Im Laufe dieses Buches habe ich Ihnen konkrete Hilfsmittel der Methode ESPERE angeboten, Ihre Selbstliebe zu stärken. Mein wichtigstes Anliegen beim Zusammenstellen der zehn Übungsschritte war, Sie mit Hilfe der theoretischen und praktischen

Teile dahin zu führen, sich selbst immer stärker als einen wertvollen Menschen zu erleben, einen Menschen, der es verdient, dass Sie sich einfühlsam und liebevoll um ihn kümmern. Die Idee, sich mit Ihrem inneren Erwachsenen als Vater und Mutter aufmerksam und wohlwollend um Ihr inneres Kind zu kümmern – und auch der Vorschlag, Ihren eigenen ESPERE-Coach zu Ihrer einfühlsamen Begleitung zu aktivieren, gehen in diese Richtung.

In diesem abschließenden Kapitel möchte ich mit Ihnen ein Schema betrachten, dass wir auch in unseren ESPERE-Ausbildungen oft benutzen. Im Mittelpunkt des Schemas stehen dabei die folgenden Fragen:

- Welche konkreten Auswirkungen hat es auf meine Beziehungen zu anderen Menschen, wenn ich es nicht gelernt habe, mich selbst genügend zu lieben?
- Was verändert sich, wenn ich lerne, mir selbst so viel Liebe zu geben, wie ich brauche?

Die Antworten der Methode ESPERE auf diese Fragen werde ich Ihnen sowohl verbal als auch in einer grafischen Darstellung verdeutlichen. Damit versuche ich dem Grundsatz der Methode ESPERE treu zu bleiben, wann immer es möglich ist, auch visuelle Werkzeuge zu benutzen. Das Schema vermag Ihnen besonders anschaulich zu zeigen, wie sich das Blind-Taub-System SAPPE auch dann noch zu Wort meldet, wenn wir anfangen, die Einfühlsame Kommunikation und die ESPERE-Regeln in unser Leben zu integrieren.

Das ESPERE-Schema und seine Erklärung

Ich habe das etwas komplexere ESPERE-Schema in zwei Teile aufgeteilt. Das erste Teilschema (Abbildung 12a) zeigt Ihnen, wie die meisten Menschen **innerhalb des Blind-Taub-Systems SAPPE** mit ihrem Bedürfnis umgehen, geliebt zu werden: Viele Menschen im System SAPPE bekamen als Kind ihre Bedürfnisse von ihren Bezugspersonen nur unzureichend befriedigt. Oft fühlten sie sich als Kind nicht so geliebt, wie es für sie richtig gewesen wäre. Erfahrungsgemäß ist bei diesen Menschen auch als Erwachsene das Bedürfnis, geliebt zu werden, nicht ausreichend befriedigt.

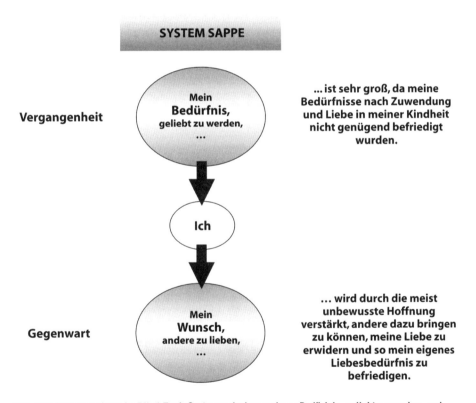

Abb. 12a: Zusammenhang im Blind-Taub-System zwischen meinem Bedürfnis, geliebt zu werden, und meinem Wunsch, andere Menschen zu lieben.

Das Teilschema zum System SAPPE erklärt, dass als Folge dieser Erfahrung in der Kindheit die meisten Menschen auch als Erwachsene die Befriedigung ihres Bedürfnisses nach Liebe weiterhin **bei anderen Menschen suchen, und zwar indirekt**: Sie entwickeln häufig einen starken Wunsch, andere Menschen zu lieben, und benutzen seine Verwirklichung als unbewusste Strategie für ihre eigene Bedürfnisbefriedigung. Konkret bedeutet das: Wenn ich mich als Kind nicht genügend geliebt fühlte, entwickle ich als Erwachsene oft den starken Wunsch, anderen Menschen Liebe entgegenzubringen und ihnen mit verschiedensten „Liebesbeweisen" meine Liebe für sie zu zeigen. Dahinter versteckt sich in der Regel meine eigene meist unbewusste Hoffnung, dass **die anderen mich dadurch irgendwann so lieben**, dass mein eigenes Liebesbedürfnis endlich erfüllt wird. Ich bin in diesem Fall nicht frei, bedingungslos und ohne Erwartungen **Liebe zu schenken**. Damit mein eigenes Bedürfnis Befriedigung erfahren kann, muss ich im Austausch etwas erwarten können, nämlich Liebesbeweise der anderen, denn sonst wären meine unbewussten Anstrengungen umsonst: Mein Bedürfnis, geliebt zu werden, bliebe in diesem Fall nach wie vor unbefriedigt.

Schauen wir uns nun im zweiten Teilschema in Abbildung 12b an, wie die Methode ESPERE es uns ermöglicht, mit dem eigenen Bedürfnis, geliebt zu werden, umzugehen.

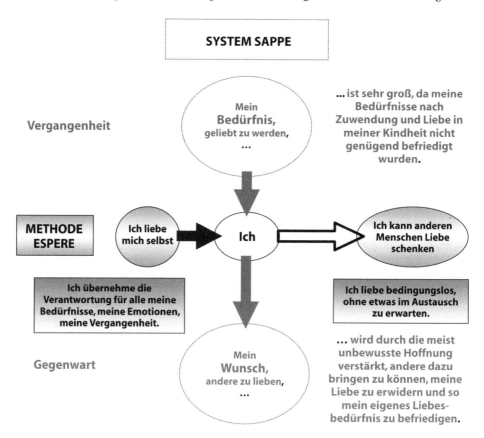

Abb. 12b: ESPERE-Schema zum Umgang mit unserem Bedürfnis, geliebt zu werden, und unserer Fähigkeit, anderen Menschen Liebe zu schenken.

Wie Sie feststellen können, scheint in dieser Darstellung das vorherige Schema zum System SAPPE in Grautönen durch. In der mittleren horizontalen Achse finden Sie nun zusätzlich in kräftigen Schwarz- und Grautönen den Teil des Schemas, der zur Methode ESPERE gehört. Der Zusammenhang, der hier schematisch dargestellt wird, ist folgender:

Wenn wir fortschreitend mit der Methode ESPERE üben, einfühlsam mit uns selbst umzugehen, lernen wir, immer stärker und eindeutiger die Verantwortung für alles zu übernehmen, was zu unserem Leben gehört. Wir übernehmen die Verantwortung für die Beachtung unserer Wünsche und die Befriedigung unserer Bedürfnisse, für unsere Emotionen und auch für den Umgang mit dem, was wir in unserer Vergangenheit erfahren haben.

Auf diese Weise stärken wir immer mehr unsere Achtung und Liebe für uns selbst und sorgen somit – in der Rolle unseres inneren Erwachsenen – auch zunehmend dafür, dass unser Bedürfnis nach Liebe durch unser eigenes Bemühen befriedigt wird. Nun tritt die wahre „Magie" dieses Lernprozesses ein: In dem Maße, in dem wir dieses Bedürfnis selbst befriedigen, erwarten wir immer weniger Beweise für Zuwendung und Liebe von anderen Menschen! Unsere Liebe zu anderen Menschen dient jetzt immer weniger der Befriedigung unseres eigenen Bedürfnisses nach Liebe. Dadurch wird es uns möglich, unsere **Liebe einfach zu schenken**, bedingungslos und ohne Erwartungen. Und es wird immer häufiger vorkommen, dass wir Liebe und Aufmerksamkeiten von anderen als echtes Geschenk annehmen können, das unser Leben bereichert.

Vorsicht: Das Blind-Taub-System SAPPE meldet sich wieder zu Wort ...

Ein schönes Ideal der Methode ESPERE wäre, dass wir vollständig in der Lebenswelt des Homo ESPERUS ankommen. In diesem würden wir Liebe nur noch bedingungslos, ohne jeglichen Vorbehalt und innere Blockaden schenken. Wir würden uns auch mit Leichtigkeit und vollkommen unabhängig von der Liebe anderer Menschen um unser Bedürfnis nach Liebe kümmern ... Die gelebte Wirklichkeit der Menschen, die seit vielen Jahren mit dieser Methode arbeiten, weicht jedoch von diesem Ideal ab. Ja, es ist so: Das System SAPPE und die alte Art zu funktionieren melden sich bei jedem von uns immer wieder unverhofft und überraschend zu Wort. In dem zweiten Schema habe ich versucht, diese wichtige Erfahrung dadurch anzudeuten, dass ich nicht einfach nur die horizontale Linie der Methode ESPERE eingezeichnet habe. Das System SAPPE und die alte Art und Weise zu kommunizieren scheinen, wie schon angedeutet, in mehr oder weniger leichten Grautönen durch. Und so ist es auch in unserem Alltag: Wir sind seit vielen Generationen so stark von unserem aktuell vorherrschenden Gesellschafts- und Kommunikationssystem geprägt, dass es kaum möglich erscheint, es vollkommen abzuschütteln.

Der Homo ESPERUS ist allerdings meiner Meinung nach äußerst tolerant und geduldig: Er weiß um diesen Zusammenhang und erwartet keine **vollkommenen Menschen** in seiner Welt. Er heißt vielmehr alle willkommen, die genau wie er selbst immer wieder einmal, und ohne schlechtes Gewissen, alte Gewohnheiten ausdrücken und sich ansonsten in ihrer Haut ganz wohlfühlen. Und er nimmt alle anderen, ebenso so wie sich selbst, zufrieden so an, wie sie sind.

VIII. Ein paar Worte zum Schluss

Ihr erster Grundkurs in der Sprache des Homo ESPERUS

Liebe Leser, liebe Leserinnen, herzlichen Glückwunsch! Sie haben gerade erfolgreich an Ihrem ersten Grundkurs in der Sprache des Homo ESPERUS teilgenommen. Unabhängig davon, ob Sie das Buch als Lehr-, Lese- oder Übungsbuch genutzt haben, wie viele Übungsschritte Sie gelesen und welche Übungen Sie angewendet haben: In allen Fällen kennen Sie nun erste Vokabeln, Regeln und Konzepte dieser Kommunikationsform und können diese schon für eine bessere Verständigung ausprobieren.

Wie ist es Ihnen dabei ergangen? Die Hinweise im folgenden Abschnitt können Ihnen vielleicht helfen, Fragen zu beantworten, die Sie zu Ihren neuen Spracherfahrungen und Übungsergebnissen haben, und damit Ihre eigenen Überlegungen dazu besser einzuordnen.

Was in vielen Ratgebern und Übungsbüchern nicht steht:

Verlieren Sie bei Ihrer Arbeit mit der Methode ESPERE nicht den Mut! Persönliche selbstbestimmte Veränderungen versprechen – und erreichen in der Regel – eine bessere Lebensqualität und größeren inneren Frieden. Sie können aber manchmal schwierig und schmerzhaft sein. Dies gilt erst einmal für Sie selbst, wenn Sie mit Dingen konfrontiert werden, mit denen Sie vielleicht nicht gerechnet haben und die Sie vielleicht auch nicht unbedingt so deutlich sehen wollten. Vielleicht haben Sie beim Verändern alter und dem Einüben neuer Gewohnheiten auch das Gefühl, dass es schneller gehen müsste und dass sich die positiven Veränderungen in kürzerer Zeit zeigen sollten ... Stattdessen stellen Sie fest, dass bei verschiedenen Übungen Wunschvorstellung und Wirklichkeit auseinandergehen: Die Übungen dauern länger, als Sie dachten, und Sie spüren deutlich einen inneren und wohlbekannten Widerstand gegen Veränderungen.

Dennoch zeigen unsere Erfahrungen, wie wichtig es ist, dass Sie nicht den Mut verlieren und – auch mit Unterbrechungen – weiter üben: Dass Sie beispielsweise weiterhin daran arbeiten, Ihre Beziehungen zu anderen Menschen nicht durch Befehlssätze, Abwertungen oder Drohungen zu belasten, dass Sie mit externen Visualisierungen und Symbolen Ihre Kommunikation nach innen und nach außen erleichtern oder auch lernen, Ihren Emotionen zuzuhören. Die Konzepte und Beziehungshygiene-Regeln der Methode ESPERE müssen sicherlich verstanden werden. Sie können aber nur dann wirken, wenn sie regelmäßig angewandt und erlebt werden. Manchmal gelingt die Anwendung ohne Probleme, manchmal nicht. Aber wenn Sie in Ihrer eigenen Geschwindigkeit üben und auch längere Anwendungszeiten für die schwierigeren Veränderungen akzeptieren, werden Sie die Sprache der Einfühlsamen Kommunikation immer besser lernen. Sie werden trotz Widerstände und Rückfälle immer mehr Momente der Zufriedenheit erleben.

Denken Sie bitte auch daran: **Sie sind es, die sich entschieden haben, etwas zu verändern** und Ihre Kommunikations- und Beziehungsfähigkeiten zu verbessern. **Die Menschen in Ihrer Umgebung haben diese Entscheidung meist (noch ...) nicht getroffen.** Vielleicht fühlen sie sich durch Ihre neue Art zu kommunizieren, und mit ihnen umgehen zu wollen, verstört oder auch angegriffen. Gehen Sie behutsam vor, wenn Sie eine neue Form des Miteinanders in Ihren Beziehungen einführen wollen. Oft haben wir die Erfahrung gemacht, dass beispielsweise nach einem ESPERE-Grundlagenseminar begeisterte Teilnehmer nach Hause kamen und ausführlich anfingen, Ihren Partnern oder anderen Familienmitgliedern die gerade gelernten neuen Beziehungshygiene-Regeln zu erklären und sie anzuwenden. Oft hatten diese Seminarteilnehmer noch nicht so recht verinnerlicht, dass das Konzept des Beziehungsschals sie dazu auffordert, auf ihrer Seite der Beziehung zu bleiben und nicht **zu versuchen, die anderen zu überzeugen oder zu verändern.** Und so geschah häufig Folgendes: Gerade da, wo sie eigentlich anfangen wollten, ihre Beziehungen zu erleichtern, übten sie durch ihre „Überzeugungsarbeit" Druck auf die anderen aus. Die Beziehungen wurden dadurch nicht verbessert, sondern zusätzlich belastet.

Auch dann, wenn Sie nur eine alte Gewohnheit für sich selbst verändern wollen, sind negative Reaktionen möglich. Vielen Menschen ist es am liebsten, wenn alles beim Alten – und *Gewohnten* – bleibt, sie möchten auch, dass Sie die gewohnte Person und damit für sie berechenbar bleiben! Sie können diese Menschen am ehesten für die Methode ESPERE gewinnen, wenn Sie ihnen an Ihrem eigenen Beispiel zeigen, dass Sie achtungsvoller mit sich und anderen umgehen. Und dass es Ihnen leichter fällt, andere so zu nehmen, wie sie sind. Die Wirksamkeit der Einfühlsamen Kommunikation wird für Ihre Mitmenschen am deutlichsten, wenn sie bei Ihnen beobachten können, dass Sie selbst sich wohler fühlen und Sie selbstbewusster mit Ihrem Leben umgehen.

Mein Ratschlag: Trainieren Sie nicht nur, Geduld mit sich zu haben, sondern auch genügend Geduld mit Ihren Mitmenschen. Versuchen Sie, möglichst viele der Übungen und neuen Werkzeuge so auszuprobieren, dass Ihre Mitmenschen in den Veränderungen der Beziehung mit Ihnen hinterherkommen. Gehen Sie bitte behutsam vor, wenn Sie die Qualität Ihrer Beziehungen nähren und verbessern wollen. Es lohnt sich, die Einfühlsame Kommunikation mit Menschen, die Ihnen nahestehen, solcherart einzubringen, dass die wohltuenden Aspekte dieses neuen Miteinanders spürbar werden. So können Sie beispielsweise Ihre Zuneigung zu einem für Sie wichtigen Menschen mit einem Symbol zeigen und ihm sagen, dass Sie **nicht gegen ihn**, sondern **für sich** handeln, zum Beispiel, wenn Sie abends lieber allein in der Badewanne liegen, als mit ihm ins Kino zu gehen. Oder geben Sie einer Freundin mit Hilfe eines Symbols oder einer externen Visualisierung zu verstehen, dass sie Vertrauen in Ihre Freundschaft haben kann, auch wenn sie gerade etwas tut, was Sie für vollkommenen Unsinn halten …

Trotz aller möglichen Widerstände – es lohnt sich

Wenn Jacques Salomé in Interviews zu der Wirksamkeit seiner Kommunikationslehre befragt wird, antwortet er häufig: „Der beste Beweis für die Wirksamkeit der Methode ESPERE ist ihre Alltagstauglichkeit." Die große Anzahl von Briefen, die Jacques Salomé oft täglich erhält, zeigt mit begeisterten Erfahrungsberichten diese Tauglichkeit der ESPERE-Anwendung im Alltag.

Dort, wo die Methode ESPERE mit Ausdauer angewendet wird, verändert sich im Laufe der Zeit das gesamte Beziehungssystem wohltuend: Beispielsweise in Schulklassen, in denen Herabwürdigungen und Demütigungen einzelner Schüler durch ihre Lehrerinnen oder andere Schüler praktisch vollkommen aus dem täglichen Miteinander verschwinden. Oder in jenen Betrieben, in denen die Kommunikation unter Kollegen und zwischen Angestellten und Chefinnen nicht mehr von Dominanzgehabe und Konkurrenzdenken, sondern von Kooperation und einfühlsamen Auseinandersetzungen geprägt ist. Die meisten begeisterten Erfahrungsberichte von Lesern und Seminarteilnehmerinnen zeigen vor allem, dass die Methode ESPERE in ihrer Gesamtheit ein besonders wirksames Werkzeug zur persönlichen Weiterentwicklung ist. Sie erlaubt uns zu lernen, den Spagat zwischen unserem Bedürfnis nach Zustimmung und dem Bedürfnis, uns treu zu sein, immer besser zu schaffen und lässt uns so ein guter Lebensbegleiter oder eine gute Lebensbegleiterin werden.

Haben Sie Interesse daran, Ihre neuen Sprachkenntnisse zu vertiefen?

Dann haben Sie verschiedene Möglichkeiten:

1. Sie besorgen sich weitere „Sprachinformationen" in Form von ESPERE-Büchern, Artikeln und Informationen über das Internet. Im Buch „Einfühlsame Kommunikation" von Jacques Salomé finden Sie interessante Hintergründe zur Methode ESPERE, zu ihrer Entwicklung, ihren grundlegenden Konzepten und dazu, wie Jacques Salomé sie im Laufe seiner eigenen Lebensgeschichte entwickelt hat. Eine Liste der anderen auf Deutsch veröffentlichten ESPERE-Bücher, einer Auswahl französischer Buchtitel von Jacques Salomé sowie hilfreiche Internetadressen finden Sie im Anhang.

2. Sie nehmen an Seminaren oder Gesprächskreisen zur Einfühlsamen Kommunikation teil, die im Rahmen der Ausweitung des französischen ESPERE-Netzwerks zunehmend auch in Deutschland, Österreich und der Schweiz angeboten werden. Hier können Sie unter anderem in vertrauensvoller Atmosphäre die konkreten Anwendungen einüben. Sie lernen auch die Beziehungsdarstellungen mit Hilfe der externen Visualisierung besser kennen. In diesem Rahmen ist es meist auch möglich, auf tiefer gehende persönliche Beziehungsfragen einzugehen.
Auch unsere methodenübergreifenden Seminare zur Gewaltfreien Kommunikation und zur Methode ESPERE haben Erfolg. Bitte informieren Sie sich über die Kontaktadressen im Anhang auch zu diesem Angebot.

Ich wünsche Ihnen alles Gute auf Ihrem Weg mit der Methode ESPERE!

Ich freue mich darüber, wenn Sie mir Ihre persönlichen Erfahrungen mit dem Übungsbuch schreiben.

IX. Mut haben, sich selbst ein guter Begleiter, eine gute Begleiterin zu sein

Du selbst bist im Herzen all deiner Beziehungen, nicht im Zentrum ...

Du bist verantwortlich für die Achtung, die Liebe und den Respekt, den du dir entgegenbringst.

Du kannst die Qualität deiner Beziehungen zu anderen Menschen verbessern! Du trägst dafür selbst die Verantwortung. Du bist aber nicht allein für die gesamte Beziehung verantwortlich!

Du kannst die Aufgabe, dich zu entfalten und selbst zu verwirklichen, als Last oder als Freude übernehmen.

Zähle nicht nur auf andere, um dein Leben in die Hand zu nehmen, deine Bedürfnisse zu befriedigen, deine Befürchtungen zu beschwichtigen oder deine Ängste zu lindern.

Erwarte nicht von anderen die Antwort, sondern suche selbst den Ursprung deiner Fragen! Erlebe deine Wahrnehmungen neu! Hör auf deine Empfindungen und lerne so, dem Unvorhersehbaren, das es in dir gibt, zu vertrauen!

Wage es, dein eigenes Bild von dir zu entwickeln. Sei dir und dem, was dir wichtig ist, treu, auch dann, wenn andere denken, sie würden dich besser kennen, als du dich selbst kennst!

Sei dir darüber im Klaren, dass du in jeder Situation bitten, geben, erhalten oder ablehnen kannst. Du bist frei, das, was von anderen kommt, abzulehnen oder anzunehmen. Du kannst, was du von anderen bekommst, auch in dir vergrößern und verschönern. Und dabei spielt es keine Rolle, was genau dir entgegengebracht wird. Das bedeutet „sich selbst neu erfinden".

Probiere Verschiedenes aus, überwinde deine Glaubenssätze und erschaffe dir neue Wirklichkeiten! Lass deine Gewohnheiten hinter dir und entdecke alle deine Möglichkeiten. Vertraue dir! Du entdeckst und erschaffst nichts, was du nicht auch meistern kannst!

Jede Situation besitzt zwei Energieseiten: eine negative und eine positive. Schau hinter das scheinbar Negative und entdecke das Wesen und den Sinn eines jeden Ereignisses.

Hindernisse, auf die du triffst, helfen dir, deine eigenen Fähigkeiten und Möglichkeiten zu vergrößern.

Kümmere dich wahrhaftig um dich, jeden Tag! Gib nicht auf in Unwetter und Krisen!

Du bist einmalig und außergewöhnlich, auch dann, wenn du es vergessen hast!

Lebe, als seiest du für immer allein, und verbinde dich, wann immer es dir möglich ist, mit den anderen. Erinnere dich daran, dass du mit allen und allem verbunden bist!

Erlebe die anderen Menschen als Geschenk. Sie sind Gaben, die dein Leben bereichern und es zur Leichtigkeit deines Seins mit all seinen Einzigartigkeiten führen.

Die schlimmste aller Einsamkeiten ist nicht, allein zu sein, sondern sich selbst ein schrecklicher Begleiter zu sein und sich in der eigenen Gesellschaft anzuöden.

Also zögere nicht mehr! Sei dir ein guter Begleiter, eine gute Begleiterin! Dein Leben wird es dir hundertfach danken.

– nach Jacques Salomé

Danksagung

Ich danke Jacques Salomé dafür, dass er die Methode ESPERE ins Leben gerufen hat und sie seit mehr als 20 Jahren unermüdlich lehrt und weitergibt. Mein großer Dank gilt ihm auch dafür, dass er mich von Anfang an in meinem Bemühen großzügig unterstützt hat, die Methode ESPERE über die französische Sprachgrenze hinweg in meinem eigenen Land bekannt zu machen. Er hat mir immer wieder Mut gemacht, diesen Weg erfolgreich zu gehen und dabei meinen Fähigkeiten zu vertrauen. Sein wertvoller Beitrag zu diesem ersten ESPERE-Übungsbuch reicht von hilfreichen Kommentaren und Ideen zum Manuskript bis hin zu dem Vorwort, das er, sich einfühlsam über Sprachgrenzen hinwegsetzend, geschrieben hat.

Auch Verlagsleiter Gottfried Probst vom Junfermann Verlag gilt mein besonderer Dank dafür, dass er mein Projekt, die Methode ESPERE im deutschsprachigen Raum bekannt zu machen, mit vielen hervorragenden Ideen und Vorschlägen kompetent und „einfühlsam" gefördert hat. Besonders freue ich mich, meiner Lektorin Regine Rachow für die einfühlsame Überarbeitung des Manuskripts zu danken und für die Freundschaft, die sich über unsere gemeinsame Beschäftigung mit der Methode ESPERE entwickelt hat.

Weiterhin möchte ich mich besonders herzlich bei meiner wunderbaren Kollegin Monika Flörchinger, Trainerin der Gewaltfreien Kommunikation aus der Gemeinschaft von Niederkaufungen, für ihr Vorwort bedanken und dafür, dass sie gemeinsam mit mir das Abenteuer wagt, zwei beeindruckende Kommunikationsnetzwerke näher zusammenzubringen. Nach einem gemeinsamen Marshall Rosenberg-Seminar im Jahre 2005 entstand unsere Idee, auszuprobieren, wie sich die Gewaltfreie Kommunikation und die Methode ESPERE gegenseitig ergänzen können. Seitdem versuchen wir, dies im persönlichen Austausch sowie in gemeinsamen Seminaren umzusetzen. Monika sowie weiteren hilfsbereiten und herzlichen Menschen gilt mein Dank auch für viele Anregungen, Kritiken und Kommentare zu dem Buchmanuskript: insbesondere Mo Auerswald, Burkhard Rexmann, Klaus-Peter Kilmer-Kirsch aus Niederkaufungen, Eva Stützel aus Sieben Linden in Poppau, Regina Kieninger aus Freiburg, Anita Bauer und Christine Tittel-Träris aus Weil am Rhein.

Mehreren meiner ESPERE-Kollegen und Kolleginnen des Instituts ESPERE International sei Dank für ihre Ideen und das Feedback bei der Entstehung des Übungsbuchs.

Herzlich danken möchte ich besonders Josette Colpaert. Sie hat mich während meiner 14 Jahre in Südfrankreich als Therapeutin und ESPERE-Ausbilderin kompetent auf meinem Weg begleitet, mich von Lasten aus meiner eigenen Kindheit zu befreien und selbst ESPERE-Trainerin zu werden. Sie hat mit mir gemeinsam an der ersten Struktur des Buches gearbeitet und viele Ideen, eigene Erfahrungen und ESPERE-Übungen mit in den Inhalt einfließen lassen. Ihr sowie meiner Kollegin Claire Richter von RELIANCE Deutschland, Jean-Luc Mermet von RELIANCE-Grenoble und meinem „ESPERE-trainierten" Bruder Christoph Müller danke ich für ihre vielseitigen Unterstützungen zum Buchmanuskript.

Mein ganz besonderer Dank gilt meinem Mann Michael Wilke für seine ständige Bereitschaft, mit mir die verschiedensten Aspekte des Buches geduldig und einfühlsam zu diskutieren, und dafür, dass er das Manuskript sprachlich und inhaltlich kompetent überarbeitet hat. Auch meinen beiden wunderbaren Kindern danke ich dafür, dass sie immer wieder ohne Probleme akzeptiert haben, wenn ich in der Rolle der *berufstätigen Frau* am Computer saß und in dieser Zeit für sie weder als *Mama* noch als *Mutter* verfügbar war. Sie selbst benutzen die Werkzeuge der Methode ESPERE kompetent und selbstverständlich von klein auf. Und wenn mir einmal ein Homo SAPPIERUS-Satz herausrutscht, wie „Tom ist wirklich sehr schwierig", kann ich davon ausgehen, dass sie mich meist direkt verbessern und sagen: „Mama, es ist nicht Tom, der schwierig ist, sondern SEIN VERHALTEN!"

Anhang

Anmerkungen

(1) Jacques Salomé, geboren 1935 in Toulouse, französischer Sozialpsychologe. Er hat vor rund 20 Jahren in Frankreich die Kommunikationslehre „Methode ESPERE" begründet. Er ist Autor von mehr als 50 Büchern zum Thema Kommunikation und zwischenmenschliche Beziehungen, die aus dem Französischen in inzwischen 19 Sprachen übersetzt wurden. Seinen eigenen Weg zur Begründung der Methode ESPERE beschreibt Jacques Salomé in dem 2006 erstmals auf Deutsch erschienenen Grundlagenbuch „Einfühlsame Kommunikation" (Junfermann Verlag, Paderborn).

(2) Methode ESPERE® ist der Name, den Jacques Salomé der Kommunikations- und Beziehungslehre gegeben hat, die er gemeinsam mit den Trainerinnen und Trainern des Netzwerks „Institut ESPERE International" lehrt. ESPERE kann außer der ursprünglichen Bedeutung (deutsch: „Die besondere Energie für eine freundliche Beziehungsumwelt") auch als „Energie Spécifique Pour une Energie Relationelle à l'Ecole" verstanden werden, also übersetzt: „Die besondere Energie für eine Beziehungs-Ökologie in der Schule". „Methode ESPERE®" ist das eingetragene Warenzeichen von Jacques Salomé, Frankreich. Jaques Salomé hat die offizielle Nutzungserlaubnis auf das Institut ESPERE International übertragen. Lizenzierte Trainer und Trainerinnen sind autorisiert, die Methode ESPERE zu lehren. Bei allen weiteren Benutzungen des Begriffs in dem Übungsbuch wird auf das Warenzeichensymbol verzichtet.

(3) „Einfühlsame Kommunikation – Auf dem Weg zu einer innigen Verbindung mit sich selbst": Aus dem Französischen von Jacques Salomé „Le courage d'être soi" (Originaltitel), Les Editions du Relié, Gordes 1999. „Einfühlsame Kommunikation" ist die erste deutsche Übersetzung zu Grundlagen und Hintergründen der Methode ESPERE, erschienen im Junfermann Verlag, Paderborn 2006.

(4) Institut ESPERE International: Rund 80 Trainer und Trainerinnen gehören zu dem von Jacques Salomé und seinen engsten Mitarbeitern und Mitarbeiterinnen gegründeten Netzwerk Institut ESPERE International. Sie lehren gemeinsam mit Jacques Salomé die Methode ESPERE im französischen Sprachraum und zunehmend auch in anderssprachigen Ländern (Kanada, Schweiz, Deutschland, Österreich, Rumänien, Japan …)

(5) Vier-Schritte-Modell: Das Grundmodell der Gewaltfreien Kommunikation nach Dr. Marshall Rosenberg besteht aus vier aufeinanderfolgenden Schritten:
1. Beobachten: Wir beobachten ohne Bewertung, was in einer Situation geschieht.
2. Gefühle ausdrücken: Wir drücken aus, wie wir uns durch das, was wir beobachtet haben, fühlen, zum Beispiel traurig, froh oder ärgerlich.
3. Bedürfnisse erkennen: Verstehen, dass hinter jedem Gefühl ein befriedigtes oder nicht befriedigtes Bedürfnis steht, das wir uns und unserem Gegenüber versuchen mitzuteilen.

4. Bitte formulieren: Wir bitten unser Gegenüber um etwas Konkretes, das uns hilft, unser Bedürfnis zu befriedigen und unsere gemeinsame Lebensqualität zu verbessern.
Nachzulesen in dem Grundlagenbuch „Gewaltfreie Kommunikation" von Marshall B. Rosenberg, Junfermann Verlag, Paderborn 2001.

(6) Beziehungs-Darstellung: Dies ist eine besondere Form der so genannten externen Visualisierung, die von den Trainerinnen und Trainern der Methode ESPERE während Seminaren und in Gesprächskreisen benutzt wird. Bei der „Beziehungs-Darstellung" wählt eine Person, die beispielsweise einen Konflikt in einer Beziehung mit einem anderen Menschen besser verstehen will, eine oder mehrere Seminarteilnehmer aus und bittet sie, in die Gruppenmitte zu kommen. Die ausgewählten Personen (und manchmal auch Gegenstände) stellen dabei sowohl die Konfliktteilnehmer als auch zum Beispiel verschiedene wichtige Gefühle, Wünsche oder Bedürfnisse dar. Auch wenn diese Form der Beziehungs-Darstellungen etwas an die Familienaufstellungen nach Bert Hellinger erinnert, ist sie vollkommen unabhängig davon entstanden und dient nicht demselben Ziel. Die Beziehungs-Darstellungen der Methode ESPERE haben als Ziel, Beziehungen und komplexe Zusammenhänge visuell darzustellen, um sie durch ihre konkrete Sichtbar-Machung besser zu erklären, zu verstehen und bewusst zu machen.

(7) „Die Lebendigkeit des Lebens": In „Einfühlsame Kommunikation", Kapitel 17, Seite 62, beschreibt Jacques Salomé, was er mit diesem Ausdruck verbindet: „Mit *Lebendigkeit des Lebens* bezeichne ich die Qualität der vibrierenden Lebensfreude, die kraftvolle Lebensdynamik und die verschwenderische Fülle an Möglichkeiten, die nach meinem Verständnis jeder Mensch im Moment seiner Zeugung empfängt, mit der Aufgabe, sie im Laufe seiner Existenz zu bewahren und zu vergrößern ..."

(8) Regeln der Beziehungshygiene: Einfach verständliche Regeln, die Menschen dabei helfen, Ihre Beziehungen zu anderen einfühlsamer und friedvoller zu erleben. Diese sozialen Hygieneregeln sollten so, wie körperliche Hygiene wohltuend für den Körper ist, Menschen dabei unterstützen, ihre Beziehungen mit anderen wohltuend zu gestalten.

(9) Beziehungsökologie: Sie ist ein essentielles Konzept der Methode ESPERE. So wie es wichtig ist, dass Menschen in ihren Umgang mit der Natur ein ökologisches Bewusstsein zeigen, ist es Jacques Salomé wichtig, dass sie auch ein Bewusstsein für die harmonische Gestaltung ihrer zwischenmenschlichen Beziehungen entwickeln. Er schreibt dazu: „Ich bezeichne als Beziehungsökologie die Gesamtheit aller Verhaltensweisen, Handlungen und Ausdrucksweisen, die eine Person benutzt, um in einer bestimmten Umgebung sich so mit anderen Menschen auszutauschen, dass sie sich in ihrer Einzigartigkeit und mit allem, was zu ihr gehört, anerkannt fühlt; dass sie dabei ebenfalls von den anderen unterstützt wird, alle ihre Möglichkeiten optimal zu entwickeln." Aus Jacques Salomé: „Heureux qui communique" (aus dem Französischen: „Glücklich, wer kommuniziert") Verlag Albin Michel, Paris 2003.

(10) Jaques Salomé: „Pour ne plus vivre sur la Planète TAIRE – Une méthode pour mieux communiquer", Verlag Albin Michel, Paris 1997. Ein Grundlagenbuch, das die Trainerinnen und Trainer des Instituts ESPERE International in ihren Ausbildungsseminaren und Trainings benutzen. Das Buch ist noch nicht auf Deutsch erschienen. Übersetzt heißt der Titel: „Um nicht mehr auf dem Planeten des Schweigens zu leben – Eine Methode, um besser miteinander zu kommunizieren."

(11) System SAPPE ist eine aus französischen Wörtern zusammengesetzte Abkürzung, mit der Jacques Salomé unser aktuelles Gesellschaftssystem bezeichnet, das auf dem Prinzip „dominierendominiert" beruht. Die Abkürzungen bedeuten: **S** – Sich taub fühlen, wenn Menschen die Konsequenzen der ausgesprochenen Worte nicht mehr hören (aus dem Französischen von **„sourd"** = taub); **A** – Andere Menschen und sich selbst nicht mehr wahrnehmen und auch nicht das, was die beziehungsschädliche Sprache bei uns selbst und bei anderen bewirkt (von **„aveugle"** = blind); **P** – „Unnatürlich" reagieren. Das natürliche Einfühlvermögen in andere Menschen ist verloren gegangen (von **„pervers"** = unnatürlich, abartig); **P** –schädliche, gefährliche Verhaltensweisen erleben, welche Gewalt in vielfältiger Form hervorrufen und damit die zwischen-menschlichen Beziehungen belasten (von **„pernicieux"** = schädlich); **E** – Energie verlieren, da die Benutzung des System SAPPE viel Energie und Kraft kostet (von **„energetivore"** = Energie verbrauchend).

(12) Homo ESPERUS und Homo SAPPIERUS: Die Originalzeichnung, von der die vorliegende Darstellung inspiriert wurde, befindet sich in „Pour ne plus vivre sur la Planète TAIRE", Verlag Albin Michel, Paris 1997, Seite 42.

(13) Zitat von Jacques Salomé aus „Heureux qui communique", Verlag Albin Michel, Paris 2003, Seite 24-25.

(14) Beziehungsschal: Eine ausführliche Beschreibung des Kommunikations-Werkzeugs „Beziehungsschal" finden Sie im Nachwort von „Einfühlsame Kommunikation" Seite 176-180. Die innere Bildvorstellung zum Beziehungsschal ist von einer Beschreibung von Jean-Luc Mermet, RELIANCE-Grenoble, inspiriert, und zwar aus seinem Buch „Deux bouts la relation" (deutsch: „Eine Beziehung hat zwei Seiten"), Les Editions de la Chronique Sociale, Lyon 2006.

(15) Beziehungs-Mind-Mapping: Die Übung zum Beziehungs-Mind-Mapping lehnt sich mit ihrem Vorschlag, den Ausgangspunkt der Übung (die übende Person) grafisch in der Mitte eines Blattes darzustellen, an die Technik des Mind Map nach dem britischen Mentaltrainer Tony Buzan an. Von diesem Fokuspunkt gehen in alle Richtungen Verzweigungen ab, mit denen die verschiedenen zwischenmenschlichen Beziehungspartner dargestellt werden. Beim Mind Map nach Buzan gehen von den ersten Verzweigungen Unterverzweigungen ab, die in den ESPERE-Mind-Mapping-Übungen in diesem Übungsbuch möglich sind, aber nicht unbedingt benötigt werden.

(16) Die Beziehungssaboteure des Systems SAPPE: Jacques Salomé unterscheidet die fünf Beziehungssaboteure: zwingende Befehlssätze, Abwertungen (und Vergleiche), Schuldzuweisungen, Drohungen und gefühlsmäßige Erpressung. Sie stellen die fünf Säulen dar, die das System SAPPE charakterisieren und aufrechterhalten. Sie sind im Rahmen dieses Übungsbuchs einzig aus Gründen der besseren Übersichtlichkeit und Verständlichkeit in zwei unterschiedlichen Kapiteln vorgestellt.

(17) Positive Affirmationen: Es gibt eine Vielzahl von Büchern, die interessierten Lesern erklären, wie sie positive Aussagen oder Affirmationen benutzen können, um etwas in ihrem Leben zu verändern. Viele dieser Bücher, die in kürzester Zeit „Wunder" versprechen, sollten kritisch gelesen werden. Wirklich hilfreiche Ansätze, positive Aussagen über sich selbst leichter in seinem Unterbewusstsein zu verankern, finden sich meiner Erfahrung nach beispielsweise in der Suggestopädie nach Georgi Lozanow und im kinesiologischen Ansatz des „Touch for health" nach Dr. John F. Thie sowie der Brain Gym® nach Dr. Paul und Gail Dennison. Bei diesen wird durch die Bereitstellung von visuellen, kinästhetischen und auditiven Reizen versucht, den Lernvorgang neuer Botschaften und Informationen gehirn- und körpergerecht aufzubereiten und ganzheitlich zu gestalten.

(18) Einfühlsame Bestätigung (auch empathische Bestätigung): Sie ist eine Form der aktiven und kreativen Kommunikation, die Jacques Salomé als einen weiteren ESPERE-Wegbegleiter und als effizientes Kommunikationswerkzeug lehrt. Bei ihrer Anwendung geht es darum zu lernen, in dem gegenwärtigen Moment ein bedingungsloses emphatisches „Ja" zu dem zu geben, was ein anderer Mensch tut oder ausdrückt. Dieses bedingungslose „Ja" bedeutet nicht, dass wir mit dem, was der andere tut, auch einverstanden sind. Es bedeutet, auf Herzensebene bedingungslos akzeptieren zu lernen, dass unser Gegenüber auf seiner Seite der Beziehung das Recht hat, so zu sein und zu handeln, wie er es gerade tut, und ihm dies mitzuteilen. Gleichzeitig ist es wichtig, sich selbst treu zu sein und die eigene Meinung gleichwertig neben die des Gegenübers zu stellen. Die empathische Bestätigung und die damit verbundene einfühlsame und bedürfnisorientierte Form des aktiven Zuhörens gehören zu den fortgeschrittenen Werkzeugen der Methode ESPERE. Ihre theoretische und praktische Vermittlung überschreitet den Rahmen dieses Grundlagen-Übungsbuchs.

(19) Tiefe Gefühle und Beziehungen: Jacques Salomé beschreibt in „Einfühlsame Kommunikation" in dem Kapitel „Von der Treue anderen Menschen gegenüber und der Treue zu sich selbst" ausführlich und mit verschiedenen Beispielen die Verwechslung zwischen den tiefen Gefühlen und der Beziehung in Partnerschaften.

(20) Beziehungsregel: „Ich unterscheide zwischen den verschiedenen Beziehungen, die ich mit unterschiedlichen Menschen habe." Ich bringe Dinge, die zu einer bestimmten Beziehung gehören, nicht in eine andere Beziehung ein. Konkret bedeutet dies beispielsweise für die Eltern-Kind-Beziehung: Wenn die Eltern eines Kindes ein Problem in ihrer Paarbeziehung als Frau und Mann haben, müssen sie es innerhalb dieser Beziehung besprechen und zu lösen versuchen. Sie sollten es nicht mit ihren Kindern besprechen und damit in die Eltern-Kind-Beziehung einbringen, in die es nicht gehört. Es ist sehr belastend für Kinder, die Probleme der Erwachsenen zu tragen. Dadurch entstehen für sie sowohl innere Konflikte, beispielsweise wenn ein Kind sich fragen muss: „Zu wem halte ich, zu Mama oder Papa?" Und es entstehen auch äußere Konflikte für ein Kind, wenn die Mutter ihm beispielsweise die Parteinahme für den Vater übel nimmt und sagt: „Kein Wunder, das du immer zu Papa hältst, auch wenn er mir noch so weh tut. Du bist ja Papas Liebling!" Ältere Kinder können mit einfühlsamer Unterstützung lernen, ihre Eltern auf diese „Verschmutzung und Belastung" der Beziehung aufmerksam zu machen, indem sie sagen: „Mama/Papa, was du mir da von Papa/Mama erzählst, tut mir nicht gut. Bitte belaste mich damit nicht. Es betrifft nur euch als Mann und Frau, nicht mich, als euer gemeinsames Kind!"

(21) Das „Hüte-Konzept": Es gibt mehrere Konzepte und Methoden, die mit verschiedenen Hüten arbeiten, beispielsweise die bekannte Sechs-Hüte-Methode (1985) nach Dr. Edward de Bono. Bei ihr werden zum Trainieren des flexiblen Umdenkens sechs verschiedenfarbige Hüte angeboten, die symbolhaft für eine bestimmte Denkrichtung stehen (z.B. kritisch, kreativ, neutral). Das Angebot von Jacques Salomé, verschiedene Hüte für unterschiedliche Lebensrollen aufzusetzen, steht hingegen in direktem Zusammenhang mit dem normalen französischen Sprachgebrauch: Die Franzosen benutzen insbesondere im beruflichen Bereich regelmäßig den Ausdruck „J'ai la casquette de..." – „Ich habe gerade den Hut als .... auf", um auszudrücken, in welcher beruflichen Rolle sie gerade sprechen. So kann beispielsweise ein Bürgermeister diesen Ausdruck benutzen, wenn er sich als „Bürgermeister" äußert, der gleichzeitig Abgeordneter oder Mitarbeiter einer Firma ist. Auch im Deutschen wird das Bild vom Hut verwendet. Beispielsweise, wenn sich jemand als Urheber eines Streits oder eines „Vergehens" beschuldigt sieht und sagt: „Diesen Hut setze ich mir nicht auf."

(22) Liste der Beziehungsbedürfnisse: In dem Kapitel zu den Beziehungsbedürfnissen habe ich aus praktischen Übungsgründen verschiedene Bedürfnisse zusammengefasst, die von Jacques Salomé als grundlegend für das menschliche Miteinander bezeichnet werden. Die vollständige Liste nach Jacques Salomé umfasst zehn Bedürfnisse:
1. das Bedürfnis sich mitzuteilen, und zwar mit einer Sprache, die im Einklang mit unseren Gefühlen ist;
2. das Bedürfnis, gehört und verstanden zu werden, und zwar auf der Ebene, auf der wir uns ausdrücken und mitteilen möchten;
3. das Bedürfnis, so angenommen und akzeptiert zu werden, wie wir sind;
4. das Bedürfnis, uns wertvoll zu fühlen;
5. das Bedürfnis, Anerkennung zu bekommen, positive Rückmeldungen zu unseren Fähigkeiten und Talenten zu erhalten;
6. das Bedürfnis nach Wahrung der Intimsphäre, nach einem eigenen äußeren Raum und einem inneren Raum, den wir mit niemandem teilen müssen;
7. das Bedürfnis, einen entscheidenden Einfluss auf unser eigenes Leben ausüben zu können;
8. das Bedürfnis nach Sicherheit und Nähe zu vertrauten Menschen, um uns mit emotionaler und materieller Sicherheit entwickeln zu können;
9. das Bedürfnis nach Autonomie und danach, uns selbst treu zu sein, um schrittweise größere Unabhängigkeit und Selbstbewusstsein erwerben zu können;
10. das Bedürfnis, träumen zu können und in unserer inneren Vorstellungswelt Pläne und Ideen entwickeln zu können.

(23) Zitat von Jacques Salomé aus „Einfühlsame Kommunikation", Junfermann Verlag 2006, Kapitel „Spontane Empfindungen und tiefe Gefühle", Seite 92.

(24) Zur Unterscheidung von tiefen Gefühlen in Jacques Salomé: „Einfühlsame Kommunikation", Junfermann Verlag 2006, Kapitel „Kennzeichen tiefer Gefühle", Seite 90.

(25) Zusammenhang Gefühle – Bedürfnisse in der Gewaltfreien Kommunikation: Die grundlegende Annahme, dass unsere jeweiligen Gefühle daraus resultieren, ob unsere Bedürfnisse befriedigt werden oder nicht, findet sich in allen Büchern über die Gewaltfreie Kommunikation. Ein Buch, das mir besonders gut gefallen hat und das ich in diesem Zusammenhang zitieren möchte, ist von Marshall Rosenberg: „Erziehung, die das Leben bereichert", erschienen bei Junfermann 2005.

(26) Arbeit mit den noch offenen Wunden: Die Methode ESPERE bietet in Verbindung mit dem Konzept des Beziehungsschals, der Symbolarbeit und externen Visualisierungen spezielle Werkzeuge und Vorgehensweisen, um Menschen in die Lage zu versetzen, auch auf diesen tieferen Ebenen zu arbeiten. Dazu ist es jedoch sinnvoll, sich durch eine kompetente ESPERE-Trainerin oder einen Coach persönlich begleiten zu lassen. Darüber, wie Jacques Salomé das Aufbrechen alter Wunden in Zusammenhang mit unseren aktuellen und vergangenen Konflikten setzt, berichtet er in seinem Buch „Einfühlsame Kommunikation", Kapitel „Gewalt, Wunden, Leid". Seite 47 ff.

(27) Eine Emotion bei einem anderen Menschen begleiten: Die Methode ESPERE bietet in einer derartigen Konfliktsituation ebenfalls an, mit Hilfe der „empathischen Bestätigung" und des aktiven Zuhörens die Emotion des anderen anzunehmen und sie einfühlsam zu begleiten. Eine genaue Anleitung dieser Art der einfühlsamen Begleitung der Emotion im Dialog findet sich in dem Buch „Pour ne plus vivre sur la Planète Taire" von Jaques Salomé (Verlag Albin Michel 1997, Seite 164). Dieses umfassende Konzept gehört zur fortgeschrittenen Anwendung der Methode ESPERE und ist bisher noch nicht auf Deutsch veröffentlicht.

(28) Gestalttherapie: Die Gestalttherapie ist eine bekannte und weitverbreitete psychologische Therapieform, die sowohl gesprächsorientiert als auch darstellend-kreativ und körperorientiert ist. Die Gestalttherapie wurde ab den 40er Jahren von der Psychologin Laura Perls, dem Psychiater Fritz Perls und dem Soziologen Paul Goodman in Abgrenzung zur Psychoanalyse Freuds entwickelt. In der Gestalttherapie wird der Mensch als eine Gestalt verstanden, die sich aus Teilgestalten zusammensetzt, welche miteinander in Wechselwirkung stehen. Gestalttherapeuten schlagen verschiedene spielerische oder kreative Methoden vor, damit die Klientinnen Emotionen, Gefühle, Konflikte oder Erlebnisse in der Therapiesituation ausdrücken und sich vergegenwärtigen können. Häufig angewandte Techniken sind unter anderem der Dialog mit abgelehnten Persönlichkeitsanteilen oder vorgestellten Personen, die im übertragenden Sinne auf einen leeren Stuhl gesetzt werden, weiter das Rollenspiel, die Identifikation mit Traumfiguren und Traumgegenständen, geleitete Phantasien u.a.

(29) Wünsche symbolisieren: Es ist wichtig zu lernen, alle innigen Wünsche zu berücksichtigen, sie zuzulassen und anzuerkennen. Dies bedeutet nicht, dass alle Wünsche auch verwirklicht werden müssen. Es gibt Wünsche, die zurzeit nicht oder überhaupt nicht zu realisieren sind, beispielsweise der Wunsch einer Frau, nach ihrer Menopause noch ein eigenes Kind zu bekommen. Oder der Wunsch eines Kindes, dass die geschiedenen Eltern wieder ein Paar werden und zusammenziehen. Derart wichtige Wünsche müssen dennoch anerkannt werden, auch wenn sie nicht zu verwirklichen sind. Es ist wichtig, sich um sie zu kümmern, beispielsweise mit einer Symbolisierung. Unsere nicht gehörten und nicht anerkannten wichtigen Wünsche können sich dadurch ausdrücken, dass sie unangenehme Somatisierungen und psychische Konflikte hervorrufen.

(30) Befriedigung von Bedürfnissen und Wünschen: Bei der Methode ESPERE erklärt Jacques Salomé, dass es einen wesentlichen Unterschied gibt in Bezug auf die Verwirklichung von Wünschen und Bedürfnissen: Die Befriedigung von Bedürfnissen ist nach Salomé vital und kann in bestimmten Situationen absolute Priorität erlangen. Wenn eine Bedürfnisbefriedigung über längere Zeit ausbleibt, bewirkt sie immer stärker werdende physische und psychische Probleme. Ein wichtiger Wunsch muss gehört und anerkannt, aber nicht notwendigerweise befriedigt werden. Jacques Salomé weist darauf hin, wie wesentlich es ist, Kindern diesen Unterschied zu erklären: Es ist die Aufgabe der Erwachsenen, die direkt oder indirekt ausgedrückten Bedürfnisse ihrer Kinder zu erkennen und ihnen zu helfen, sie zu befriedigen. Es ist jedoch nicht ihre Aufgabe, die Wünsche der Kinder zu erfüllen. Sie können ihnen in ihrer Rolle als *Papa* und *Mama* bestimmte Wünsche erfüllen. Sie sollten ihnen aber ansonsten in ihrer Rolle als *Vater* und *Mutter* beibringen, die Nichterfüllung vieler Wünsche auszuhalten, und sie dabei unterstützen, eigene Mittel zu finden, wichtige Wünsche als Projekt selbst zu verwirklichen (Jacques Salomé: „Pour ne plus vivre sur la Planète TAIRE", Editions Albin Michel, Paris, 1997, Seite 177).

(31) Die Originalversion des Gedichtes von Jacques Salomé „Oser d'être un bon compagnon pour soi" (aus dem Französischen: „Es wagen, sich selbst ein guter Begleiter zu sein") steht in dem Buch von Jacques Salomé „Si je m'écoutais, je m'entendrais" (aus dem Französischen: „Wenn ich mir zuhören würde, würde ich hören, was ich mit dem Herzen zu sagen habe"), Les Editions de l'Homme, Ivry 1990, Seite 296.

(32) „Das Arbeitsbuch zur Aussöhnung mit dem inneren Kind": von Dr. Erika J. Chopich und Dr. Margaret Paul, Verlag Hermann Bauer, Freiburg im Breisgau 1999. Zu dem Arbeitsbuch gibt es von denselben Autorinnen ein Grundlagenbuch „Aussöhnung mit dem inneren Kind", ebenfalls erschienen beim Verlag Hermann Bauer.

(33) „Das Wohl der Familie auf ihrem Rücken ...": Der Zusammenhang zwischen inneren und äußeren Konflikten eines Menschen und seinen psychosomatischen Beschwerden ist für Jacques Salomé ein wesentlicher Aspekt seiner Arbeit und der Ausbildungen zur Methode ESPERE, thematisiert in verschiedenen seiner Bücher. Rückenschmerzen treten erfahrungsgemäß bei Menschen auf, die sich verantwortlich glauben für das Glück und Wohlergehen der anderen: ihrer Familie, ihres beruflichen Unternehmens, ihrer Partnerschaft. Sie übernehmen dabei häufig Lasten, die ihre eigenen Grenzen und Kräfte übersteigen.

(34) Ihr innerer ESPERE-Coach: Eine ansprechende und hilfreiche Anleitung zur Entwicklung eines einfühlsamen Selbst-Coaching habe ich in dem Buch von Sandra Heinzelmann „Regie im eigenen Leben?! 7 Strategien für effektvolles Selbst-Coaching" gefunden. Es ist 2007 bei Junfermann, Paderborn, erschienen.

(35) Unterstützendes Team: Eine sehr detaillierte und hilfreiche Anleitung zur Aufstellung eines inneren Teams, das dabei hilft, bestimmte Aufgaben oder Zielvorgaben zu verwirklichen, finden Sie in „Wege der Traumabehandlung" bei Michaela Huber, Junfermann Verlag, Paderborn 2006. Ein inneres Team kann aus visualisierten bekannten Menschen (Personen aus dem öffentlichen Leben, der eigenen Vergangenheit, aktuelle hilfreiche Menschen ...) zusammengestellt werden. Es kann auch aus verschiedenen visualisierten inneren Persönlichkeiten (das innere Kind, eine weise Instanz, ein mutiger Persönlichkeitsanteil ...) bestehen.

(36) Die Aufzählung der vier Haltungen, die uns erlauben, eine gute Beziehung zu uns selbst aufzubauen, stammt aus einem persönlichen schriftlichen Austausch mit Jacques Salomé zu dem Inhalt des vorliegenden Übungsbuchs.

Liste von „Tiefen Gefühlen" bei der Methode ESPERE

Tiefe Gefühle sind von dauerhafterer Natur – im Unterschied zu Emotionen, die sich punktuell, an ein Ereignis gebunden und während eines kurzen Zeitraums, ausdrücken. Tiefe Gefühle bleiben in der Regel über Zeiträume von vielen Monaten oder Jahren bestehen. Sie werden nicht durch ein bestimmtes Erlebnis ausgelöst, sondern bilden sich meist langsamer, subtiler und tiefer gehend. Auch verändern sie sich erfahrungsgemäß meist so langsam und graduell, dass die Veränderungen weder von uns noch von anderen direkt wahrgenommen werden, beispielsweise wenn sich Gefühle der Liebe in Gefühle von Freundschaft und Zuneigung verwandeln. Zu den tiefen Gefühlen zählen:

- Zuneigung, die sich graduell bis hin zu inniger Liebe entwickeln kann
- Zärtlichkeit
- Mitgefühl
- Güte
- Erfüllung
- Nostalgie, Heimweh
- Scham
- Gleichgültigkeit
- Trauer, tiefe Traurigkeit
- Eifersucht
- Ehrgeiz, Engagement
- Widerwillen, Abscheu
- Bitterkeit
- Geiz
- Habgier
- Abneigung, die sich graduell bis hin zu heftigen Hassgefühlen entwickeln kann ...

Beispiele für Übergänge zwischen tiefen Gefühlen und Emotionen

- Tiefe, anhaltende **Ausgeglichenheit** – oder ein kurzfristiger Zustand, in dem man sich ausgeglichen fühlt.
- Tiefes **Engagement** – oder sich engagiert fühlen in einem bestimmten, zeitlich begrenzten Projekt, Zusammenhang.
- Tiefe **Entschlossenheit** (etwas im Leben durchzuführen) oder sich kurzfristig in einer bestimmten Situation oder für ein bestimmtes kurzfristigeres Vorhaben sehr entschlossen fühlen.
- Gefühl von tiefer **innerer Erfüllung** – oder sich kurzfristig erfüllt fühlen von einem schönen Erlebnis, einem Erfolg, einem Zusammensein mit anderen Menschen.
- Ein tiefes, **liebevolles, zärtliches Gefühl** – oder eine kurz aufflackernde liebevolle, zärtliche Anwandlung jemandem gegenüber.
- Eine tiefe, anhaltende **Depression** – oder sich nach einem Misserfolg, einer Enttäuschung kurzfristig deprimiert und mutlos fühlen.
- Ein tiefes Gefühl von (jahrelanger) **Einsamkeit** – oder die kurzfristige Empfindung in einer bestimmten Situation allein und einsam zu sein.
- Eine grundsätzliche **Schüchternheit** (von klein auf beispielsweise) – oder sich in einer bestimmten Situation schüchtern oder eingeschüchtert fühlen …

Liste von „Emotionen" bei der Methode ESPERE

Verängstigt: ängstlich, alarmiert, bedrückt, beklommen, besorgt, bestürzt, eingeschüchtert, entsetzt, erschrocken, erschüttert, erstarrt, furchtsam, gelähmt, sorgenvoll, verstört, voller Panik, zitternd,

Verärgert: ärgerlich, aufgebracht, empört, geladen, genervt, irritiert, feindlich, reizbar, sauer, streitlustig, wütend, zornig,

Gleichgültig: apathisch, ausgelaugt, elend, gelangweilt, lasch, lethargisch, lustlos, müde, schläfrig, schlapp, schwach, schwer, stumpf, teilnahmslos, uninteressiert, zögerlich, zurückhaltend,

Traurig: enttäuscht, frustriert, deprimiert, machtlos, mutlos, niedergeschlagen, schockiert, trostlos, unglücklich, unsicher, unzufrieden, verzweifelt, verwirrt,

Unwohl: angeekelt, angespannt, unbehaglich, verletzt, verspannt, widerwillig,

Ruhelos: aufgeregt, aufgedreht, durcheinander, gehemmt, gebannt, gespannt, hellwach, kribbelig, nervös, unter Druck, ungeduldig, zappelig,

Einsam: alleine, hilflos, scheu, schüchtern,

Glücklich/fröhlich: angespornt, aufgekratzt, gut aufgelegt, aufgeräumt, ausgelassen, begeistert, berauscht, beflügelt, beglückt, beschwingt, beseligt, eifrig, ekstatisch, entzückt, erfreut, erfüllt, erheitert, froh, glücklich, gut gelaunt, gesegnet, heiter, jubelnd, lustig, selig, sich freuen, stillvergnügt, stimmungsvoll, überglücklich, übermütig, überschwänglich, überwältigt, vergnügt, wonnetrunken,

Angenehm/energiegeladen: adrett, ausgefüllt, belebt, energisch, engagiert, entschlossen, erfrischt, erfolgreich, inspiriert, kraftvoll, lebendig, lustvoll, motiviert, munter, optimistisch, schwungvoll, stark, strahlend, wach, zuversichtlich,

Berührt: bewegt, betroffen, dankbar, ergriffen, fasziniert, gefesselt, gerührt, hoffnungsvoll,

Ausgeglichen: beruhigt, beschützt, entspannt, erleichtert, friedlich, friedvoll, gefasst, gelassen, genügsam, gesättigt, gesammelt, klar, leicht, lebensfroh, locker, ruhig, satt, selbstgenügsam, selbstsicher, selbstzufrieden, sicher, sorglos, sorgenfrei, still, umgänglich, unbekümmert, unbefangen, unbeschwert, ungetrübt, wohlgelaunt, wohlgemut, wunschlos, zufrieden,

Interessiert: abenteuerfreudig, erstaunt, lebenslustig, mutwillig, neugierig, perplex, spielerisch, überrascht, wissbegierig,

Freundlich: anerkennend, gutmütig, liebevoll, offen, sanft, sanftmütig, warm, warmherzig, zartfühlend, zart ...

Die drei Listen der tiefen Gefühle, Emotionen und der Übergänge Gefühle/Emotionen stellen grundlegende Wahrnehmungen in den drei Kategorien dar. Sie sind nicht vollständig.

Überblick zu den zehn Übungsschritten, nach Kapiteln geordnet

1. Übungsschritt: *Den Beziehungsschal anwenden lernen*

> **Geeignete Übungen**, wenn Sie derzeit versuchen möchten:
> - Druck aus Ihren Beziehungen zu nehmen, diese leichter zu gestalten und zu lernen, bewusst die Qualität einer bestimmten Beziehung zu nähren;
> - eine Opfermentalität loszulassen und Ihre Macht über Ihr eigenes Leben bewusst zu stärken.

Der Übungsteil des ersten Schritts hilft Ihnen in Bezug auf Ihre Beziehung zu anderen:
- sich einen Überblick darüber zu verschaffen, welche verschiedene Beziehungen Sie mit welchen Menschen in Ihrem jetzigen Leben haben: Übung 1;
- zu sehen, welche Beziehung mit welcher Person Sie im Moment am meisten beschäftigt: Ihre derzeitige **Fokusbeziehung** und **Fokusperson**: Übung 2;
- den ESPERE-Begleiter Übungsschal zur Beziehungsklärung anwenden zu lernen, Übung 3;
- herauszufinden, welche Qualität die Beziehung zu Ihrer **Fokusperson** zu Beginn Ihrer Übungen hat: Übung 2;
- zu erfahren, wie sehr Sie einen anderen Menschen so annehmen können, wie er ist, ob und wie sehr Sie versuchen, ihn zu verändern, und auch, wie Sie trainieren können, dies seltener zu tun: Übung 3.

Sie können Ihre einfühlsame Beziehung zu sich stärken, indem Sie:
- lernen, wie Sie auf Ihrer Seite der Beziehungen bleiben – und sich bereit erklären, die Verantwortung für das, was in Ihrem Leben geschieht, zu übernehmen: Übung 3;
- entscheiden, ob sie Botschaften von anderen Menschen als eher negativ und gegen sich gerichtet oder als neutral und positiv interpretieren: Übung 3;
- beginnen, sich selbst bewusst Anerkennung und Wertschätzung zu geben, und zwar mit einer ersten Symbolarbeit: Übung 4.

2. Übungsschritt: *Alte Sprachanteile loslassen, die Ihre Beziehungen beschädigen*

> **Geeignete Übungen**, wenn Sie derzeit versuchen möchten:
> ⇢ die Qualität Ihrer Beziehungen zu anderen zu entlasten und das Vertrauen anderer in Sie zu stärken;
> ⇢ aufzuhören, sich selbst mit Abwertungen und Schuldzuweisungen jeder Art zu misshandeln und einen wohltuenderen Umgang mit sich aufzubauen.

Der Übungsteil des zweiten Schritts hilft Ihnen in Bezug auf Ihre Beziehung zu anderen:
⇢ zu beginnen, sich die Sprache des Homo SAPPIERUS abzugewöhnen, indem Sie die Beziehungssaboteure, zwingenden Befehlssätze, Abwertungen, Vergleiche und Schuldzuweisungen in Ihrem alltäglichen Umgang mit anderen a) erkennen und b) sie seltener benutzen: Übung 6;
⇢ herauszufinden, welche Kommunikationssaboteure Sie mit Ihrer Fokusperson austauschen: Übung 6;
⇢ zu erfahren, wie Sie Konflikte und Missverständnisse vermeiden, indem Sie trainieren, Ich-Botschaften zu benutzen, es also zu wagen, von sich selbst und dem, was Sie fühlen und was Sie beschäftigt, zu sprechen: Übung 7.

Sie können Ihre einfühlsame Beziehung zu sich stärken, indem Sie:
⇢ lernen, die Kommunikationssaboteure sich selbst gegenüber nicht mehr zu benutzen, sich beispielsweise nicht mehr abzuwerten („Ich bin so doof") oder Schuld zuzuweisen („Es ist alles meine Schuld ..."): Übung 6;
⇢ negative Botschaften, die andere an Sie richten, erkennen und durch die Benutzung von Ich-Botschaften „entschärfen": Übung 7;
⇢ beginnen, alte Lasten und in der Vergangenheit aufgenommene negative Botschaften in Form von zwingenden Befehlssätzen loszulassen: Übung 8;
⇢ die Symbolisierung zum ersten Mal bewusst anwenden und so als Kommunikationshilfsmittel besser kennenlernen: Übung 8;
⇢ Ihr gutes Gefühl zu sich durch das Aufschreiben und Einüben von positiven Affirmationen verbessern und stärken: Übung 8.

3. Übungsschritt: *Alte Sprachanteile vermeiden, die Ihre Beziehungen bedrohen*

> **Geeignete Übungen**, wenn Sie derzeit versuchen möchten:
> ⇢ das Vertrauen anderer in Sie zu stärken, indem Sie lernen, keine Beziehungssaboteure mehr zu benutzen;
> ⇢ Ihre Emotionen besser kennenzulernen und sich mit ihnen zu verbinden.

Der Übungsteil des dritten Schritts hilft Ihnen in Bezug auf Ihre Beziehung zu anderen:
⇢ zu lernen, die Beziehungssaboteure Drohungen und Erpressungen zu identifizieren und nicht mehr im Kontakt mit anderen zu benutzen: Übung 9;
⇢ Alternativen zu finden, um mit Konfliktsituationen umzugehen, beispielsweise Ich-Botschaften auszusprechen, sich die Wünsche klarzumachen, die sich hinter Ihren Ängsten verstecken, einen klaren Rahmen vorschlagen: Übung 10;
⇢ andere zu ermutigen, keine Drohungen und Erpressungen mit Ihnen zu benutzen, indem Sie ihnen anbieten, über die eigenen Emotionen und die damit verbundenen Schwierigkeiten zu sprechen: Übung 10.

Sie können Ihre einfühlsame Beziehung zu sich stärken, indem Sie:
⇢ die schädigenden Anteile Ihrer alten Sprache immer schneller entdecken und immer seltener gebrauchen. Auf diese Weise ist es möglich, eine erste wichtige Wegstrecke aus der Welt des Blind-Taub-Systems SAPPE herauszugehen und in die Welt des Homo ESPERUS einzutreten, Übung 9;
⇢ statt der Verwendung von Drohungen und gefühlsmäßigen Erpressungen sich mit den eigenen Emotionen vertraut machen und versuchen, diese stärker anzusprechen: Übung 10.

4. Übungsschritt: *Zwischen einer Person und ihrem Verhalten unterscheiden*

> **Geeignete Übungen**, wenn Sie derzeit versuchen möchten:
> ⇢ weitere Wege zu finden, Druck aus Ihren Beziehungen zu nehmen und eine größere Vertrauensbasis mit anderen Menschen aufzubauen;
> ⇢ sich nicht länger mit einem negativen Bild von Ihnen zu identifizieren und zu sehen, dass Sie sich verändern können: Ihr Verhalten hat sich von Ihrer Geburt an immer wieder verändert.

Der Übungsteil des vierten Schritts hilft Ihnen in Bezug auf Ihre Beziehung zu anderen:
⇢ Konflikte und Missverständnisse zu vermeiden: Es ist für andere sehr viel einfacher, wenn nur ihr Verhalten kritisiert und nicht ihre Person in Frage gestellt wird. Ein Mensch, der nicht als Person angegriffen wird, muss sich weniger schützen und bleibt offener für einen kommunikativen Austausch: Übung 11;
⇢ andere Menschen nicht mehr in ein Bild zu pressen, da Sie sich bewusst machen, wie oft sich Ihr Verhalten selbst während eines Tagesverlaufs ständig verändert: Übung 11;
⇢ achtungsvollere und einfühlsamere Beziehungen aufzubauen, indem Sie deutlich während Ihrer Gespräche mit anderen Ihr Interesse auf die Person (das Subjekt) des anderen richten, danach fragen, wie sie sich fühlt, anstatt nur über ein bestimmtes Thema (Objekt) zu diskutieren: Übung 12.

Sie können Ihre einfühlsame Beziehung zu sich stärken, indem Sie:
⇢ mit sich wertschätzender als bisher umgehen und sich nicht mehr mit einem negativen Bild von sich identifizieren: Übung 13;
⇢ sehen, wie sehr sich Ihr Verhalten seit Ihrer Kindheit immer wieder verändert hat. Sie sind viel mehr als nur ein bestimmtes Verhalten, ein Gefühl, eine Emotion oder sonst irgendein anderer Teil von Ihnen: Übung 14.

5. Übungsschritt: *Zwischen den Gefühlen und der Beziehungsqualität unterscheiden*

> **Geeignete Übungen**, wenn Sie derzeit versuchen möchten:
> ⇢ konfliktfreier (ohne das Alibi der Liebe) zu kommunizieren; um einem anderen Menschen zu helfen, sich bei Ihnen sicherer zu fühlen und an Zuneigung zu glauben, die unabhängig von dem ist, was er tut.
> ⇢ sich bewusst zu machen, dass Ihre Gefühle für andere Menschen nicht einfach verschwinden und dass diese Gefühle gesehen und berücksichtigt werden wollen.

Der Übungsteil des fünften Schritts hilft Ihnen in Bezug auf Ihre Beziehung zu anderen:
⇢ zu lernen, welche Verhaltensweisen Sie bei anderen Menschen wirklich stören: Übung 16;
⇢ zu erkennen, dass tiefe Gefühle nicht in dem Beziehungskanal zirkulieren. Tiefe Gefühle, wie Zuneigung und Liebe, sind von dauerhafter Natur. Sie verändern sich nicht spontan, nur weil der andere etwas tut, was uns nicht gefällt: Übungen 16 und 17;
⇢ zu vermitteln, dass Mitmenschen Vertrauen in die Beziehung zu Ihnen haben können: Sie können ihnen zeigen, dass sie nicht wegen eines bestimmten Verhaltens fürchten müssen, Ihre Zuneigung schnell zu verlieren: Übungen 11 bis 18.

Sie können Ihre einfühlsame Beziehung zu sich stärken, indem Sie:
⇢ ausprobieren, wie hilfreich es in schwierigen Lebenssituationen ist (und vielleicht auch bei mancher schwierigen Übung), ein Symbol zur Unterstützung zu benutzen, beispielsweise das Symbol für die eigene innere Kraft: Übung 15;
⇢ verinnerlichen, dass Ihre Gefühle für andere Menschen längerfristig bestehen bleiben, unabhängig von dem, was diese Menschen tun oder schon getan haben: Übung 16.

6. Übungsschritt: *Unsere verschiedenen Rollen oder „Hüte" unterscheiden*

> **Geeignete Übungen**, wenn Sie derzeit versuchen möchten:
> ⇢ Missverständnisse und Konflikte mit anderen zu vermeiden und eine klarere Kommunikation zu ermöglichen;
> ⇢ Ihre nicht befriedigten Bedürfnisse, die sich hinter nicht ausgefüllten Rollen verstecken, zu erkennen und dazu beizutragen, sie bei sich selbst und bei anderen befriedigen zu helfen.

Der Übungsteil des sechsten Schritts hilft Ihnen in Bezug auf Ihre Beziehung zu anderen:
⇢ zu erkennen, dass mit jeder Ihrer zwischenmenschlichen Beziehungen unterschiedliche Rollen verbunden sind: Übung 19;
⇢ Ihren Mitmenschen Ihre verschiedenen Rollen in den Beziehungen in Form von bewusst aufgesetzten Hüten zu zeigen und auf diese Weise Konflikte zu vermeiden, die auf Missverständnissen und Rollenverwechslungen beruhen: Übung 21;
⇢ für sich und beispielsweise für Ihre Familie die Zeit, die Sie zur Ausfüllung verschiedener Rollen brauchen, klarer abzugrenzen und so Konflikte zu verhindern: Übung 21.

Sie können Ihre einfühlsame Beziehung zu sich stärken, indem Sie:
⇢ die eigenen Hauptrollen in Ihrem aktuellen Leben feststellen: Übung 19 und 20;
⇢ Ihre zurzeit nicht genügend ausgefüllten Rollen identifizieren und die damit verbundenen nicht befriedigten Bedürfnisse erkennen: Übung 19 a), b) und Übung 20;
⇢ ein Gleichgewicht in den für Ihr jetziges Leben wichtigsten Rollen suchen und dieses beispielsweise durch bewusst aufgesetzte „Hüte" kreativ unterstützen: Übung 21;
⇢ lernen, sich mit verschiedenen inneren Anteilen (Ihren unterschiedlichen Rollen) zu verbinden und anfangen, jeden wertschätzend zu berücksichtigen: Übung 21 b), c).

7. Übungsschritt: *Unsere Beziehungsbedürfnisse erkennen und befriedigen*

> **Geeignete Übungen**, wenn Sie derzeit versuchen möchten:
> ⇢ die Qualität Ihrer Beziehung zu sich selbst zu stärken, indem Sie einfühlsam die Verantwortung für Ihre unbefriedigten Bedürfnisse übernehmen;
> ⇢ aus der Opferrolle herauszutreten, indem Sie lernen, zu sich zu stehen und mit der Angst zu leben, die Zustimmung und Nähe anderer Menschen dadurch zu verlieren.

Der Übungsteil des siebten Schritts hilft Ihnen in Bezug auf Ihre Beziehung zu anderen:
⇢ zu erkennen, welche Bedürfnisse Sie in Ihren verschiedenen zwischenmenschlichen Beziehungen haben: Übung 22 a);
⇢ zu überlegen, ob Sie mit verschiedenen Personen über Ihre eigenen und auch über gegenseitige Bedürfnisse einfühlsam sprechen können: Übung 24.

Sie können Ihre einfühlsame Beziehung zu sich stärken, indem Sie:
⇢ die Verbindung zu Beziehungsbedürfnissen herstellen, die bei Ihnen als Kind nicht befriedigt wurden: Übung 22 b);
⇢ die Verbindung zwischen nicht ausgefüllten Rollen und nicht befriedigten Beziehungsbedürfnissen erkennen: Übung 22 c);
⇢ erkennen, welche Ihrer Beziehungsbedürfnisse zurzeit nicht genügend befriedigt sind, und sich bewusst um diese kümmern: Übung 23 und Übung 24;
⇢ die Vorstellung loslassen, dass frühere oder aktuelle Bezugspersonen Ihre heutigen Bedürfnisse befriedigen können, und so aus der Opferhaltung heraustreten: Übung 24;
⇢ lernen, Ihr Bedürfnis nach Zustimmung auszugleichen und Ihr Bedürfnis danach, sich selbst treu zu sein: Übung 25.

8. Übungsschritt: *Spontane Empfindungen, tiefe Gefühle und Emotionen unterscheiden*

> **Geeignete Übungen**, wenn Sie derzeit versuchen möchten:
> ⇢ Konflikte anders wahrnehmen zu lernen, indem Sie das Verhalten anderer nur als Auslöser eigener innerer Notsituationen ansehen;
> ⇢ Konflikte zu vermeiden, indem Emotionen nicht in der Beziehung abreagiert werden;
> ⇢ einen einfühlsamen Kontakt zu inneren Anteilen (verschiedenen Emotionen) von sich herzustellen.

Der Übungsteil des achten Schritts hilft Ihnen in Bezug auf Ihre Beziehung zu anderen:
⇢ festzustellen, zu welchen Menschen Sie tiefere Gefühle (Zuneigung, Abneigung ...) entwickelt haben und diese Gefühle von Ihren spontanen Empfindungen in konkreten Situationen zu unterscheiden: Übung 23;
⇢ zu lernen, eigene Emotionen durch einen Gegenstand visuell darzustellen und ihn anderen zu zeigen: Übung 28;
⇢ Konflikte zu vermeiden, indem Sie das Verhalten des anderen nur als Auslöser, nicht als Ursache Ihrer Emotionen ansehen und sich bereitfinden, sich selbst um Ihre Emotionen zu kümmern: Übung 29;
⇢ diese Beziehungen zu erleichtern, indem Sie heftige Emotionen wie Ärger und Wut nicht innerhalb Ihrer Beziehung ausleben, sondern dann, wenn Sie allein sind: Übung 29.

Sie können Ihre einfühlsame Beziehung zu sich stärken, indem Sie:
⇢ auf einfühlsame Art zu sich Kontakt aufnehmen, durch die Beobachtung Ihrer Emotionen und deren Anerkennung als eine eigene Sprache: Übung 27;
⇢ sich in Konfliktsituationen nicht mit einer gerade heftigen Emotion identifizieren und dadurch einfühlsam kreativen Handlungsspielraum schaffen: Übung 28 a);
⇢ sich mit Hilfe Ihrer heftigen Emotionen auf ein derzeit unbefriedigtes Bedürfnis aufmerksam machen: Übung 28 b);
⇢ Emotionen als Echo erleben und ihnen mit Hilfe von Symbolisierungen einfühlsam zuzuhören lernen: Übung 29.

9. Übungsschritt: *Heilsame Symbolarbeit in der Beziehung zu sich und zu anderen*

> **Geeignete Übungen**, wenn Sie derzeit versuchen möchten:
> - die Unterstützung und Wirksamkeit der Symbolisierung in Ihren verschiedensten Lebensbereichen auszuprobieren;
> - offen gebliebene Konflikte und Situationen mit anderen und mit sich selbst zu beenden;
> - sich um etwas, das Ihnen sehr wichtig ist, symbolisch und konkret zu kümmern;
> - einen Wunsch als Projekt zu verwirklichen.

Der Übungsteil des neunten Schritts hilft Ihnen in Bezug auf Ihre Beziehung zu anderen:
- sich mit Symbolisierungen um Wünsche zu kümmern, die Sie in Bezug auf andere haben und nicht verwirklichen können, ohne sich dabei auf die andere Seite des Beziehungsschals zu begeben. Sie nehmen dadurch Spannungen aus dem Miteinander: Übung 30 und Übung 32.

Sie können Ihre einfühlsame Beziehung zu sich stärken, indem Sie:
- mit Hilfe einer Symbolisierung mit dem, was in Ihrem Inneren geschieht, einen kreativen, heilsamen Kontakt aufbauen, beispielsweise mit Ihren Ängsten, Schmerzen, Wünschen und Bedürfnissen: Übung 32;
- die Symbolisierung nutzen, um sich jeweils dort abzuholen, wo Sie gerade in Ihrem Leben stehen, und von dort einen Schritt weiterzugehen: Übung 30;
- versuchen einen konkreten aktuellen Wunsch in Form eines Projektes zu verwirklichen und dabei die unterschiedlichsten Aspekte berücksichtigen: Übung 33.

10. Übungsschritt: *Sich einfühlsam durch das Leben begleiten – und sich dabei liebevoll um das innere Kind kümmern*

> **Geeignete Übungen**, wenn Sie derzeit versuchen möchten:
> - mit einem Ihrer wichtigsten inneren Anteile, dem inneren Kind, behutsam Kontakt aufzunehmen;
> - alte Lasten verstärkt abzuwerfen und behutsam den Blick in die Vergangenheit zu wagen;
> - für Sie wohltuende Affirmationen zu Ihren Rechten als Mensch zu finden.

Der Übungsteil des zehnten Schritts hilft Ihnen in Bezug auf Ihre Beziehung zu anderen:
- herauszufinden, wie sich Ihr inneres Kind fühlt in Bezug auf die Menschen, mit denen Sie in Ihrem Alltag Kontakt haben: Übung 34 d);
- nachtragende Gefühle gegenüber jenen Menschen aus Ihrer Kindheit loszulassen, die Ihnen zwingende Befehlssätze mitgegeben haben: Übung 35.

Sie können Ihre einfühlsame Beziehung zu sich stärken, indem Sie:
- mit Ihrem inneren Kind behutsam Kontakt aufnehmen, ein Symbol dafür finden und beginnen, sich einfühlsam darum zu kümmern: Übung 34 a)-d);
- lernen, die Symbolisierung bewusst einzusetzen, um mit Ihren inneren Anteilen einfühlsam in Kontakt zu treten: Übung 34;
- festgehaltene Befehlssätze loslassen und durch wohltuende positive Affirmationen ersetzen: Übung 35.

Literatur

Chopich, E.J. & Paul, M.: *Arbeitsbuch zur Aussöhnung mit dem inneren Kind.* Freiburg: Hermann Bauer 1999.
Chopich, E.J. & Paul, M.: *Aussöhnung mit dem inneren Kind.* Freiburg: Hermann Bauer 1999.
Heinzelmann, S.: *Regie im eigenen Leben?! 7 Strategien für effektvolles Selbst-Coaching.* Paderborn: Junfermann 2007.
Huber, M.: *Wege der Traumabehandlung.* Paderborn: Junfermann ^{3}2006.
Mermet, J.-L.: *Deux bouts la relation.* Lyon: Les Editions de la Chronique Sociale 2006.
Rosenberg, M.: *Erziehung, die das Leben bereichert. GFK im Schulalltag.* Paderborn: Junfermann ^{3}2007.
Rosenberg, M.: *Gewaltfreie Kommunikation. Eine Sprache des Lebens.* Paderborn: Junfermann ^{7}2007.
Salomé, J.: *Buddhas Erwachen.* München: Hugendubel 2002.
Salomé, J.: *Einfühlsame Kommunikation. Auf dem Weg zu einer innigen Verbindung mit sich selbst. Die Methode ESPERE.* Paderborn: Junfermann 2006.
Salomé, J.: *Heureux qui communique.* Paris: Albin Michel 2003.
Salomé, J.: *Ich sage, was ich meine. Lebendige Kommunikation in der Familie.* Ravensburg: Ravensburger 1994.
Salomé, J.: *Papa, was ist Liebe?* München: Ariston 2000.
Salomé, J.: *Pour ne plus vivre sur la Planète TAIRE. Une méthode pour mieux communiquer.* Paris: Albin Michel 1997.
Salomé, J.: *Si je m'écoutais, je m'entendrais.* Ivry: Les Editions de l'Homme 1990.
Salomé, J.: *Sprich mit mir. So erhalten Sie Nähe und Verbundenheit ein Leben lang.* München: mvg 2002.

Kontaktadressen

Für ESPERE-Seminare und Coaching

RELIANCE-Deutschland
Dr. Monika Wilke
Siedlerweg 7
D-79576 Weil am Rhein

eMail: m.wilke@reliance-deutschland.com
info@einfuehlsame-kommunikation.de
Webseiten: www.reliance-deutschland.com
www.einfuehlsame-kommunikation.de

Für gemeinsame GFK-ESPERE-Seminare

Monika Flörchinger
Kirchweg 1
34260 Kaufungen

eMail: info@gewaltfrei-niederkaufungen.de
Webseite: http://gewaltfrei.kommbau.de

Kontakt zum ESPERE-Netzwerk

Institut ESPERE International
Webseite: www.institut-espere.com

Einfühlsame Kommunikation

Mit der Methode ESPERE Klarheit schaffen, einfühlsam kommunizieren und mit sich selbst ins Reine kommen

Dr. Monika Wilke
Promovierte Verhaltensforscherin und ESPERE-Coach

Lizenzierte Kommunikationstrainerin
des Institut ESPERE International

bietet an:

Konfliktmanagement und Beratung
⇢ Beratung und Coaching bei Konflikten, Führungsfragen
⇢ Einzel- und Teamcoaching
⇢ ESPERE-Einzel- und Paarberatung
⇢ Klärende Beziehungsdarstellungen mit Gruppen

Seminare zur Einfühlsamen Kommunikation
⇢ Einführungs- und Vertiefungsseminare
⇢ Themenseminare – zur Fokussierten Symbolanwendung
 – zur Paarbeziehung
 – zur Eltern-Kind-Beziehung
 – zu den ESPERE-„Hüten" und zu persönlichen Rollen

Spezielle Wirkungsbereiche
⇢ Mediation in Kohabitationskonflikten (z.B. mit menschenfreundlichen Delfinen)
⇢ Grenzüberschreitende Netzwerkbildung
⇢ Deutsch-französische Kultur- und Sprachverständigung

Bitte informieren Sie sich auf meiner Webseite

www.einfuehlsame-kommunikation.de
eMail: info@einfuehlsame-kommunikation.de
oder schreiben Sie an
Monika Wilke, Siedlerweg 7, D-79576 Weil am Rhein

Weitere Informationen zu Seminaren in Deutschland und Konferenzen von Jacques Salomé erhalten Sie auf den folgenden Webseiten:
RELIANCE-Deutschland **www.reliance-deutschland.com**
Netzwerk Institut ESPERE International **www.institut-espere.com**

Für gemeinsame Seminare mit Trainern und Trainerinnen der Gewaltfreien Kommunikation informieren Sie sich bitte unter http://gewaltfrei.kommbau.de

Der Weg zum respektvollen Miteinander

240 Seiten • € (D) 19,50 • ISBN 978-3-87387-454-1

Dr. Marshall B. Rosenberg ist Konfliktmediator und Begründer der GFK. Er lehrt in Europa und den USA und reist regelmäßig in Krisengebiete, wo er Ausbildungen und Konfliktmediationen anbietet.

MARSHALL B. ROSENBERG

»Gewaltfreie Kommunikation«

Eine Sprache des Lebens

Wie kann man sich auch in Konfliktsituationen so verhalten, dass man seinen Mitmenschen respektvoll begegnen und gleichzeitig die eigene Meinung vertreten kann – ohne Abwehr und Feindseligkeit zu erwecken?

Mit der Gewaltfreien Kommunikation! Die Methode setzt darauf, eine Konfliktsituation zu beobachten, Gefühle auszusprechen, Bedürfnisse aufzudecken, und dann den anderen zu bitten, sein Verhalten zu überdenken. Ehrlichkeit, Empathie, Respekt und Zuhören-Können stehen dabei im Vordergrund. Mit Hilfe von Geschichten und beispielhaften Gesprächen zeigt M. Rosenberg alltägliche Lösungen für Kommunikationsprobleme.

Bestseller – 150.000 verkaufte Exemplare!

Weitere erfolgreiche Titel zur GFK:

»Trainingsbuch GFK«
ISBN 978-3-87387-454-1
»Die Sprache des Friedens ...«
ISBN 978-3-87387-640-8
»... und immer sagen wir ›bitte‹ oder ›danke‹«
ISBN 978-3-87387-627-9

www.junfermann.de

Junfermann Verlag

Achtsam miteinander umgehen

208 Seiten, kartoniert • € (D) 19,50 • ISBN 978-3-87387-637-8
REIHE KOMMUNIKATION • Konflikte einfühlsam lösen

JACQUES SALOMÉ

»Einfühlsame Kommunikation«

Auf dem Weg zu einer innigen Verbindung mit sich selbst

Mit einem Vorwort von Marshall Rosenberg

Die französische Antwort auf die Gewaltfreie Kommunikation: Die Kommunikationslehre von Jacques Salomé hat wie die GFK als Ziel, Menschen zu vermitteln, wie sie auf harmonischere Weise zusammenleben können. Es geht darum, die kulturelle Gewohnheit einer beziehungs- und lebensfeindlichen Sprache aufzugeben und sie durch eine einfühlsame und gewaltlose Art der Verständigung zu ersetzen.

Jacques Salomé führt seit über 30 Jahren Seminare zum Thema zwischenmenschliche Beziehungen durch. Die von ihm begründete Methode ESPERE wird von rund 80 Ausbildern gelehrt.

Bestseller! Rund 500.000 verkaufte Exemplare in Frankreich.

»Verlust von Selbstachtung, dann Zweifel, Angst ... Wie ist es möglich, den Beziehungsgiften zu entkommen? Jacques Salomé, der große Lehrer der zwischenmenschlichen Beziehungen, erklärt uns seine Strategien.« – ELLE

Schon gelesen? »Kommunikation & Seminar«:

Das Magazin für professionelle Kommunikation:
NLP, Gewaltfreie Kommunikation, Coaching und Beratung, Mediation, Pädagogik, Gesundheit und aktive Lebensgestaltung.

Mit ausführlichen Schwerpunktthemen, Berichten über aktuelle Trends und Entwicklungen, übersichtlichem Seminarkalender, Buchbesprechungen, Interviews, Recherchen, Trainerportraits, ...
Mehr darüber? Ausführliche Informationen unter:

www.ks-magazin.de

Junfermann Verlag

Schluss mit lustig!

320 Seiten, kartoniert • € (D) 22,50 • ISBN 978-3-87387-598-2

REIHE KOMMUNIKATION • Gewaltfreie Kommunikation

KELLY BRYSON

»Sei nicht nett, sei echt!«

Handbuch für Gewaltfreie Kommunikation

Wer immer nur nett und freundlich ist, der wird nicht gehört – und irgendwann auch nicht mehr ernst genommen. Genau so ergeht es Menschen, die sich hinter einer Maske der Autorität verstecken. Kurz: Wer sich verstellt, kommt bei seinen Gesprächspartnern mit seiner Botschaft oft nicht an. Kelly Bryson zeigt in diesem Buch, wie wichtig Authentizität in der Kommunikation ist. Seine eigenen Gefühle zu erkennen und auszudrücken, das bedeutet, sich selbst einfühlsam wahrzunehmen, »echt« zu sein – und damit fällt es leichter, auch andere mit ihren Bedürfnissen anzuerkennen. So funktioniert die GFK!

Kelly Bryson ist seit mehr als 30 Jahren Familientherapeut. Zwölf Jahre verbrachte er als Mönch in einem Ashram und 20 Jahre war er als Trainer für das CNVC tätig.

»*Bereiten Sie sich darauf vor, einige unkonventionelle Antworten auf große Fragen über Glück und Beziehungen zu erhalten. Kellys Geschichten aus dem Leben, sein Humor und seine erfrischenden Theorien geben eine anschauliche Einführung in die Wirkungsweise von Integrität und Authentizität.*« – John Gray

Ausführliche Informationen mit Inhaltsverzeichnis und original »Seiten-Blicken« sowie weitere erfolgreiche Titel zum Thema finden Sie auf unserer Homepage.

www.junfermann.de
Ihr direkter Draht zum Verlag

Coaching fürs Leben

Junfermann Verlag

It's simple ... but not easy

216 Seiten • € (D) 19,50 • ISBN 978-3-87387-538-8

INGRID HOLLER

»Trainingsbuch Gewaltfreie Kommunikation«

Ein Buch aus der Praxis für die Praxis, das mit humorvollen Beispielen die Gewaltfreie Kommunikation nach Marshall B. Rosenberg für den Alltag brauchbar macht.

Selbstlerner/innen können in leicht nachvollziehbaren Übungen das Handwerkszeug der Gewaltfreien Kommunikation trainieren. Trainer/innen und Übungsgruppen finden in diesem Buch eine Fülle motivierender, kommunikativer Übungen zu den wesentlichen Kommunikationsprozessen und -modellen der Gewaltfreien Kommunikation.

»Es gefällt mir sehr gut, wie Ingrid eine klare Struktur vorgibt und gleichzeitig Humor und spielerische Elemente in ihr Trainingsbuch integriert.« – Marshall B. Rosenberg

Ingrid Holler ist Certified Trainer von Rosenbergs Center for Nonviolent Communication und übersetzte sein Buch »Gewaltfreie Kommunikation«. Sie gibt Einführungs- und Ausbildungsseminare in GFK.

Das komplette Junfermann-Angebot rund um die Uhr – Schauen Sie rein!

Sie möchten mehr zu unseren aktuellen Titeln & Themen erfahren? Unsere Zeitschriften kennenlernen? Veranstaltungs- und Seminartermine nachlesen? In aktuellen Recherchen blättern?

Besuchen Sie uns im Internet!

www.junfermann.de